《大明风云》系列之⑥

The Profound History of Ming Dynasty 6

仁政方隆

马渭源 著
Ma Weiyuan

东南大学出版社
SOUTHEAST UNIVERSITY PRESS
·南京·

图书在版编目(CIP)数据

仁政方隆/马渭源著. —南京:东南大学出版社,
2015.1(2023.6重印)
(大明风云系列)
ISBN 978-7-5641-5430-1

Ⅰ.①仁… Ⅱ.①马… Ⅲ.①中国历史-研究-明代
Ⅳ.①K248.07

中国版本图书馆CIP数据核字(2014)第310949号

仁政方隆

出版发行	东南大学出版社
出 版 人	江建中
社　　址	南京市四牌楼2号
邮　　编	210096
印　　刷	三河市金泰源印务有限公司
开　　本	700 mm×1000 mm 1/16
印　　张	12
字　　数	202千字
版　　次	2015年1月第1版
印　　次	2023年6月第2次印刷
书　　号	ISBN 978-7-5641-5430-1
定　　价	58.00元

*本社图书若有印装质量问题,请直接与营销部联系,电话:025—83791830。

序

马渭源教授的17卷本《大明风云》就要出版了，这是继他2014年推出10卷本《大明帝国》后的又一大系列专著。数日前，他来我家，邀我写个序，我欣然答应了。因为他与日本关西学院校长、国际明史专家阪仓笃秀教授是老一辈著名明史专家黄云眉先生的第二代传人，这是2011年底海内外眉师儿孙们云集一堂，经过反复研究、讨论，最后作出的慎重决定。作为眉师的第一代传人，我感到责无旁贷要做好这样的事情。

马教授在2012年就应邀去美国做讲座，北美三大华文报刊《世界日报》、《星岛日报》和《侨报》对此都曾做了专门的报道，其中《世界日报》称誉马渭源教授为著名的明史专家；稍后中国大陆媒体称他为"第一位走上美国讲坛的明史专家"。

另据海外媒体所载，马渭源教授的《大明帝国》系列专著得到了美国匹兹堡大学名誉教授、海外著名国学大家许倬云先生的赞许与推介，并为哈佛大学、哥伦比亚大学、普林斯顿大学、斯坦福大学等世界一流的高等学府和美国国会图书馆、澳大利亚国家图书馆等西方诸国国家图书馆所收藏，真乃可喜可贺！

最近中央级大报《光明日报》刊载文章说："世界上SCI检索影响力较大的2000种期刊中，中国期刊只有5种；排在本学科前3位的世界顶级期刊中，没有一本中国期刊。"（《光明日报》2013年11月30日第7版"科教文新闻"）与此相类或者说更不尽如人意的是，中国虽是当今世界上头号出版大国，但中国出版的各类专著为西方国家收藏的却不到20%，社科类不到10%，历史类更是凤毛麟角。而马教授的著作能被这么多的西方著名高等学府所珍藏，并得到了大家许倬云先生的肯定与称许，实属不易！

其实这些年在国内马渭源教授早已是南京电视台、南京广电、江苏教育电视台、安徽电视台、中央电视台和福建网站等公共媒体上家喻户晓的历史文化讲座主讲人和电视节目的常任嘉宾，而他的著作则更是深受广大读者的喜爱。据说有一次在上海展览馆举办他的签名售书活动，原定活动时间为半小时，结果因为读者太多了，主办方不得不延长了一个小时，但还是未能满足广大读者的需求。而最近又传来好消息，国内外知名的网络运营商如亚马逊、中国移动、苏宁易购等都与马教授签订了电子书出版合同，人们尤其年轻的读者只要按按手机上的键钮就能轻松阅读他的电子版著作了。

马教授之所以能取得如此的成就和拥有这样的影响力，在我看来，最为根本的原因就在于他扎扎实实地深入研究，以渊博的知识来解释历史，并用通俗流畅的语言表述出来，但绝不戏说，由浅入深，做到既通俗易懂又让人回味无穷，这是十分难能可贵的啊！

就以本次出版的《大明风云》系列之⑥《仁政方隆》为例，该卷本主要讲述了大明洪武朝后建文朝的历史。说起建文，人们往往感觉他本身就是一个谜。谜的症结就在于抢夺了他帝位的魔鬼皇帝朱棣上台后对前朝官方档案进行了肆意的清洗，几乎与此同时又开始在官书和官史中重新"勾勒"和塑造建文帝的形象，将其描绘成嗜杀成性、好色荒淫，与禽兽相类的昏君，几乎是个历史上无法找出第二个比他更坏的皇帝来了。不过当我们读到明代非官方人士对建文帝的描述时就发现，其情况大相径庭。

明代学者顾起元这样说道："（建文）时士大夫崇尚礼义，百姓乐利而重犯法。家给人足，外户不阖，有得遗钞于地置屋檐而去者。及燕师之日，哭声震天，或死或遁，几空朝署。盖自古不幸失国之君未有得臣民之心若此者矣。"（【明】顾起元：《客座赘语》卷 1）这怎么可能？一个"荒淫、残忍"的皇帝治理下的国家出现了中国历史上少有的"大治"景象；就连这个"坏皇帝"失国时也竟然"哭声震天"。无独有偶，明代著名史学家谈迁在他的历史名著《国榷》一书中记载说，靖难之役后，朱棣进入南京，建文朝"其在任遁去者，463 人"。清初学者谷应泰在他的史学著作《明史纪事本末》中也说："成祖即位，编籍在任诸臣遁去者 463 人，俱命削籍。"（【明】谈迁：《国榷》卷 12，惠宗建文四年；【清】谷应泰：《明史纪事本末·建文逊国》卷 17）而建文朝文臣投降朱棣的却只有 29 人，这实在是一个让人迷惑不解的比例题与历史谜案。更有近世以来，海内外此起彼伏地有人出来爆料，说自己是建文帝的后代，就连外国人也不甘寂寞，前不久法国足球明星里贝里说自己是建文帝的后裔。

如果建文帝真是一个"坏皇帝"，谁愿意出来将历史的屎盆子扣到自己或自家祖先的头上呢？

因此，于史于理，我们都不难看出建文帝不是明代"正史"中所描述的"坏蛋"，而是一位很得人心的好皇帝。那么有史料依据吗？

马教授首先对篡位皇帝朱棣及其子孙钦定的《奉天靖难记》和《明实录》等许许多多官方文献做了一番梳理，从明朝历代对建文朝历史重修"建文实录"的讨论作为切入点，紧紧抓住了大明开国之初朱元璋实施酷政和分封制等所带来的可怕结果这些关键点，以此来彰显大明帝国从洪武转向建文时的形势严峻性与复杂性（详见本书第一章和第二章），无形之中使得人们对于建文帝登基上台后推行以"永惟宽猛之宜，诞布维新之政"和"德惟善政，政在养民"（【明】谈迁：《国榷·太祖洪武三十一年》卷 11；【明】朱鹭：《建文书法拟》前编七）为施政纲领的"建文新政"有了整体性的客观认识。

“建文新政”这个说法最早是由吾师著名明史专家黄云眉先生提出的(详见黄云眉:《明史考证》,第1册,中华书局,1979年9月第1版,第55页)。马渭源教授不仅沿袭了这种观点,而且还参阅、考证了大量的明代非官方文献、史料和笔记以及现当代海外学者的最新研究成果,并对其做了详尽的分析与判断。并在此基础之上详加阐述,用他的话来说,“建文新政”应该包括“更定官制”、“宽和政治”、“宽缓刑罚”、“宽免赋税”与推行“削藩”等5个方面(详见本书第三章和第四章)。

马教授写道:从整体角度来看,“建文新政”贯彻着一个核心精神,即“宽和”的“文治”。建文帝改变朱元璋万机皆亲断的做法,尊重文臣学士,放手让臣下做事,扩大他们的权力范围;从制度设计上建立约束规谏皇帝职能权限的左右拾遗;宽和对待大臣,虚心纳谏和听取不同意见;并以自身的人格魅力来感染人,注重礼教与德化,由此创造比较宽松的政治氛围,初步确立新型的君臣关系;改革中央官制,提高文臣学士的政治待遇,给知识分子创造更多的仕进机会,从而使得建文朝廷的整体文化素质达到了相当高的水准;与此同时,进行地方官制改革,“省并州县,裁撤冗员”,减赋全国、减赋江南,促进社会经济的发展;改轻刑典,宽刑疏法,纠正冤假错案,缓和社会矛盾和稳定大明帝国的统治,等等。所有这些不仅仅是对洪武朝严刑峻法的纠偏,而简直就是一大“反动”,更是明王朝实现长治久安的关键一步。在建文帝治理下的大明帝国出现了中国历史上不常有的天下大治之前兆——“市不拾遗”,如果不是朱棣的突然打断,大明也很有可能迅速地出现中国历史上第二个“贞观之治”——“建文之治”了,甚至可能会出现君权限制意识之萌芽……

总之,本书是国内外第一部建文朝历史的专著,全书精彩迭现,观点新异又可靠,读之既如品尝陈年美酒,又似沐浴和煦春风。作为年过八旬的垂垂老者,我倍感欣慰,“黄学”后继有人啊!也愿马教授不断努力,推出更多的新作!

权作为序

南京大学中国思想家研究中心常务副主任、教授

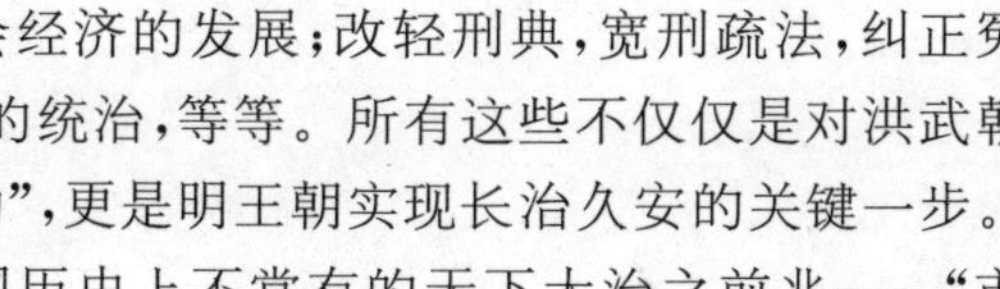

2014年11月15日修改

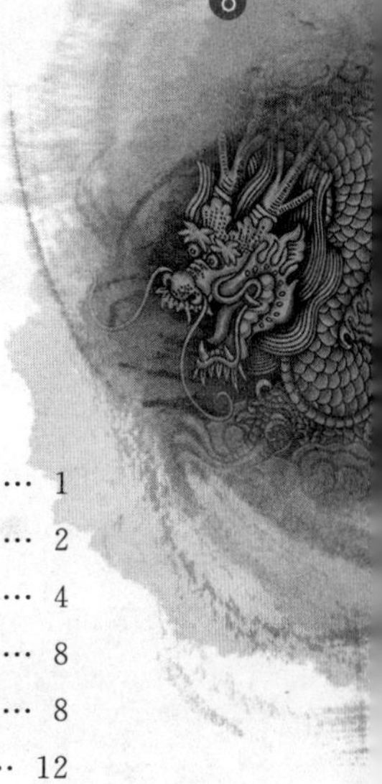

目录

第四章 建文削藩与帝国大难

第一章 明宫“淫魔”与历史谜团

中国历史上有着这样的怪现象：开国皇帝后的第二位君主要么经历一番惊涛骇浪后才得以登位，要么是在皇位上坐不久或不得安宁，甚至会影响到了整个王朝的寿命。秦朝二世而亡，汉初惠帝短寿，东吴主孙权死后皇帝如走马灯般换个不歇，隋朝也是二世而亡，唐高祖武德后期发生了骨肉相残，赵匡胤临终时宋宫内居然上演了“斧声烛影”一幕……明朝也不例外。

而从流传至今的明初官方文献与“正史”记载来看，大明开国皇帝之后的第二位君主朱允炆不仅是个无能、无德的昏君，而且还是个连畜生都不如的“色鬼淫魔”。由此人们不得不要问：一生精明透顶的老皇帝朱元璋怎么会选择这样的一个接班人来继承大统？建文朝真实的历史到底是怎样的？建文帝朱允炆究竟是不是禽兽不如的昏君？他的最终归宿又是如何？

明宫幻境“淫魔鬼怪”，大明帝国“天怒人怨”？

据篡位皇帝朱棣及其子孙钦定的《奉天靖难记》和《明太宗实录》所载：“荒淫无道”的建文帝这颗种子本身就有问题，他的老爸朱标太子在播种时，播种的地方不对，他没有播在正宫，而是撒到了“二奶”地里。朱允炆的母亲为吕氏，即后来官至太常寺卿吕本的女儿。当初吕氏“嫁给”太子朱标时是个地地道道的“二奶”，人称其为“宫人”，因此说朱允炆是庶出而不是嫡出，这在宗法社会里是没有什么资格来继承皇位的。更为严重的是，朱允炆这颗“色鬼淫魔”种子的基因就缘出于此。

◉“色鬼淫魔”遗传基因的由来——明代官书记载：太子朱标“忤逆大恶”

“初，懿文太子所为多失道，忤太祖意，太祖尝督过之，退辄有怨言。常于宫中行咒诅，忽有声震响，灯烛尽灭，略无所惧。又擅募勇士三千馀，东宫执兵卫。太祖闻之，语孝慈高皇后曰：‘朕与尔同起艰难，以成帝业，今长子所为如此，将为社稷忧，奈何？’皇后曰：‘天下事重，妾不敢与知，惟陛下审之。’太祖曰：‘诸子无如燕王最仁孝，且有文武才，能抚国家，吾所属意。皇后慎勿言，恐泄而祸之也。’有潜以告太子者，太子乃日夜伺察太祖”(《奉天靖难记》卷1；《明太宗实录》卷1)。

这段史料是说：当初朱标在当太子时言行举止多有失范，这就使得皇父朱元璋大为恼火。老朱皇帝曾亲自监督其改过自新，但谁知朱标怙恶不悛，一退下正殿就口出怨言，平日里常常在东宫暗处狂念咒语，将皇父画在纸上，诅咒他尽早归天，自己好早日登上大位。这事连老天都为之愤怒，猛然间响起了震雷，刮起了大风，将东宫里的灯火全部吹灭了。但这个大逆不道的朱标太子却什么也不在乎，更不用说是害怕了。过了没多久，他又偷偷地招募了3 000多名勇士，自己亲自执掌这支敢死队。

皇帝老爸朱元璋听说后，就跟皇后老妈说：“想当初，我和你同甘苦共患难，经过无数的战火，才有了今天的帝国伟业啊！可是长子朱标却是这般做法，这难道是为大明江山社稷的未来考虑吗？你说怎么办？”马皇后回答说：“事关天下社稷的安危，臣妾一个妇道人家，不敢掺和其中，也不知道说什么好，惟愿陛下深思！”皇父朱元璋说：“我这么多的皇子中只有四子燕王朱棣最为仁孝，能文善武，将来安抚我大明的，我看也就非他莫属了！”马皇后听到这里，赶紧跟皇帝丈夫说：“陛下说话要小心，不能随便表态啊。一旦泄露出去恐怕就会引发大祸！”但谁知还是有人听到了，他偷偷地告诉了朱标太子。太子加紧了活动，日夜窥伺与刺察皇父的言行，真是到了丧心病狂的地步。(《明太宗实录》卷1；《奉天靖难记》卷1)

十拿九稳的皇位继承人朱标在绝对强势皇帝朱元璋的眼皮底下，居然迫不及待地组织3 000多人的敢死队，但又迟迟不付诸行动，随后反而帮起了与自己皇位继承有着冲突的三皇弟朱棡来，并莫名其妙地中伤“没有任何野心的好弟弟”朱棣：“时晋王闻太子失太祖意，私有储位之望，间语人曰：‘异日大位，次当及我。’遂僭乘舆法物，藏于五台山。及事渐露，乃遣人纵火，并所藏室焚之。自此性益猜忌，荒淫无度，丑声日闻于外。又好弄兵，擅杀人。一日无事，以军马围村落，屠无罪二百余家，其惨酷尤甚。常饲恶犬，以啮人为乐，犬不啮人，即杀其犬。小儿为犬所啮，死者甚众。臣下无敢谏者，谏即挝杀之。太祖闻之怒，召晋王谴责之。晋王见太子，乞为解释，太子曰：'尔所为者，父皇焉得知？此自燕王发之也。'晋王信其言，由是渐生嫌隙"(《奉天靖难记》卷1)。

太子朱标薨世前几年，由于他与老皇帝朱元璋之间的分歧越来越大，冲突自然也越来越多。就连远在山西的三皇弟朱棡也听到了南京明皇宫里大哥朱标太子与皇父意见常常相左的消息，不过他可没有四皇弟朱棣那么沉得住气，闻讯后顿时就欣喜若狂，还偷偷地跟人说："过些日子，父皇要更换太子了，按次序轮差不多也该轮上我了！"朱棡不仅说着，甚至还偷偷地忙活起当太子所用的乘舆法物，但后来又怕被人知道，于是干脆就叫人把准备好的乘舆法物藏到五台山去。可谁知还是走漏了消息，朱棡发现情况不妙，就赶紧派遣心腹前往五台山，将那些乘舆法物一把火给烧了。

销毁了犯罪证据后，朱棡就无所顾忌了。他日日夜夜不知疲倦地找美人玩，以此来满足自己的淫欲，真是荒淫透顶。有关晋王的坏名声不仅在山西，而且在别的地方甚至在大明帝国的首都南京都传开了。当朱棡得知自己臭名远扬时，就怀疑是四弟燕王朱棣在暗中捣的鬼，他不但不好好地闭门思过，反而变本加厉，舞刀弄枪，要是一言不合，就将人给杀了。有一天，朱棡吃饱了撑着实在无聊，就命令手下的护卫军队包围了一个村庄，将村中200多家无辜的村民给一一杀害了，真是残酷到了极点！

晋王朱棡还养一些恶狗，平日里要是没事的话，他就将这些恶狗放出来，让它们咬人，每每见到此番情景，他就会开怀大笑；要是碰上哪条狗不咬人，他就立马将它给杀了。好多小孩都被晋王的恶狗咬过，甚至还有许多小孩被恶狗咬死。

对于朱棡此等残暴无耻之行径，晋王府的下臣们都是敢怒而不敢言，要是手下有哪个吃错了药，向晋王爷提意见的话，朱棡就会二话不说，将他给杀了。

皇父朱元璋听到晋王所犯的罪孽后相当恼怒，命令将他召回到南京，打算狠狠地责罚一番。此时朱棡才发现情况不妙，皇帝老爸要动真格了，怎么办？他顿时想到了太子朱标，乞求大哥在父皇面前多多美言。朱标听到三弟为这等事来求救，他立马反问朱棡："三弟啊，你在远隔千里之外的山西做的那些破事，父皇怎么会知道的呀？"朱棡说："我也不知道老爸怎么会知道的。"朱标听后狡黠地一笑："你呀，一点也不动脑筋，这不明摆着，还不是老四朱棣暗中告的黑状！"经过这么一点拨，朱棡对大哥朱标佩服得五体投地，同时也开始对四弟燕王朱棣恨之入骨了。(《奉天靖难记》卷1)

就在太子、晋王和燕王这三条朱皇帝培育出来的小龙仔在老皇帝的眼皮底下斗得像乌眼鸡时，老天开眼了，“坏事做尽”的太子朱标死了。

洪武二十五年四月丙子日，“太子（朱标）薨，太祖愈属意于上（指朱棣）。一日，召侍臣密语之曰：‘太子薨，长孙弱不更事，主器必得人，朕欲建燕王为储贰，以承天下之重，庶几宗社有所托矣。’翰林学士刘三吾曰：‘立燕王，置秦、晋二王于何地？且皇孙已年长，可继承矣。’太祖默然。是夜，焚香祝于天曰：‘后嗣相承，国祚延永，惟听于天耳。’遂立允炆为皇太孙。”这样，既是“好弟弟”又是“好皇子”的朱棣继承皇位之好事一下子全给那该死的老学究刘三吾给搅黄了。（《明太宗实录》卷1；《奉天靖难记》卷1）

◉ 淫乐了漂亮美眉、老太太，朱允炆还不解渴，居然还临幸母猪母羊

洪武三十一年（1398）闰五月初十日，“英雄”了一辈子又算计了一辈子的大明开国皇帝朱元璋终于走到人生的尽头。噩耗传出，整个明故宫哭声一片。

闰五月实际上是六月，农历六月相当于我们现在通用的公历7月，素有“火炉”之称的南京城热得让人喘不过气来，只要你挪动一下脚步，就有汗珠“啪嗒啪嗒”地往下掉，连明皇城内外小树上的蝉儿也被热得“哧—哧”直叫。走过明皇宫，出了朝阳门（即今天的中山门），当滚烫的大火球西下时，你就会听到从那燕雀湖岸边传来无数只蟾蜍和青蛙此起彼伏的鸣叫，好像是在为那位从凤阳乡下来的农民皇帝吟唱着送别的挽歌。

盛夏时分，火烧天气，闷得让人发慌，热得让人炫目。只见得明皇宫内有个小伙子，长得白白净净，20岁出头，苦着脸，穿着一身的丧服在大明高皇帝朱元璋遗体前恭恭敬敬地站着，不时有人走上来向他请示着，大伙儿各自忙碌开了，挂白灯笼、发丧服、给明皇宫“穿”素服……一直忙到半夜时分，大明礼部官员派了一拨子人来到了那小伙子前头，给刚刚升仙却引来了一群群苍蝇的大行皇帝“沐浴更衣”，随后便是入殓。

所有的一切都在那小伙子的认同下进行，这个小伙子便是大明第二任皇帝朱允炆，人称建文帝。

老皇帝走了，皇太孙在为皇爷爷主持着丧事。按照逝者的遗嘱，已经就藩于各地的老皇帝儿子藩王爷不得入京奔丧，就地遥祭高皇帝（《明史·太祖本纪三》卷3，本纪第3）。这着实使得藩王爷们昏闷不已，于是幻觉出现：

皇爷爷死了，皇太孙朱允炆“矫遗诏嗣位，改明年为建文元年”（《明太宗实录》

卷1)。大丧期间他叫来了一大帮子的乐队,咪哩嘛啦地吹奏起来,用一种叫桃茢的东西来作巫术,以此来破除宫中之禁;用硫黄水在明皇宫前前后后洒了一遍,想来消除死人带来的晦气;还焚烧了各种各样的秽物,说是为了规避鬼神。这样的胡闹折腾了一周,到了第七天,朱允炆终于急不可待了,命令下葬皇爷爷朱元璋。

出殡那一天,朱允炆和他的三弟朱允熥背靠着明皇宫的宫门,各自拿了一把宝剑,横眉竖眼,指着皇爷爷的梓宫骂骂咧咧:"看你还能骂我们?看你还能责怪我们吗?"骂了一阵,狂笑一阵,不说其脸上没有一丝一毫的悲伤表情,简直就是一对精神病兄弟。(《奉天靖难记》卷1)

而与此形成鲜明对比的是朱元璋的"好儿子"、"来路不明"(详见笔者《大明帝国》系列之7《永乐帝卷上》)的四皇子朱棣却"闻讣哀毁几绝,日南向恸哭"。就是讲燕王朱棣在北京听到南京传来的噩耗,顿时就哭得死去活来,几次差一点断气,且每天都这样,面朝南方恸哭着。(《明太宗实录》卷1)

不过,哭归哭,朱元璋的"好儿子"朱棣又十分"关心"地观看着南京明皇宫里由新皇帝朱允炆和齐泰、黄子澄等"大奸大恶"主演的一幕幕"闹剧":

建文"朝廷政事一委黄子澄、齐泰,二人擅权怙势,同为蒙蔽,政事悉自己出。变更太祖成法,而注意削诸王矣"(《明太宗实录》卷1)。这是讲朱允炆一即位就把朝廷一切政事委托给齐泰和黄子澄两个大臣去打理,而齐、黄可谓是地地道道的"奸臣",他们擅权怙势,蒙蔽、欺骗年轻皇帝朱允炆,今天想到什么事,就照着自己的意愿去做,明天想到另一个主意就再变换,太祖高皇帝的祖制成规全让他们给破坏了。他们一天到晚拿着放大镜照着各地的藩王们,总想为年轻皇帝找些由头和借口,将那些藩王叔叔一一给废了。

齐、黄为了能使得年轻皇帝下定决心削藩,竟然派人在朝廷上下散播谣言,说燕王朱棣的同胞兄弟朱橚谋反了!起初朱允炆还不信,但谣言重复了一万遍,就成为"真理"。年轻皇帝最终相信,周王朱橚真的谋反了,于是就以加强北疆军事防务为名,命令开国大将李文忠的儿子李景隆带兵北上。当快要走过河南开封时,李景隆突然转向,冷不丁地对周王府发起了袭击,逮捕周王及其僚属和家眷,拘押至南京,随即削爵为庶人,迁徙云南,后又被逮回南京。堂堂周王爷,最终落魄到了囚犯甚至是猪狗一般的境地,他与妻子、儿女分开关押,一日三餐都是通过墙洞递入。(《奉天靖难记》卷1)

这事没过多久,建文朝廷"遂罪代王。已而罪湘王,逼其阖宫焚死。又籍齐王,困于京师。又诬岷王,降为庶人,流于漳州"(《奉天靖难记》卷1;《明太宗实录》卷1)。

齐、黄"奸臣"在干出这等"坏事"时,那个"弱不更事"(《明太宗实录》卷1)的新皇帝朱允炆在干什么？

据明朝官方文献记载："时诸王坐废，允炆日益骄纵，焚太祖高皇帝、孝慈高皇后御容，拆毁后宫，掘地五尺，大兴土木，怨嗟盈路，淫佚放恣，靡所不为。遣宦者四出，选择女子，充满后宫，通夕饮食，剧戏歌舞，嬖幸者任其所需，谓羊不肥美，辄杀数羊以厌一妇之欲。又作奇技淫巧，媚悦妇人，穷奢极侈，暴殄天物，甚至亵衣皆饰以珠玉锦绣。各王府宫人有色者，皆选留与通，常服淫药，药燥性发，血气狂乱，御数老妇不足，更缚牝羊母猪与交。荒眈酒色，昼夜无度。及临朝，精神昏暗，俯首凭案，唯唯数事而已。宫中起大觉殿，于内置轮藏。出公主与尼为徒，敬礼桑门，狎侮宗庙。尝置一女子于盒以为戏，谓为时物，舁入奉先殿荐新，盒开聚观，大笑而散。倚信阉竖，与决大事，凡进退大臣，参掌兵马，皆得专之。陵（凌）辱衣冠，毒虐良善，御史皆被棰挞。纪纲坏乱，构成大祸。自是灾异迭见，恬不自省。夜宴张灯荧煌，忽不见人。寝宫初成，见男子提一人头，血色模糊，直入宫内，随索之，寂无所有。狐狸满室，变怪万状，遍置鹰犬，亦不能止。他如日赤无光，星辰无度，彗扫军门，荧惑守心犯斗，飞煌（蝗）蔽天，山崩地震，水旱疫疠，连年不息，锦衣卫火，武库自焚，文华殿毁，承天门灾，虽变异多端，而酗乐自如。"（《奉天靖难记》卷1）

上面这段史料是讲：诸王连坐被废时，新皇帝朱允炆高兴得几乎手舞足蹈，他日益骄纵，目空一切，居然将明太祖高皇帝朱元璋与孝慈高皇后即马皇后的画像收集在一起，然后点上一把火，将它们烧为灰烬。他还下令拆毁后宫，掘地五尺，大兴土木，建造新宫，结果弄得劳民伤财，怨嗟盈路，所有这一切都是为了满足他一人的私欲。朱允炆淫佚放恣，无所不为。

本来朱允炆当皇太孙时，东宫里就有几个专门为他提供性服务的女人，可他还不满足，派上宦官奔赴全国各地去精选漂亮美眉，一选选了一堆又一堆，"堆"满了整整一个后宫。有了这么多的美女，朱允炆可来劲了，不论白天还是黑夜，他都"猫"在后宫里与美人们一起用餐，一起嬉戏，且边饮食边让美人们唱歌跳舞。有个被宠爱狎昵的美人在用餐时，发现吃的羊肉不肥，没吃头，就发起了嗲劲，撒起了娇。朱允炆立马屁颠颠地跑前跑后，为她服务。当皇家厨师回禀说：再肥的羊肉已经没有了！朱允炆竟毫不含糊地下令，再多杀几只大肥羊，来满足美人的要求。

为了更加博得美女们的欢心，朱允炆还令人制作了许多奇技淫巧，让人在宫中表演给美人看，弄得美人们时不时地发出浪声淫语。朱允炆甚至穷奢极侈，暴殄天物到了这般地步，就连他与美眉们相拥而卧时穿的内衣内裤，不是锦衣绸缎，就是饰有珍珠玛瑙等稀世珍宝的极品衣裤，也不顾及自己与美眉们体内排出的那些脏物会不会玷污了如此高档的衣料。（《奉天靖难记》卷1；《明太宗实录》卷1）

有了这么多精选出来的美眉陪着玩玩了，朱允炆还嫌不够。高祖皇帝一口气生了 26 条龙仔，除了朱标以及其他 2 个皇子早年夭折外，存活下来大约有 23 个龙仔藩王，按照辈分来说，即使他们年龄再小，也是朱允炆的叔叔。叔叔家里都有漂亮的女人，那是高皇帝配给他们享受的，有名位的藩王府女人就王妃几个人，没名位的宫人可多着呐。不过无论怎么说，无论她们多么年少，都是朱允炆的"婶婶"，既然是"婶婶"就少不了要到大明皇宫里去走走。可谁曾想到她们却被"淫魔"侄儿朱允炆给盯上了，凡是有点姿色的"婶婶"都给留下来过夜，陪着"大侄儿"好好地乐乐。（《奉天靖难记》卷 1，《明太宗实录》中删除此内容）

朱允炆这般好色好淫却给自己带来了一大问题，性器官正常功能跟不上，身体严重透支。为了解决这个问题，他听信佞言，派人去物色淫药。当手下人将淫药奉上时，朱允炆不要命地抓了满口大吃，没想到那淫药特别燥，吃后顿时感到体内血气狂乱，好像有几百条虫子急着要冲出去似的，忍住、忍住……再忍住，可最终还是没能忍住，找了几个漂亮美眉好好发泄发泄，不料年轻姑娘没经验，或因害羞而不配合，朱允炆的狂乱性欲不仅没能得到满足，而且越发厉害，几乎到了癫狂的地步。此时宫中有人出了这么个主意，年轻姑娘不管用，就找经验丰富的过来女人——老太太。连找了几个老太太来云雨一番，可年轻皇帝的狂乱性欲问题还是没能解决，那怎么办呢？这时宫中又有人出"高招"，找母羊、母猪来，肯定能搞定！听到这里，朱允炆立即下令，让人绑来母羊、母猪，然后一一轮番"临幸"……（《奉天靖难记》卷 1，《明太宗实录》中删除此内容）

狂乱性欲问题解决了，朱允炆累得也够呛了。由于荒眈酒色，昼夜无度，他浑身虚汗，两腿发软，眼前一片漆黑，昏睡一夜还是没能恢复，第二天临朝理政，精神恍惚，两眼直冒金星，不一会儿就把头给低了下来。底下大臣奏请国事，他一股脑地说："喔，喔，喔……知道了！"

自己穷奢极欲，但又怕别人跟着学坏，于是朱允炆下令，在明皇宫中建造起大觉殿，大觉殿内放上轮藏佛经，随即请来尼姑，让大明皇家公主们拜尼姑为师，学会清静寡欲。殊不知这等礼敬佛门，已经狎侮了我大明宗庙啊，可朱允炆却不管这些。（《奉天靖难记》卷 1；《明太宗实录》卷 1）

该玩的都让他玩遍了，该乐的都让他乐尽了，为了寻求刺激，朱允炆让手下人变着法子玩心跳。有一次他与手下人核计：让一个妖艳的女子趴在一只盒子里，随即将盒子盖子给盖上，再叫人将盒子抬到了大明皇家祭祀祖先的神圣殿堂——奉先殿内，以此作为祭祀祖先活动的新内容。可当那盒子一放稳，盖子打开时，盒内那个妖艳女子便向周围的人群挤眉弄眼，刹那间一脸严肃的皇家祭祖人员被这挖

空心思的嬉戏节目弄得了笑破肚皮。(《奉天靖难记》卷 1)

◉ 明宫闪现“妖魔鬼怪”,建文朝廷“天怒人怨”

嬉戏玩乐,朱允炆有着一套又一套的“高招”,但对于国事却毫无作为,他“倚信阉竖,与决大事,进退大臣,参掌兵马,皆得专之。凌辱衣冠,虐良善,纪纲坏乱”(《明太宗实录》卷 1;《奉天靖难记》卷 1)。

由此造成了我大明灾异不断,可朱允炆却一点也没有幡然醒悟。由于他的种种丑行触怒了天地鬼神,也引起了朝廷上下一片怨言。为了平息人们的不满甚至是愤怒,朱允炆在明皇宫内大摆夜宴,梦想以此来讨好人们。不料就在人们入席就宴时,四周点着的灯火突然间昏暗了下去,一刹那间,所有就宴的人都不见了。后来宫中寝宫造好了,朱允炆正满心欢喜地等着使用,没想到有人看见一个男人拎着血淋淋的人头,直奔宫内。朱允炆听说后大惊失色,赶紧令人进行地毯似地搜索寻找,找啊找,找啊找,再怎么找,就是找不到那个拎着血淋淋人头的男人。

随后发生的事情更加离奇荒诞了,拎了血淋淋人头的男人没找着,明皇宫里忽然间又冒出了一大群一大群狐狸,狐狸们龇牙咧嘴,变怪万状,让人不寒而栗。为了对付这种恐怖的鬼怪,朱允炆叫人在明皇宫的各个角落里都放上鹰犬,可谁知那些狐狸鬼怪还时不时地冒出来。(《奉天靖难记》卷 1;《明太宗实录》中删除此内容)

要说这个朱允炆当了皇帝,实在是“天怒人怨”,就连光芒万丈的太阳也开始变得没光了,天上星辰紊度,不祥之星扫帚星扫过军门(边疆或地方总督、巡抚一类的代称),驻守边关的将领们也由此开始变得惶惶不安。再说自然界,“飞蝗蔽天,山崩地震,水旱疾疫,在在有之”(《明太宗实录》卷 1)。明皇宫的文华殿、承天门及武库等又相继被天火所烧,可建文君臣却毫不在乎,“恬嬉不已”或言“酗乐自如”(《奉天靖难记》卷 1)。

篡位皇帝:满口谎言;明都南京:惨绝人寰

不过你千万别小看了这个禽兽不如的“色鬼淫魔”皇帝朱允炆,处理国事来虽然一无所是,但他却很会搞阴谋。“(洪武)三十一年闰五月,(明)太祖不豫。遣中宫召上(指朱棣),已至淮安,太孙与齐泰等谋,诈令人齐敕符,令上归国。及太祖太渐，问左右：'燕王来未？'凡三问，无敢对者。乙酉，太祖崩。是夜即敛，七日而葬。皇太孙遂矫诏嗣位，改明年为建文元年。踰（通'逾'）月始讣告诸王，且止毋奔丧。"（《明太宗实录》卷1）

皇帝老爸死了，居然还不让藩王儿子回南京明皇宫家里奔丧，天下哪有这等道理？！更离谱的是"（朱）允炆嗣登大位，崇信奸回，委政近侍，改更祖宪，戕害诸王，祸机之发将及于臣（朱棣当年自称，笔者注）"（《明太宗实录》卷10）。

更改祖制，宠信近侍"奸恶"，"迫害"藩王叔叔，建文朝中出了"大奸大恶"，大明国家有"难"了。"正义天使"燕王朱棣不得不"举兵靖难"，"清君侧之恶，以为万姓请命"（《明太宗实录》卷1）。

经过四年的"靖难"战争，燕王"靖难军"最终打败了建文朝廷军，"（建文）四年六月乙丑，上（指朱棣）至金川门。时，诸王分守京城门，谷王橞守金川门。橞登城望上至，即开门迎，上遂按兵而入……上虑朝廷事急，加害周、齐二王，遣骑兵千余，驰往卫之。周王初不知上所遣，仓卒惶怖，既知，乃喜曰：'我不死矣！'来见，上出迎之。周王见上，拜且哭，上亦哭，感动左右。周王曰：'奸恶屠戮我兄弟，赖大兄救我。今日相见，真再生也！'言讫，复哭。哭不止，上慰止之。与周王并辔至金川门，下马握手登楼。上曰：'身遭危祸，无所容生。数年亲当矢石，濒万死，今日重见骨肉，皆赖天地、皇考、皇妣之祐，得至于此。'周王曰：'天生大兄，戡定祸乱，以安社稷，保全骨肉。不然，皆落奸臣之手矣。'时，诸王及文武群臣、父老人等皆来朝。建文君欲出迎，左右悉散，惟内侍数人而已，乃叹曰：'我何面目相见耶！'遂阖宫自焚。上望见宫中烟起，急遣中使往救。至，已不及，中使出其尸于火中，还白上。上哭曰：'果然若是痴騃耶！吾来为扶，翼尔为善，尔竟不亮，而遽至此乎！'时，有执方孝孺来献者，上指宫中烟焰，谓孝孺曰：'此皆汝辈所为，汝罪何逃！'孝孺叩头祈哀，上顾左右曰：'勿令遽死。'遂收之。上慰遣周王归第，分命诸将守京城及皇城，遂驻营龙江。发哀，命有司治丧葬如仪，遣官致祭，布告天下，下令京师，慰抚臣民。是日，有卒于市取民履者，立命斩之。先是，京师飞蝗蔽天者，旬余不息，至是顿绝。而中外召募壮丁，闻上入京师，皆解散。远近啸聚山林者闻之，亦皆敛戢曰：'真主出，毋自取灭亡耳'"（《明太宗实录》卷9）。

以上这段明朝官方史料是说：建文四年（1402）六月乙丑日，朱棣"靖难"军打到了大明帝国首都南京，兵屯金川门。当时侄儿皇帝朱允炆命令诸亲王叔叔分守京城各城门，刚好谷王朱橞和曹国公李景隆负责守卫金川门。他俩站在金川门的城头上向外眺望，看到黑压压的朱棣燕军，顿时就吓破了胆，马上走下城去，打开城门，迎接"靖难"军入城。

这时，燕王朱棣想起了，狗急了要跳墙，建文朝廷落到了这步田地，保不准又要做出什么坏事来。尤其让燕王念念不忘的是自己的同胞弟弟周王朱橚，自建文初年犯事后被囚至今已有好几个年头了，朱允炆会不会在这个时候对他以及“同命相连”的齐王下手？想到这里，燕王朱棣立马下令，派出2 000人的骑兵小分队，火速赶往大明皇家囚室，营救周王和齐王。

再说此时的周王因为不知道外面的形势发生了天翻地覆的变化，一看到军队的兵士冲进囚室，误以为是要将他开刀问斩了，顿时他两腿一软，瘫在地上。幸好前来营救的兵士善解人意，反复地向他解释了外面的情势。这下周王才破涕为笑，不停地唠叨着：“我不死了，我不死了！”边说边跟着来救的兵士一起去拜见自己的同胞兄长。见到“救世主”，周王赶紧跪拜，并不停地哭，哭得好不伤心，弄得“救世主”朱棣也跟着一起哭了起来。周王哭着说：“建文奸恶屠戮我皇家兄弟，全赖兄长您来救我们啦。今日我们兄弟能相见，小弟我周王真是三生有幸啊！”说完，哭得更加伤心了。幸亏“救世主”朱棣脑子清醒，老哭总不是事，他立马收起了眼泪，且劝住了弟弟朱橚。说说话，兄弟俩一起骑上马，合拉着马缰绳，得意洋洋地来到了金川门，然后下马步行，一同登上了金川门城楼。

展望着金川门内外黑压压的“靖难军”，燕王朱棣不无感慨地说道：“五弟啊，不仅是你们遭受了建文朝廷的迫害，兄长我当年也突遭横祸，无处容身，不得已才起兵的呀！你知道这些年兄长我是怎么过来的？餐风饮露不用说了，穿梭于枪林弹雨之中，濒临于万死之间，好不容易活到今天，我们亲兄弟才得以重见！这一切全依赖于天地、皇考（朱元璋）、皇妣（马皇后）的保佑啊！”周王朱橚更是激动万分：“天生大兄，戡定祸乱，以安社稷，保全骨肉。不然的话，我们皇家兄弟都将会落入奸臣之手，或早已遭遇了不测。”

同胞兄弟正亲密地说着，皇家其他藩王兄弟闻听“大救星”来了，岂肯错过这样的拜谒好机会呢？于是“诸王及文武群臣、父老人等皆来朝”（《明太宗实录》卷9）。

这时，明皇宫里的那个“色鬼淫魔”建文帝也听说“聪明睿智仁孝友悌”（《奉天靖难记》卷1；《明太宗实录》卷1）的“好叔叔”朱棣来南京了，他想组织一场欢迎仪式，可忽然发现自己过去极为宠信的近臣方孝孺等都不见了人影，只有孤零零的几个内侍像木头一样侍立在大殿上，建文君顿时觉得实在不好意思了，叹息道：“我还有什么面目去见我的四叔燕王呐！”说完，转身回到宫里，关上宫门，点起大火，阖宫自焚。“菩萨一般心肠”的“伟大领袖”朱棣岂能见死不救呢？看见宫中燃起了熊熊大火，立即派遣不男不女之人——宦官前去灭火救人。

当宦官们赶到时，已经来不及了，大火将皇宫烧得不像样。有宦官从火堆里找出一具尸体，然后报告给了燕王朱棣。

一转眼的工夫，自己的侄儿皇帝没有了，“好叔叔”朱棣无论如何心理上也接受不了。他哭着说：“竟然这样，我的侄儿啊！你为什么痴迷得如此不明事理啊？叔叔我是来辅助你治国理政的，没想到你竟然一点也不明白我的一片苦心而做出这样的傻事啊！”几天后的壬申日，燕王朱棣令人备礼下葬建文帝，并派官员代他祭奠，停朝三日，以示哀悼。(《明太宗实录》卷9下)

就在朱棣指挥灭火救人的当口，有人将建文君的心腹大臣方孝孺给逮来了。见到方孝孺，燕王朱棣气不打一处来，他指着明皇宫燃起的火焰，责问方孝孺：“这都是你们几个干的好事，你们能逃脱得了罪责吗?”而此时的方孝孺早已被“吓掉了魂”，他不停地“叩首求饶”。燕王朱棣“善心大发”，令人将方孝孺等先看押起来，然后再慢慢地收拾……(《明太宗实录》卷9下)

再说此时的大明首都一切都变了。原先飞蝗蔽天，整整有10天的时间南京城被覆盖得漆黑一片。而自从燕王朱棣“靖难军”占领南京后，忽然间那些铺天盖地的可恶的蝗虫都不知飞到哪里去了，首都上空顿时阳光灿烂；再说那些原本响应建文朝廷号召，招募壮丁，组织义师，打算前来“勤王”的“勤王”诸军将领，在听到燕王“靖难军”攻占南京的消息后，纷纷宣布，解散“勤王之师”；就连那些在建文帝当政时遁隐山林之士或聚众造反者，在闻听燕王入主京师的“喜讯”后，也纷纷改辕易辙，大伙儿不约而同地说道：“现在真正的天下之主出现了，我等再也不能自取灭亡啦！”(《明太宗实录》卷9下)

读到这里，读者朋友或许以为是笔者在大讲“山海经”或是在演绎地摊文学了，但我可以明确地告诉你们：这是流传至今的最早明代官方有关建文皇帝和建文朝史迹最为集中的文字记载，也是我们社会中尤其是某些象牙塔里的学究奉为圭臬的官方“正史”，可信吗？有朋友读后跟我说了八个字：一派胡语，满纸谎言！那么这些由明太宗朱棣及其子孙钦定的正史中到底有没有留下一点儿真实的历史内容？哪怕是叙述事情的年份交代总该是真实的吧？很遗憾，我不得不告诉你：那些也是有问题的。

为了发泄与报复建文君臣，靠着枪杆子武力篡位的朱棣从掌控政权那天起就发疯似地屠杀和虐害建文朝大臣，诛灭十族、肢解活人、“洗刷”犯人、油煎犯人、火烧活人、宫刑、剥人皮、“瓜蔓抄”、群体轮奸建文忠臣女家眷、挖祖坟……(其史料详见笔者《大明帝国》系列之7《永乐帝卷上》)250年后的史学家谷应泰对此曾发出这样的愤慨：“嗟乎！暴秦之法，罪止三族，强汉之律，不过五宗，故步、阐之门皆尽，机、云之种无遗。世谓天道好还，而人命至重，遂可灭绝至此乎！又况孔融覆巢之女,郭淮从坐之妻,古者但有刑诛,从无玷染,而或分隶教坊,给配象奴,潘氏承恩于织室,才人下降于厮养,此忠臣义士尤所为植发冲冠,椎胸而雪涕者也。"(【清】谷应泰:《明史纪事本末·壬午殉难》卷18)据后来清朝官方组织学者撰写的《明史》所载:仅朱棣的一条走狗"都御史陈瑛灭建文朝忠臣数十族,亲属被戮者数万人"(《明史·佞幸·纪纲传》卷307)。

除了残酷虐害建文忠臣,朱棣还用极端卑鄙的手段——暗杀,来消灭政敌建文帝的骨肉兄弟,让人无从查起,大不了就让大家猜猜谜吧。建文帝的三弟吴王朱允熥,太子朱标的第三子,"建文元年封国杭州,未之藩。成祖即位,降为广泽王,居漳州。未几,召还京,废为庶人,锢凤阳"。建文帝的四弟衡王朱允熞,太子朱标的第四子,"建文元年封。成祖降为怀恩王,居建昌。与允熥俱召还,锢凤阳"。永乐十五年,两兄弟在中都凤阳囚所突然暴卒。而建文帝五弟朱允熙,建文元年被封为徐王,在朱棣篡位登基不久就遭受了迫害,先被"降为敷惠王,随母吕太后居懿文陵。永乐二年(朱棣)下诏改瓯宁王,奉太子祀。(永乐)四年十二月,邸中火,暴薨。谥曰哀简"(《明史·诸王三》卷118;《明史·成祖一》卷5;《明史·成祖二》卷6;【明】宋端仪《立斋闲录》卷2)。

"千钧百索"建文史迹;"拨乱反正"半途而废

在对建文骨肉兄弟和建文忠臣进行极致肉体残害的同时,魔鬼暴君朱棣还施展了精神折磨。他让建文忠臣的女家眷遭受轮奸或当妓女,且规定每天接客人数,甚至还叫人去扒建文忠臣家的祖坟……这就是被后世某些人万般称颂的一代"伟人"所干的史无前例的"杰作"。除此之外,满口"仁义孝悌"的"好叔叔"篡位之后就没忘了对侄儿皇帝当政时期的所作所为来个不分青红皂白的彻底大否定、大反动。洪武三十五年六月庚午日,朱棣发布"最高指示",一反建文"新政","命五府六部一应建文中所改易洪武政令格条,悉复旧制,遂仍以洪武纪年,今年称洪武三十五年,复诸殿门旧名,盖建文中改谨身殿为正心殿,午门为端门,端门为应门,承天门为皋门,正前门为辂门,至是首命撤之,悉复其旧云……"(《明太宗实录》卷9)

全面推倒建文"新政",革除建文年号,将建文四年并入洪武纪年,于是原本并不存在的"洪武三十五年"一类的纪年顿时从地里长了出来。

那么对于建文朝的那些公务档案和文书怎么办呢?"伟大的政治家"永乐皇帝也没忘了来一场彻底的大洗涤:洪武三十五年八月丙寅日,"上(指朱棣)于宫中得建文时群臣所上封事千余通,披览一二有干犯者,命翰林院侍读解缙等遍阅,关系军马钱粮数目则留，余有干犯者悉焚之”（《明太宗实录》卷 11）。

清洗到了这一步总该满意了吧？还不行，“一代伟人”就是与众不同。永乐元年朱棣下令编撰《永乐大典》，尽管篡位皇帝说了编撰这部百科全书的很多理由与目的，但不可否定其有对当时流传于社会民间的各种书籍、笔记和抄本等进行一次全方位大检查的真实意图。

朱棣还继承“乃父”朱元璋之衣钵，实施“文字狱”。他公开下令，对于有关建文君臣史迹的文字记载进行血腥清洗：永乐年间朝廷下令：“藏（方）孝孺文者罪至死”（《明史·方孝孺传》卷 141）。永乐三年十一月“杀庶吉士章朴，朴坐事与序班杨善同诖误，家藏有方孝孺诗文，善借观之，遂密以闻。上（指朱棣）怒，逮朴，僇于市，而复善官”（【清】夏燮：《明通鉴》卷 14）。其实不仅仅是建文忠臣方孝孺的诗文，就连他的名字，朱棣也不允许存在。宋濂曾有一首七言长古诗“送方生还宁海”，其中提到“方生”就是指方孝孺，“此诗有作赠郑楷者，盖遵革除之禁也。牧斋谓于内殿见《潜溪文粹》（宋濂的文集），孝孺氏名皆用墨涂乙，此可知矣”（【清】陈田：《明诗纪事》卷 7）。明末学问家钱谦益看到明皇宫内殿收藏的宋濂文集《潜溪文粹》中有关方孝孺的名字全被墨水涂掉了。

除了方孝孺，建文朝忠臣练子宁等其他大臣的诗文也被朱棣列入禁止存世的行列：“革除诗文之禁，甚于元丰，然《逊志斋集》（即方孝孺集），金川玉屑之编（即练子宁集），而日星不灭也。是编（即指《金川玉屑集》）至正德中始出”（【清】朱彝尊：《静志居诗话》卷 5）。

对于如此恶行，明朝后期史学家朱国桢将其概括为“千钧百索，只字不留”（【明】朱国桢：《皇明史概·大政记》卷 7，台北文海出版社 1984 年影印本）。

可以这么说，除了“建文”作为叙事纪年概念在实在无法删除的情况下，迫不得已地予以保留外，更多的时候是以“革除”来代指建文纪年；而建文帝出现在当年朱棣及其子孙钦定的国史《明实录》与明朝官方文献记载如《奉天靖难记》中的形象，不是懦弱无用之昏君，便是连畜生都要交欢的淫魔色鬼，就连“建文帝”也不叫建文帝了，而被改为带有蔑视性和歧义性的称呼，如“少帝”、“少主”和“建文君”（君字本身有几层意思，既可解释为君子，是个文雅、客气的称呼，也可解释为君主。总之就是不想承认建文帝曾经的君主地位）。

朱棣此般行为不仅把建文君臣打入了十八层地狱，踏上一脚，让他们永生永世不得翻身，而且还给后世人们造成了建文帝研究真实史料极度缺失、迷雾重重的尴尬局面，当然其险恶的用心无非是想将与建文帝相关的史迹从历史的记忆中予以彻底地抹去。

可历史老人却开了一个极大的玩笑，当这个无所不能、无恶不作的一代暴君在北疆战场上遭受蒙古人突袭而被吓成脑溢血刚刚“躺”下，一向不被他看好的皇储朱高炽在继承大明君主之位不到四个月的时间，就以时人无法想象的魄力和勇气开始为过去自家对立阵营中落难或死亡的建文忠臣进行平反。

永乐二十二年十一月壬申日，朱高炽试探性地给礼部尚书吕震下了个御札，说：“建文朝的‘奸臣’正犯早就给杀光了，其女家眷们被弄到教坊司去做妓女，男性被发配给军中功臣武将当奴隶，好多人被折磨而死，现在要是还有存活下来的，朕登基即位诏中已经宣布大赦天下了，他们也该被宽宥呀，官府得发还其被没收了的田地和家产。再有，先前因评说政事而遭连坐流放边境的官员及其家属也该被宽宥为民！”(《明仁宗实录》卷 4 上；【明】吕毖：《明朝小史·洪熙纪·御劄》卷 5)

要说洪熙帝的这个御札之意义实在是非同寻常，魔鬼父皇灭绝人性地残害建文朝文臣学士及其家眷，朱高炽要将他们中的幸存者宽宥为民，这不仅仅体现出明仁宗朱高炽的“仁爱之心”，而且还似乎隐含了新皇帝要推倒老皇帝的做法，建文朝臣大冤案有望平反昭雪，更有显示出了大明新君之绝大勇气——大明权力最高层的这番拨乱反正冒着两个不为常人所注意的巨大危险：第一，老皇帝朱棣夺权正当不正当，到底有没有合法依据？第二，一直流亡在外的建文帝原本就是大明的合法君主，那么朱高炽的这番举措是否给自己或刚刚开启的洪熙朝带来不利？或言之要是建文帝还幸存于世的话，朱高炽这样做会不会给自己的皇权统治带来麻烦？

对于这样的问题，新即位的洪熙帝似乎已经想到了，从他给大臣吕震御札这事本身来看就是投石问路。吕震不同于永乐—洪熙朝的主要文臣学士，他同建文帝没有直接的瓜葛，又是永乐朝的宠臣，所以洪熙帝的试探应该说是富有很大的智慧。那么吕震如何回应新皇帝的？《明实录》未作任何记载，但在一月后的“永乐二十二年十二月癸卯”条中却留下这样的一番话：“上(指洪熙帝)闻建文奸臣齐、黄等外亲全家谪戍边者，有田在乡悉荒废。令兵部每家存一丁于戍所，余放归为民”(《明仁宗实录》卷 5 上)。

对照前面御札，不难发现，原本洪熙帝欲将壬午蒙受大难的建文朝文臣学士及其家眷全部宽宥为民之想法没能全部实现，他遇到了阻力，所以才下令给大明兵部：戍边的建文奸臣齐、黄等外亲留一人在戍所，其余全都释放回乡为民。

即位后四个月不到的时间洪熙帝两次发出御旨，宽宥建文朝文臣学士的家眷，除了原本洪武时代他与皇太孙朱允炆有着不错的个人关系以外(《明仁宗实录》卷 1)，更多地表露出他的“仁慈”之心，所以说尽管朱高炽亲政时间很短，但被人称为“仁宗”，我看是名副其实的。可十分可惜的是，洪熙仅当了 10 个月皇帝就突然驾崩，已经开启了的建文朝臣平反工作骤然被停。

历史迷雾：居然能放建文幼子，就不正视建文史实

继承明仁宗皇位的明宣宗尽管在国家大政方针上大多沿袭了父皇朱高炽的做法，但在几个十分关键的问题上，如还都南京和给建文君臣平反等，他更多地“照顾”到了皇爷爷朱棣的层面，这一方面是由于宣德皇帝朱瞻基自小就是由魔鬼朱棣一手调教出来的，其祖孙感情远远要胜于朱瞻基与他的父亲朱高炽之间的关系；另一方面是无论明君朱高炽，还是朱瞻基及其后世子孙，若要想为建文君臣彻底平反的话，都将不得不面临着一个两难的困境：承认建文帝合法正统地位，就意味着明成祖朱棣起兵夺位是非法的。既然成祖夺位为非法，那以后明朝列帝都是成祖的子孙，其皇位当然也是非法的，因此说后来明朝无论哪个皇帝都不愿意接下这个“烫手的山芋”；但从另外的层面来讲，建文帝及建文朝毕竟是历史的存在，不是任何人想要抹杀就能抹杀得掉的。再说建文帝干了四年的皇帝工作，政绩怎么样？老百姓心中自有一杆秤。明朝中期起不断有人上奏朝廷，要求恢复建文年号和建文帝的应有地位，编撰建文朝的实录。朱棣的“孝子贤孙”们尽管治国一塌糊涂，但在这样的大是大非问题上却一点也不糊涂，他们基本上沿袭了朱棣好皇孙朱瞻基的做法——拖着不办或议而不决。

就在这个时候，一个自称是“建文帝”的 90 岁老和尚主动“送”上了门，着实让大明朝廷君臣紧张、忙碌了一阵子。

○ 明英宗时，90 多岁的“建文帝”主动找到朱棣玄孙朱祁镇的门上了

据《今言类编》、《七修类稿》、《尧山堂外纪》等书记载，明英宗正统初年，有个白发苍苍的老和尚从云南来到了广西思恩府的一座寺院里，对寺僧说：“我就是建文帝！”寺僧一听吓坏了，眼前这位就是“建文帝”，这可是不得了的大事啊，赶紧去报告官府。广西地方官府派人来寺院，但谁也不知道建文帝到底长成什么模样啊，眼前的这个老和尚又自称是建文帝，按辈分来讲，他是当今皇帝的叔爷爷了，怠慢不得啊，于是马上让人将老和尚请到靖江王府内安顿下来。只见老和尚南面趺足而坐，其气势还真有几分曾经的皇帝味；与此同时，广西地方政府立即发出了十万里加急信，飞报北京朝廷。据说皇帝朱祁镇知道后曾下过诏令，将自称为“建文帝”的老和尚从广西迎到了北京去。（【明】郎瑛：《七修类稿上·国事类》卷 12）

老和尚感慨万千，赋诗一首：

牢落西南四十秋，萧萧华发已盈头。

乾坤有恨家何在？江汉无情水自流。

长乐宫中云气散，朝元阁上雨声收(愁)。

新蒲细柳年年绿，野老吞声哭未休。(【明】蒋一葵:《尧山堂外纪·国朝》卷78;【明】郎瑛:《七修类稿上·国事类》卷12。笔者按，诸书记载细节略异)

○ 如何辨认送上门来的这个“建文帝”到底是不是真的？

再说，老和尚被带到北京时，明英宗十分重视，召集大臣商议，最终决定：从曾经服侍过建文帝的太监中挑选出与建文帝关系最为密切的老太监吴亮，让他来辨认辨认眼前这位九十高龄的老和尚是不是建文帝。谁知老和尚一见到老太监就说了：“你不是吴亮吗？”吴亮故意说：“不是的。”老和尚说：“昔日我在便殿上用餐时，你正在我边上，我想想你也怪可怜的，于是就将一些肉扔在地上，你手里拿着一只壶，趴在地上像狗一样地舔食完了那块肉，你怎么说你不是吴亮呢？”听到这里，吴亮趴在地上失声痛哭。

据说建文帝左脚上有颗黑痣，吴亮趴在地上帮老和尚揉揉脚，乘此机会仔细地检查着他的左脚，结果发现老和尚左脚上还真有一颗黑痣，吴亮再次伏地大哭，但什么也没说，回到明英宗那里作了汇报，当天夜里他就上吊自杀了。

明英宗知道以后，下令将老和尚迎到明皇宫里，入住西内，最终这个老和尚老死在宫中，葬于北京的西山，不封不树。(【明】郑晓:《吾学编》卷59,《吴亮传》;【清】谷应泰:《明史纪事本末·建文逊国》卷17;【明】郎瑛:《七修类稿》卷12,《琐缀录》)

从《今言类编》和《七修类稿》等书的记载来看，正统年间冒出来的那个老和尚“建文帝”还真像那么一回事。但当我们打开正史查阅时就会发现，原来它是英宗朝的一大骗局。

明英宗朝官史记载说：正统五年(1440)十一月，确实有个90多岁的和尚从云南来到广西，他跟人说：“我就是当年失踪的建文帝，张天师(道教的精神领袖)说我有40年的苦难期。如今当和尚期限已满，应该马上回我的朝廷宫苑去了。”说完他拿出黄纸，将自己的事情写了下来，随后命令他的徒弟清进拿了黄纸送往附近的广西思恩府(府治为广西武鸣)去。思恩府土官知府岑瑛一听说是昔日建文皇帝跑到我们广西来了，那可是当今朝廷的政敌，这还了得！赶紧派人前往寺院，将老和尚逮起来，送给广西总兵官柳溥处置。再说总兵官柳溥听说老和尚就是“建文帝”，哪敢擅自做主，立马叫人将老和尚一行人全部羁押起来，并派上重兵卫队，押往北京，交给英宗朝廷处置。

那么这个老和尚究竟是不是建文帝？英宗朝廷中那时还有好多个建文朝大臣健在，如大学士杨士奇、杨溥和杨荣等。所以说，明英宗尽管是个冲龄天子，但要想辨别真假建文帝还是很容易的。考虑到时隔已久，英宗朝还特别组织了朝廷官员集体会审了老和尚。会审结果很快就出来了，老和尚压根儿就不是什么建文帝，他原名杨行祥，河南钧州白沙里人，洪武十七年出家为僧，曾经游历了南京、北京、云南、贵州和广西等地，听到人们都在传言：当年建文帝不是被大火烧死了，而是出亡了。至于出亡到了哪里？谁也不知道。于是杨行祥顿生邪念，冒充建文帝，不曾想到事情败露，最终被明英宗关在锦衣卫大牢里，4 个月后老和尚病死狱中。他的 12 个同案犯都被发配到辽东边卫去戍边。(《明英宗实录》卷 73)

英宗朝发生的另一件与建文帝有关的事情，那就是释放建庶人。

天顺元年(1457)十月丙辰日，长期被软禁而后通过宫廷政变复辟上台的明英宗下令，释建文君子孙，安置凤阳。他降敕给太监雷春等说："朕眷念宗室至亲，虽在不原，亦令得所。今遣太监吴昱管送吴庶人及其母杨氏等，共一十八名口，前去凤阳居住，每月令所司支与食米二十五石，柴三十斤，木炭三百斤，听于军民之家，自择婚配，其亲戚许相往来，其余闲杂之人并各王府不许往来交通。若因衣服饮食之类，许出街市交易买卖，差出内使鲁博、黄父住、刘敬、潘成、赵玉、韦州，就与庶人看守门户，出入使令尔春等须要照顾防闲，令其安分守法，亦宜以礼优待，毋得忽慢，庶副朕眷念宗室之意。"为此明英宗在给朝廷文武群臣的敕谕中解释道："朕恭膺天命，复承祖宗大统，夙夜忧勤，欲使天下群生咸得其所，而况宗室至亲者哉。爰念建庶人等自幼为前人所累，拘幽至今，五十余年。悯此遗孤，特从宽贷，用是厚加赏赉，遣人送至凤阳居住，月给廪饩，以安其生，仍听婚姻，以续其后，庶副朕眷念亲亲之意"(《明英宗实录》卷 283)。

可能由自己长期被囚禁的痛苦而引发的同情之心，明英宗在复辟帝位后一年不到的时间内，下令释放建庶人，即建文皇帝的小儿子朱文圭。释放的理由很简单，明英宗说，本皇帝想让天下之人各得其所，怎么就忍心自己皇家宗室至亲至今还被圈禁呢！他还讲到，被释放的建庶人已被关了 50 余年，是"遗孤"，即没有长辈亲人存在了。

连囚禁了 50 多年的建文帝小儿子都给放了出来，出现这样的大好事是不是意味着建文之事将会在大明朝官方那里峰回路转了？事情可没那么简单，对于明英宗来说，释放建庶人是一回事，而重新论定与正视建庶人长辈亲人的大冤案以及给建文正名那是另一回事，实际上明英宗至此就不再愿意谈下去了。英宗以后，在明朝官方那里建文之事的正名又经历了一个个大曲折。

明朝官方当局对国初那段不堪的历史越不愿意面对或言越想回避，而有关建文皇帝及其建文朝历史的非官方版本或言民间版本却偏偏越来越多，且越来越模糊不清，以至于到了明中叶时就连朝廷官员对建文帝当政时限一类的事情都搞不太清楚了。

弘治十二年(1499)四月乙巳日，致仕礼部主事杨循吉向孝宗朝廷上奏："臣昔忝礼官，窃谓朝廷之上正名为先，礼文不备，非所以示远也。臣间洪武后有建文君，乃太祖高皇帝嫡孙，躬受神器称帝，建号者三年。其后天命归于太宗，文皇帝遂兴征讨之师，入正大统，削建文位号，今百余年未蒙显复。夫建文虽以一时左右非人，得罪社稷，而实则生民之主也。若宪宗纯皇帝帝景皇而不以入庙可以为法，伏望皇上裁以大谊，仍复建文君尊号，如景皇帝故事，庶几裨益先圣，有光大孝上。"(《明孝宗实录》卷149)

杨循吉说："小臣过去枉忝礼官，私下以为，我大明朝廷应该以正名为先，名不正则言不顺。礼乐文书记载不完备，则无法昭示久远。小臣曾偶尔听说，我朝太祖洪武爷后面有个建文君，他是太祖高皇帝的嫡孙，曾直接从太祖皇帝手中接受大明神器，称帝三年(实际为四年零一个月，笔者注)。再往后天命归于我太宗皇帝。想当年太宗文皇帝(即指朱棣)发动'靖难'之师实施行讨，随后入继大统，削除建文年号，至今已有100多年了，可建文纪年年号一直也没被恢复起来。要说建文君在位时虽然其周围所用非其人，进而得罪了宗室社稷，但他可曾是实实在在的百姓之主啊！昔日宪宗皇帝在位时曾'还原'了被废黜的景泰皇帝应有的地位，恢复了景泰年号及其帝号，就差一点将其归入太庙了。小臣在此恳请陛下仿效宪宗皇帝的做法，恢复建文尊号，就如景泰一般，这样便有益于向后人昭示我大明皇家先圣的形象，也有利于扩大陛下您至孝的名声啊！"

对于建文帝及其相关历史沉案问题的官方定论，明朝历史上不多有的几个明君中的一员明孝宗竟然也拿不出什么主意来，他下令让大明礼部官员去讨论讨论，看看如何处置。但最终结果呢？不了了之。(《明孝宗实录》卷149)

而后随着明宫真正"淫魔"的不断出现而带来的皇位继承危机和旁支继统问题，使得本来就十分棘手的建文正名及其相关历史沉案问题变得更加错综复杂，甚至出现了历史大回复、大逆流。

成祖幻境“淫魔”真现，建文正名屡屡遭挫

明孝宗后10余年，大明皇家再次经历了皇位继统的考验，新上台的嘉靖皇帝果敢、执著甚至可以说是偏执，他力反传统与历史积弊，颇有“拨乱反正”、“正本清源”之势。见此，有朝臣向明世宗朱厚熜上奏，要求为大明皇家老祖宗建文帝以及建文朝相关事情正名，可没想到却遭到了嘉靖朝廷的一片斥责。这究竟是哪门子的事？

◉ 明宫奇观：“儿”皇帝恋上“万妈妈”，岂料种下无尽的苦果

事情还得从明孝宗及其父皇明宪宗说起。因为明孝宗的父亲明宪宗特别好色，且这种好色还十分变态，他从小就喜欢上了比自己整整大19岁的宫女“姐姐”万氏，即后来的万贵妃。从现在我们看到的史料来看，明宪宗“碰”的第一个女人极有可能就是万贵妃，而这个万贵妃恰恰是个十分强势的女人；但因为年龄大，几乎可以当明宪宗的妈了(网上有人干脆就将其称为“万妈妈”)，加上出身低贱，所以在明宪宗当皇帝时，她只得了个妃子的封号，没当上皇后。不过这也不碍事，人家皇帝的心向着她。明宪宗只要一有空，就往“万姐姐”或称“万妈妈”那儿跑。跑到后来，终于有了结果，成化二年(1466)，“万妈妈”给明宪宗生下了第一个儿子。由于“万妈妈”生育有功——明朝有了“国本”，一心恋着“万妈妈”的“儿”皇帝明宪宗可找到了借口，将“万妈妈”封为贵妃。至此，这对母子般恩爱的恋人可算是遂了心愿！但没想到的是，这个“万妈妈”生的皇长子还没过一周岁，就一命呜呼了。“万妈妈”哭得死去活来，但无力回天，只得抓住一切机会，找“儿”皇帝明宪宗加班加点，再努力干呀！可是女人40岁开外仍有生育能力的，在那时还真不多，万贵妃又偏偏不是这样的一个女人，所以无论自己与“儿”皇帝明宪宗怎么努力，就是不见小龙仔从那块专业地里产出。这时候“儿”皇帝明宪宗也有点灰心了，不过宫中漂亮的美眉有的是，本来就极好床第之欢的明宪宗像只馋嘴猫似的，经常乘着万贵妃不注意的时候去找漂亮美眉云雨一番。没多久，那些被云雨的“美眉”肚子逐渐地隆了起来，这下可把“万妈妈”给气坏了。得赶紧采取措施啊，于是她一方面竭力缠住“儿”皇帝明宪宗，不让他接触到别的美眉，以此来确保自己那边专业地里尽早产出小龙仔来；另一方面将被“偷腥”过且怀了孕的美眉给搞掉或将她们隆起的肚子给

搞下去，当时“掖廷御幸有身，饮药伤坠者无数”(《明史·后妃一·万贵妃传》卷113，列传第1)。

但俗话说得好，只有千日做贼，没有千日防贼的。即使万贵妃防范再严厉，终有疏忽的时候。不久“儿”皇帝明宪宗临幸过的柏贤妃生下了一个男孩，取名为朱祐极。老没有儿子的明宪宗这下高兴透顶了，成化七年(1471)他将小娃娃皇次子朱祐极立为皇太子。可谁知，没多久，这个叫朱祐极的皇太子小娃娃及其母亲柏贤妃都莫名其妙地相继死去。大伙儿都不约而同地怀疑：是宪宗皇帝的老情人“万妈妈”干的好事，但就是没有直接的证据。(《明史·诸王四·宪宗诸子》卷119，列传第7)

就在大家为皇次子的诞生和立皇太子之大喜事忙碌的前后，明宪宗又瞒着老情人“万妈妈”去“偷腥”了。

有一天明宪宗看到一个正在宫中干活的小个子女孩，长得水灵灵的。他就上前搭讪，打听女孩来自何方，芳龄多少，等等。一问才知，女孩姓纪，是广西地方土司官的女儿，因为当地发生了瑶、僮等少数民族的叛乱，明朝出兵征讨，将这个姓纪的女孩给俘虏到了宫中来，安排她干杂活。明宪宗个性懦弱，但感情却非常细腻，在女孩子那里很受欢迎，加上他又是大明帝国第一人，所以当他接近纪姓女孩时，两人一下子可“来电”了。一番云雨后，龙种悄悄地在纪姓女孩专业地里生根发芽了。

再说明宪宗的老情人“万妈妈”仗着“儿”皇帝的威势，独霸后宫。她还派出自己的亲信宦官与宫女到处侦查。要说明宪宗与纪妹妹之间的那事“来也匆匆去也匆匆”，不一定让人给看到。但随着时间的推移，纪妹妹的肚子渐渐地大了起来，这下可纸包不住火了。万贵妃知道后简直就要气疯了，她立马下令，让宫女们将那个纪姓妹妹带来修理修理。但由于万贵妃平时太霸道了，派出去的宫女可能出于打抱不平或报一己私仇，她不仅没有向万贵妃如实汇报情况，反而谎称纪姓妹妹不是怀孕了，而是得了一种让人害怕的痨病。因此她建议：当务之急是不能再让那纪姓妹妹在原地方呆了，为防止祸害到别人，最好将她撵到宫中极端冷僻的地方，像存放死人的安乐堂什么屋子去。万贵妃接受了这个建议，但为了防止万一，她还是命令手下人给纪姓妹妹强行灌下了堕胎药。幸好纪姓妹妹与她腹中的孩子都命大，没受到大伤害。后来在安乐堂，孩子给秘密地生下来了，他就是后来明朝第9位君主明孝宗朱祐樘。(《明史·后妃一·孝穆纪太后传》卷113，列传第1)

朱祐樘这个名字是后来给取的，当时他一生下来就是一个“没户口”的“黑孩子”。即使这样，还是给万贵妃知道了，气急败坏的万贵妃命令在安乐堂看门的门监张敏将“黑孩子”给扔了。可张敏没有照办，一个人私下里惊呼道：“皇上还没有皇子，怎么能将孩子给扔掉呢？”于是他就与纪姓妹妹一起将“黑孩子”给藏好，并在暗中保护着。“黑孩子”朱祐樘就这样在东躲西藏的生涯中度过了自己的灰色童年。

○ 你信吗？作为皇帝明孝宗他只爱皇后一人

一转眼五六年过去了，成化十一年(1475)的一天，明宪宗在宫中美容，刚好那个叫张敏的门监因为工作调动，来到了宫中，为宪宗皇帝梳发。梳着梳着，明宪宗发现镜子中的自己已经有了白发，不由得哀叹道：“朕老了，可至今尚无子息，真是悲哀啊！”不料，宪宗皇帝刚说完，张敏“噗通”一声跪倒在地，十分沉重地说道：“奴才死罪，还来不及向陛下启奏。陛下，您已有皇子啦！”明宪宗惊讶得半天都合不上嘴，后来不停地嘟囔着：“那……那……那皇子在哪儿呀？”张敏说：“奴才讲完就死，但陛下一定要为皇子做主啊！”这时侍立在旁边的司礼监太监怀恩也赶紧跪下，不停地磕着头为张敏作证：“陛下，张敏所言极是，皇子就在西内偷偷地养着，今年已经6岁了，我们都不敢说，可他是陛下您的亲骨肉啊！”听到这里，明宪宗高兴极了，当天就移驾西内，派人将皇子给迎接了出来。(《明史·后妃一·孝穆纪太后传》卷113，列传第1)

这时的“黑孩子”朱祐樘虽说已经是6岁了，但从娘胎里带出来的胎毛还没被剃掉。自来到这个世上起，朱祐樘就过着非正常人的生活。由于居住在宫中冷僻之处，条件极差，营养严重不足，加上母亲纪姓宫女在怀他的时候被强行灌下了堕胎药，致使他头顶间留下了一处无发的“荒原”，且体弱神虚。

朱祐樘的这段童年经历给他后来的帝王生涯带来了很大的影响。由于从小就是个苦孩子，当政以后他很注意勤政，关注社会底层，在十个有九个凶的明朝列帝中朱祐樘算得上是个“仁孝”的好皇帝了。苦难童年给朱祐樘带来的另一面，那就是他在登基前后对于两性生活相当有“节制”。由于自身身体差，他一生只爱一个女人，即孝康皇后张氏，这就导致了后来明孝宗子嗣稀少，“孝宗二子，武宗、蔚王厚炜，俱张皇后生”(《明史·诸王四·孝宗子》卷119，列传第7)。张皇后为明孝宗生了两个儿子，次子蔚悼王朱厚炜只活到了3岁就夭折了。这样一来，明孝宗的子嗣中就剩下一根“独苗苗”长子朱厚照了。由于自身身体因素，明孝宗与他的孝康皇后张氏都极为宠爱长子，只要不太过分，大多都由着“独苗苗”朱厚照的性子来了，这样就为后来的大明朝培养了一位游龙戏凤的荒唐皇帝。

◉ 明宫"淫魔"真现:"广爱博种"南北中国,最终却"颗粒无收"

明武宗的荒唐在历史上是出了名的,我们暂且不说别的,就讲讲他的两性生活。

明武宗登基即位时曾立南京上元人夏氏为皇后(《明史·后妃二》卷114,列传第2)。尽管在册立皇后时,还选置了几个妃嫔,但明武宗朱厚照似乎对后宫中的皇后、嫔妃都不感兴趣,后来就干脆搬到豹房去逍遥了。

○ 后宫佳丽再多也没劲,要玩各色美女就上豹房去

豹房最初设立于明初,永宣时期的《明实录》中就有豹房的记载。而据我们现在所掌握的史料来看,武宗时代的豹房与明初还不太一样,《明武宗实录》中"正德二年八月丙戌"条记载:"盖造豹房公廨前后厅房并左右厢房歇房。时上(指明武宗)为群奸蛊惑,朝夕处此,不复入大内矣。"(《明武宗实录》卷29)至此,明武宗似乎还不满意,又下令在大内之外的西苑大肆扩建豹房,从正德二年一直造到正德七年还没有造好。当时新造房屋200多间,花费银两约240 000两。工部官员看到这样下去,国家财政就要吃不消了,于是赶紧向武宗皇帝上请,恳求罢停豹房兴建,可明武宗哪里肯呀。(《明武宗实录》卷93)

造了这么多富丽堂皇的屋子干什么用?明武宗将其当做办公、娱乐和淫乱的逍遥宫。就像现在有些腐败官员那样,前面是办公室,旁边或后面就是与漂亮妹妹乐天乐地的逍遥处。不过明武宗可没这么"寒酸",他在豹房内设有专门的办公室,专门的校场,专门的动物园,专门的佛寺,专门的娱乐房,还有就是数不清的密室迷宫,在这里专门"圈养"着各式各样的绝色女子或者有"绝活"的另类美眉,她们随时都准备着为大明武宗皇帝提供极品的性服务。明朝正史记载:"回回女哲润瑳粲,大胜中国。上(指明武宗)悦之。"

○ 锦衣卫头子对特务工作不感兴趣,专门研究床笫之欢,并献技皇上

当时有个锦衣卫都指挥同知叫于永的,见到武宗皇帝特好床笫之欢,干脆自己的特务工作也不干了,专门研究男欢女爱的学问,最终"修得正果","善阴道秘戏,得幸于豹房"。于永本是色目人,可能就是出身于西北少数民族,因此他对明武宗钟情于色目美女心领神会。听说色目人都督昌佐家有好多的色目美女,她们不仅人长得标致,而且还擅长西域歌舞。于永就以当今圣上需要为名,直接向都督昌佐索要。既然是皇帝需要御用,做大臣的岂有不给之理!于是12个身份不明的绝色

西域美女被送进了豹房，专供大明天子享乐之用。但擅长歌舞的不一定就是床笫之欢的好手，于是武宗皇帝又下诏，将侯伯家中原本色目籍的“过来人”老妇女召到豹房里来，言传身教。玩着、乐着，时间一长，明武宗又觉得乏味了，要来点新鲜的。他老早就听说，“善阴道秘戏”的锦衣卫高级领导于永家的女儿长得不赖，心想：擅长床上戏的色目人生下的漂亮小妞，肯定错不了，于是武宗皇帝在召见于永时就直奔主题，开口便要他女儿入宫“陪侍”。平时以糟蹋别人女儿为能事的于永听后顿时傻了眼，但皇帝的圣旨不能不接，于是他就以邻居家的白种回回女子（可能相当于现在的俄罗斯女子）冒充自家的女儿，送到了豹房里，专供大明天子嬉戏娱乐。（《明武宗实录》卷 33）

那么，豹房内到底圈养了多少个美女，恐怕明武宗自己也没搞清楚。这里边的美女既有内臣进献的，也有皇帝自己游幸各地带回来的，有高丽女、有色目女、有西域舞女，有扬州处女、寡妇，有仪真（征）妓女（【明】沈德符：《万历野获编·佞幸》卷 21），也有教坊司的女乐，即相当于陪夜的明星演员和“三陪女”。十分有趣的是，明武宗的性取向很奇特，似乎他对正儿八经的女人或言大家闺秀不感兴趣，却对另类女人着了迷。

在北京豹房里过了好长一段时间荒淫无度的生活后，明武宗又觉得乏味了。有人给他出主意，到大明北疆边关宣府去，那里可有特别好玩的。明武宗正愁着没好去处，听到这样的“金点子”，当然就不肯错过了。

来到宣府，远离了朝廷大臣喋喋不休的政治与道德规谏，减轻了朝廷公务的日常压力，又能随心所欲地到处闲逛瞎玩，明武宗亲切地称宣府为家里，将宣府的各大小妓院给玩了个遍。因为是皇帝临幸妓院，御用妓院当然要提升档次了，原本黑漆巴拉的妓院大门由于大明天子的大驾光临而改换了门庭，漆成了大红的宅门。据明代后期著名学者沈德符所记：直到万历时期，宣府尚有两三家妓院因为当年明武宗临幸而漆成的大红门，虽然那时门枢等都已脱落了，但还能从颜色上依稀“见识”其当年的“殊荣”（【明】沈德符：《万历野获编·佞幸》卷 21）。

明武宗在宣府的风流荒唐史远不止于此，据《明实录》所载：他还遇到了一个红颜知己，且甘愿当人家孩子的“现成”父亲，这是怎么一回事？

◉ 玩了别人家怀孕的美女，正德皇帝觉得味道好极了

有个都督叫马昂的，因为工作上出了纰漏而被革职，可他不死心，总想着要来个大翻身。刚好明武宗在宣府巡幸，马昂听人说起，武宗皇帝不喜欢寻常美女，有

着特殊的性爱好，顿时他想起了自家的那个美如天仙的妹妹马氏，可马氏已作他人妇，且肚子里还怀着小外甥呐，这可如何是好？马昂吃不透皇帝到底有着怎样的性嗜好，于是就通过关系结识了在正德皇帝身边转悠的太监张忠。张忠一五一十地将这位另类皇帝的性喜好告诉了马昂，马昂顿时就来劲了。但转而一想：自己的妹妹不一定有问题，关键是那个小军官妹夫毕春肯定不愿将自己的美妻给让出来，更不会甘心将自己即将降世的毕家骨肉随随便便地充当别人的后代。马昂将自己的苦衷告诉了正德皇帝身边的红人太监许全。谁想到这样的事情在许太监看来，简直就是不成为什么问题，当场他就带了马昂、马昂的弟弟马炅等一伙人，冲到毕春家中，将那个怀了孕的马家妹妹马氏一下子给抢走了，直把小军官毕春愣得半天都说不出话来。(《明世宗实录》卷 12)

再说那个马家妹妹可谓非常女子，当哥哥将她献给皇帝老爷享受时，她不仅不吵不闹，还十分配合。由于擅长马背上射箭，又能说少数民族语言，精通少数民族歌舞，马美女时不时地露一手，直把武宗皇帝给乐癫了。于是马氏大受宠爱，就连已经落职了的“大舅子”马昂也一下子红了起来，被提升为右都督，可能相当于军区副司令员，且还能时不时地到“妹夫”皇帝那里走动走动。皇帝近侍们见到马昂无不恭恭敬敬地尊称其为“马国舅”。马昂的弟弟马炅也跟着沾光，兄弟俩一并被召入朝中，“妹夫”皇帝明武宗赐给他们无比珍贵的蟒袍服用。尝到了甜头的“国舅爷”马昂为了感谢“妹夫”皇帝的一片洪恩，随后又将自己的美妾杜氏献给了明武宗。明武宗当然也不会亏待“国舅爷”了，马昂的弟弟马炅随即被提升为都指挥，守备扬州边上的仪征，那可是主管南粮北运的一个肥缺啊。马炅也不傻，懂得知恩图报，在仪征任上时利用职务之便，买了 4 个绝色扬州美女，进献给“妹夫”皇帝笑纳、享用，且美其名曰：“谢恩！”(《明世宗实录》卷 12)

马家兄妹虽然受宠，但为时不是很长，至于龙恩衰微的原因，有人说是明武宗喜新厌旧，但也有人说是“妹夫”皇帝朱厚照玩玩美女又玩出格了。据说有一天明武宗一时兴起，想到宠臣“国舅爷”马昂家去看看，这不看不要紧，一看便把皇帝的魂给勾掉了。原来马昂家还藏了一个顶级美人，她长得真是如花似玉，要多风骚就有多风骚。武宗皇帝尽管已经不知玩了多少个女人了，可就是没玩过这类美人，当即他就提出要在马昂家过夜，并让那马家的顶级美人提供舒适的夜间服务。可没想到的是，皇帝金口一开，居然遭到了“马国舅”的拒绝。要说这个顶级美人，虽说在马家位居“小三”、“小四”，在马昂的心目中可是绝对的心肝宝贝，所以尽管皇帝开了金口，但他无论如何也不同意，弄得堂堂的大明天子灰头土脸的，好生没趣，只好怏怏告辞。从此以后，马昂兄弟以及马家妹妹再也没有往日的风光，因为武宗皇

帝对他们已经没什么兴趣了。(《明武宗实录》卷141)

◉ 携手别人老婆带了部队，明武宗从北方玩到南方

这时的明武宗在山西迷上了另一个美女，说起这个美女的来历，还真叫人替万岁爷害臊。正德十三年(1518)明武宗巡幸太原，但他人还没到，就叫手下先到太原城里去搜罗一批美人来乐乐。底下拉皮条的都知道，当今万岁爷好玩女人，但正儿八经的大家闺秀他可不要，或许是这样的女人放不开，而生活在社会边缘的那些另类女人倒是成了当今皇帝的最爱。

"皮条客们"在太原城搜了个遍，结果弄来了好多好多的边缘女人，任由皇帝享用。在这么多的女人中，有个叫刘良女的顿时引起了武宗皇帝的无比兴趣。刘良女原本是大明皇室晋王府的乐工杨腾的妻子，天生尤物，不仅人长得特别美，而且还有一副好嗓子。一听到刘良女放声歌唱，明武宗那色迷迷的眼睛就再也没离开她的身上，最后两人黏在一起，好得跟一个人似的。

古时候乐工地位很低，他们除了要为权贵们提供歌舞娱乐服务外，女性家眷如果出面演出，一旦被位高权重者看上的话，就要提供免费的性服务。因此说，这个叫刘良女的乐工妻子自从被武宗皇帝看上后，不知有多少人在背后指指戳戳着。可人家是大明第一人，既然是第一人，就是与人不一样，明武宗不管别人怎么说，也不管干净不干净，吃饭、睡觉等一切生活起居都与刘良女成双入对，形影不离。近侍们要是一不小心触怒了皇帝爷，只要私下乞求刘良女出面，请求宽恕，据说没有不成功的。因此武宗身边的宠臣江彬等，都将刘良女视为武宗皇帝的正妻，干脆喊她"刘娘娘"。"刘娘娘"听了，心里像喝了蜜一样甜；而明武宗呢，就更不用说了。(《明武宗实录》卷169；【明】沈德符：《万历野获编·佞幸》卷21)

明武宗朱厚照从小玩到大，玩遍了北方，总觉得有个遗憾，南方姑娘到底什么滋味，作为天下第一人居然还没品尝个够，这实在是天下第一号遗憾事。于是他就与佞幸宠臣筹划着如何南下。

机会往往是给有心人准备的。正德十四年(1519)宁王朱宸濠在江西发动叛乱，明武宗听到消息后异常亢奋，因为他终于找到了南巡的借口，能以此来堵住大臣的嘴巴了。可是没想到的是那个叫朱宸濠的宁王水平真是太臭，也实在没什么花头，你想造反就拿点真本领出来，人家正德皇帝将部队整合好，出发了没多久，走到河北涿州一带就接到了前方的奏报：宁王叛乱已被明代大理学家王阳明平定了，这下可让武宗皇帝大为扫兴。皇帝南巡本来就不容易，要是朝廷大臣们知道宁王

之乱已平定，就非得要豁出命来，将当今圣上从错误的道路上给拉回来。明武宗当然能预见这一切，于是立马做出反应，要求相关人员将宁王之乱平定的消息给封锁起来，这样自己好堂而皇之地打着皇帝亲征的旗号，继续南巡。

明武宗一边走一边玩，玩到山东临清时，突然思念起自己的“另一半”刘良女来了。要说皇帝与这个刘良女还真是恩爱，几乎是如胶似漆。武宗皇帝要南巡，按理说刘良女也得陪着，否则就空有“刘娘娘”的称呼了。但谁知就在皇帝出发前，刘良女突然病了，不能成行，不过刘良女还是让武宗皇帝先行，并含情脉脉地送给他一个簪子，让皇帝“老公”日后想念她时，就派人拿了这个簪子作为信物来接她，见其物如见其人。哪料到皇帝“老公”一路玩耍一路颠簸，早就将簪子给弄丢了，丢在哪里？朱厚照自己也不知道了。他到了临清顿时特别想念“露水妻子”刘良女，于是就叫手下人赶紧回去接“刘娘娘”。哪想到“刘娘娘”没见到簪子信物就是不肯走，这下可把武宗皇帝给急坏了。他赶紧命人往回走，一路仔细寻找，可再怎么仔细找也找不着了，这可怎么办？

幸好这个“刘娘娘”属于可爱型的美女，不刁蛮，也不钻牛角尖，她发出话来：“皇帝把我的簪子信物给弄丢了，其实也不要紧，只要皇帝亲自来接我，就可以了。”朱厚照听到美人这般通情达理，顿时就喜上眉梢，立即吩咐手下人准备好快捷的小船，迅速掉头北上，到达潞河时就接上了“心上人”，然后再一起携手南下。（【明】沈德符：《万历野获编·佞幸》卷21）

◉ 妓女、寡妇皇帝都要，扬州城里上演真实版“拉郎配”

这样大约走了三四个月的时间，正德十四年十二月，明武宗与他的“亲征”大军终于来到了南京对岸的历史名城扬州。其实在到达扬州之前，就有人向明武宗朱厚照介绍，扬州自古产美女，据说当年隋炀皇帝下江南，最终客死在那儿，曾将一些宫中美人胚子给留下了，由此造成了扬州的美女特别多，也特别好玩。朱厚照一听到扬州美女好玩便来劲，命令近侍太监吴经火速赶往扬州，先找一些朱漆大门和有着广阔府宅庭院的人家，将里边居住的人全部赶走，改称其府第为提督府，我大明天子将要移驾于此，并在里头与美眉们好好地乐乐。尽管全国臣民都知道本朝皇帝特爱美人，但与美人嬉戏总不能在旷野吧，那叫什么？那叫苟合，难听死了，本朝皇帝要的就是舒心。

找房子作淫窝固然很重要，但最关键的还得要找美眉啊！至于什么类型的美眉，宦官吴经等可知道呐，还用多说！

再说吴经一行人赶到扬州，岂敢懈怠武宗皇帝的"重托"，他们挨家挨户地搜寻着处女和寡妇。扬州城一下子炸开锅了，到处都是逃避祸乱的人。家中有女孩子的人家赶紧为女儿找个男人，不管年纪大的、小的都行，什么彩礼、聘礼哪顾得上。这下可好了，扬州城的老光棍们立马解决了长期的性饥饿问题，有的小工、长工本来一辈子也没指望能娶到老婆的，顿时从天上掉下了"林妹妹"，可把他们美死了。但绝大多数人家还是在极度惊恐中度日，到处都是大哭惊叫，人们争着将没来得及出手的女儿赶紧送走或藏匿起来，扬州城乱成一锅粥。(《明武宗实录》卷181)

这时，扬州知府蒋瑶实在看不下去了，他跑到太监吴经那里为百姓们求情。没想到吴经暴跳如雷，反问蒋瑶："你区区一个知府小官，也不看看自己长了几个脑袋，想脑袋搬个地方?"蒋瑶大义凛然地反驳道："我蒋瑶是个小官，如果忤逆了圣上，按罪论处，无话可说。只是老百姓是我大明朝廷的老百姓，一旦激起事变，恐怕将来要有所责任追究吧?"吴经顿时被说得哑口无言，他气急败坏地下令，将蒋瑶撵出去！随后便带了一拨狗腿子偷偷地在扬州街头转悠，秘密侦察：哪家有漂亮的美眉，哪家有处女，哪家有寡妇，哪家有娼妓，并一一做好了暗号。等到深更半夜时，他就带了一群骑兵突然打开扬州城门，让人高声叫喊："圣上驾到!"随即在道路上点起无比耀眼的灯火，亮得如白昼一般。此时吴经就领着人冲到做了记号的人家家里，将屋内的女人像老鹰抓小鸡似地抓出来；要是有人坚守不出，吴经就让人扒了屋子，将女人给撵出来。为此，不知道有多少扬州百姓给毁了家。(《明武宗实录》卷181)

再说那些被逮住的女人有的呼号，有的哭泣，据说当时的哭声就远达几里之外。可太监吴经却不管这些，他要为武宗皇帝一一把关，先将那些长得不好看的或发现有什么不对劲的女人送到尼姑庵里或庙里去，然后对于那些脸蛋与身材好看的，不管是处女还是妓女，不管是寡妇还是有夫之妇，都要进行细细的检查，再送到都督府里去，专供大明正德皇帝慢慢享用。有的良家妇女受不了这般羞辱，干脆就绝食而亡，其场景十分凄惨。扬州知府蒋瑶知道后，动用官府资金买了棺材，将不堪受辱而自尽的妇女入殓下葬。不过后来扬州人也学乖了，只要家中富裕一点的，就赶紧给吴经等人奉送孝敬。吴经拿到了钱财，立马放人，于是后来被明武宗临幸的都是那些家境贫困的女子。(《明武宗实录》卷181)

在扬州玩腻了，明武宗又来到了南京，玩了将近一年。正德十五年夏秋之交，朱厚照结束了他的特别南巡，开始北回。走到淮安清江浦时，他突然来了兴致，要在一个积水池里钓鱼，没想到坐的那条船在他钓鱼时突然弄翻了，这下可好了，堂堂大明天子一下子成了落水狗。可能是出生于北方的缘故吧，明武宗不仅溺水受惊不小，而且还着了凉，加上他长期纵欲淫乐，身体虚弱，由此开始一病不起。正德十六年三月，31 岁的明武宗最终在他心爱的北京豹房里玩完了自己的人生之路。（《明史·武宗本纪》卷 16，本纪第 16）

◉ 大明皇统继承危机与旁支继统招来的风波

明武宗死了，当年他的老祖宗明太宗朱棣幻觉中的建文帝版“色鬼淫魔”所导演的一出出荒唐闹剧，也随着武宗皇帝的归天而一一收场，紧张、郁闷的大明臣民们总算可以喘上一口气了。不过从大明皇家角度来讲，武宗之死不仅仅是前朝闹剧的终结，同时也隐含着新的政治风波即将来临。

由于皇帝家的“独苗苗”一下子没了，尽管这根“独苗苗”广爱博种，阅女无数，但最终却是颗粒无收，所以由老祖宗明太宗朱棣没脸没皮从建文帝手里拼死抢来的大明君主之位，就面临着继统、继嗣等类的大问题、大危机了。

○ 15 岁嘉靖回音：我是来北京当皇帝的，不是来给人家当儿子的！

这个时候最为着急的，要数武宗皇帝的老妈慈寿皇太后即明孝宗的正妻张皇后和内阁首辅杨廷和。这老头老太反复核计着，觉得只有在大明皇室中寻找与朱厚照血缘关系最近的堂房兄弟来继承皇位才最合适。朱厚照的堂房兄弟也就是明宪宗的其他几房孙子，以此来查看：宪宗皇帝共育 14 子，长子为万贵妃所生，早早便夭折；二子朱祐极就是前面说过的，生出来没多久，便被立为皇太子，后来又莫名其妙地死了；三子就是明武宗的父亲明孝宗朱祐樘；四子朱祐杬，邵妃所生；朱祐杬还有两个同胞兄弟，即岐王朱祐棆、雍王朱祐枟，以下就毋庸赘述了。从有嫡立嫡、无嫡立长的传统继承法角度来讲，再在明孝宗朱祐樘以上寻找皇位继承人，那就绝对是个白痴了，只能往下找。而往下找，唯有明宪宗四子朱祐杬距离明孝宗最近，也是最为合适的宗支。朱祐杬老早就被封为兴王，藩地在湖北安陆，不巧的是这位兴王爷在正德十四年死了，留下了一个 13 岁的儿子朱厚熜继承王位。（《明史·诸王四·宪宗诸子》卷 119，列传第 7；《明史·世宗本纪一》卷 17，本纪第 17）

杨廷和与张太后打听清楚了，这个继承兴王爵位的朱厚熜尽管年纪不大，但在王爷的工作岗位上已经干了两年了，小小年纪将兴王府打理得十分得体，颇得人们称誉，由此看来似乎他要比那个刚刚过世的荒唐堂房兄长明武宗要强多了！杨廷和与张太后最后决定，派遣宫中太监谷大用、韦彬、张锦和大学士梁储、定国公徐光祚、驸马都尉崔元、礼部尚书毛澄等，前往湖北安陆，以明武宗遗诏的名义，迎接兴

王朱厚熜来北京继承大明君主之位。(《明史·世宗本纪一》卷17,本纪第17)

与此同时,首辅杨廷和以明武宗遗嘱、遗诏的名义,“罢威武团营,遣还各边军,革京城内外皇店,放豹房番僧及教坊司乐人”;“释系囚,还四方所献妇女,停不急工役,收宣府行宫金宝还内库”;还设计逮捕了武宗身边的佞臣江彬等,在最短的时间内十分麻利地将武宗朝的积弊给一一除去。(《明史·武宗本纪》卷16,本纪第16)

正当大家翘首以待迎接新天子、祈盼开辟新局面之际,兴王朱厚熜来到北京近郊,余下的就是他入京举行登基仪式,演戏给全国臣民看,大明新皇帝君临天下了。这本来没什么悬念,只是时间与程序的问题了。可谁也没想到,从湖北来的这位少年兴王爷走走不走了。什么理由?朱厚熜跟人说:“武宗皇帝的遗诏是叫我来北京继承皇帝之位的,没说要我来给人家当皇太子的。可从北京朝廷大臣现在给我的有关登基仪节来看,他们让我从皇宫的东华门进入文华殿,再挑个黄道吉日给我举行登基仪式,这是让我先给我堂房哥哥武宗皇帝当皇子,然后才继承皇位,我可不是奔着来给人家当儿子的!”(《明史·世宗本纪一》卷17,本纪第17)

15岁的朱厚熜来了这么一手,大大地出乎杨廷和等大臣的意料,未来新皇帝已经走到了北京大门口,他在闹情绪,就让他闹吧?或者退回去,换个皇室后代?这叫什么话,大明帝国头等大事岂是小孩子过家家似的游戏!换,是肯定不能换了,那么未来新天子不肯走,怎么办?这时张太后也听说了这事,派人来问杨廷和等大臣:能不能以朝廷群臣劝进的方式,绕开那些令双方不快的程式?杨廷和等大臣本来并不怎么肯妥协,但看到事情弄到这一步,真有点骑虎难下,再说皇太后出面说话了,也不得不给她个面子。于是最终决定:由群臣上笺劝进,朱厚熜入京履行登基仪式。对此,少年朱厚熜并没有表示什么异议,一切就按照劝进登基的形式进行着。

那天日中朱厚熜从明皇宫的正大门大明门入宫,随即派人入告太庙,他自己则去拜谒堂兄大行皇帝明武宗几筵,然后便是朝见张皇太后,最后才来到奉天殿即皇帝位,并下诏将明年改为嘉靖元年,大赦天下。这个新登基的朱厚熜便是历史上有名的嘉靖皇帝。(《明史·世宗本纪一》卷17,本纪第17)

从表面来看,少年嘉靖帝与杨廷和为首的朝廷大臣在皇帝登基仪礼上达成了平局,但在实际上却揭开了嘉靖朝“议礼之争”或言“议大礼”的序幕。

○ 什么?我喊我爸为叔父,喊我伯父为爸爸,这是哪门子的事?

坦率而言,有关嘉靖即位仪礼问题,在现在看来,很多人可能认为,嘉靖皇帝更有理。但一定时期的典章制度与社会规制都是一定时期的产物,也是一定时期人

们的行为与道德的规范和底线。从传统社会的嫡长子继承制来讲，继统先为继嗣，本无可厚非，而嘉靖皇帝的所言所行就有点“无理取闹”了。从根本上来讲，张太后与杨廷和等朝廷大臣捍卫的是当时社会规范的底线，但最终以折中的方式解决了矛盾的冲突，这就在客观上为嘉靖帝的君权至上起到了助威装势的作用，于是这个少年皇帝愈发任性，一发不可收。

在皇帝统系断裂的情况下，以旁系宗支入继帝位的少年嘉靖感觉好极了。就在自己登基后没过几个月，他就要求朝廷大臣给自己的父亲兴献王朱祐杬（已故）和母亲兴献王妃议尊号。正德十六年五月，礼部尚书毛澄等会合相关大臣反复讨论，最终议定并上奏说：根据先儒程颐等人的理论，“‘为人后者谓所后为父母，而谓所生为伯叔父母，此生人之大伦也。然所生之义至尊至大，宜别立殊称曰皇伯叔父某国大王，则正统既明而在所生亦尊崇极矣。’今兴献王于孝宗为弟，于皇上为本生父，与濮安懿王事正相等，皇上宜称孝宗为皇考，改称兴献王为皇叔父兴献大王，兴献王妃为皇叔母兴献王妃。凡祭告兴献王妃，皇上俱自称侄皇帝，则隆重正统，与尊崇本生恩礼备至，可以为万世法”（《明世宗实录》卷 2）。

这话的大致意思是说，你既然要当皇帝，继承的是伯父家里的帝位，那你就得给伯父家当名义上的儿子，而要改称自己的生身父母为叔父母，这也是我们历代的传统做法！但考虑到自己的生身父母至尊至大，应该有个比较特别的尊称，那你就称你原来的父亲兴献王为皇叔父兴献大王，母亲兴献王妃为皇叔母兴献王妃；祭祀兴献王时你就自称为侄皇帝——因为你事实上已经过继给了伯父皇帝家，不再是兴献王家里的成员了，只有这样，才吻合社会礼制规范！

但嘉靖皇帝不认可，总觉得这样做，自己家还是比伯父明孝宗家矮了一截，无论如何不能输在这事上，于是他多次召见首辅杨廷和与礼部尚书毛澄等朝廷大臣，命令他们给兴献王拟就一个带有“帝”字的主祀尊号。可朝廷大臣却坚决守望伦理道德，绝不退让。双方交锋了几个月，最后还是嘉靖皇帝动用了皇权，于正德十六年九月为自己已故的父亲“捞”了个“帝”字称号，他跟礼部尚书毛澄等人这样说道：“卿等累次会议正统之大义，本生之大伦，考据精详，议拟允当。朕已知之，钦奉慈寿皇太后之命，以朕既承大统，父兴献王宜称兴献帝，母兴献后；宪庙贵妃邵氏为皇太后，朕辞之再三，不容逊避，特谕卿等知之。”（《明世宗实录》卷 6）

嘉靖帝尽管年纪很小，但为人十分精明，为了堵住朝廷大臣的嘴巴，他打着慈寿皇太后即明孝宗正妻也就是嘉靖帝伯母的旗号，为自己的兴献王父亲弄了个兴献帝的称号，生母弄了个兴献后的称号。这下总算与伯父皇帝家的尊号相差无几了？不，在嘉靖看来，还是差了一点，最好还要加个“皇”，于是他让杨廷和等朝廷大臣再讨论商议。正德十六年十二月，杨廷和等上奏说："今日兴献帝后之加，较之前代尊称已极揆，诸典礼亦已过矣，若复欲加一皇字，而与孝庙、慈寿并焉，恐非尊无二上之义也，忘所后而重本生，任私恩而弃大义，臣等有不得辞其责者，愿罢归。"（《明世宗实录》卷9）

杨廷和等朝臣对于嘉靖皇帝一再得寸进尺的过分要求有点火了，但说得还相对比较温和："皇上你的老爹老妈的尊号为兴献帝、兴献后，这已经是自古以来最为尊崇的了，也远远超出了历代典章礼制的规范。如果现在再加上'皇'字的话，那么就与真正当过皇帝的明孝宗、慈寿母后即你的伯父、伯母没什么差别了。这种过重于自己的本生而忘了过继为人之后的职责，只顾自己的私恩而丢弃了国家大义的行为，臣等不能再做下去了，只求这把老骨头能带回老家去就满意了！"杨廷和忍无可忍，最后以辞职相要挟，嘉靖朝君臣矛盾对立由此开始急剧升级。

○ 18岁皇帝一次下令逮捕134个大臣，严刑拷打，就为自己亡父上尊号？

就在这时，以张璁、桂萼为代表的地位低下的少数"议礼派"上奏给少年皇帝嘉靖，他们从传统典籍的边角与夹缝中为当今皇帝爷的过分要求，寻找立论依据，以求得自身政治上的迅速"进步"；而嘉靖帝也适时地满足了张璁、桂萼等人的愿望，将他们调入朝廷，以此作为反击杨廷和、蒋冕、毛澄等朝廷正统派的主将。就此而言，事态的发展变得越来越复杂。在杨廷和等朝臣看来，与不学无术、钻营旁门左道的张璁、桂萼等"议礼派"同朝为伍，简直就是一种耻辱。为了表达对"议礼派"的愤怒和对皇帝过分要求的不满，杨廷和、蒋冕、毛纪等相继告老还乡。（《明世宗实录》卷41）

事情到此还没有打住，嘉靖三年七月的一天，上朝结束，一大帮子的朝臣们以先前上奏，提出正当想法的奏章被留中为由，相约到左顺门集体跪伏，以示抗议。因为人太多，形态各异，有人默跪，有人大喊太祖高皇帝，有人直呼孝宗皇帝，声彻宫廷内外。那天刚好嘉靖帝斋居文华殿，听到大臣们大呼小喊，就派了司礼监太监前往左顺门去规劝，让大家早早退去。可群臣坚持跪伏不肯起来，声称除非皇帝答应了他们的要求，收回成命。而嘉靖皇帝也不退让，叫司礼监太监再去左顺门传话："我家老爸兴献帝的尊号现已定为恭穆献皇帝，且神主即牌位也做好了，即将运到宫里来，还有有关的册文、祝文也都已经拟定好了，你们还是早点退去吧。"但群臣还是跪伏不起。这样双方僵持到了中午，嘉靖帝终于大动肝火了，下令将跪伏左顺门的大臣名字一一给登记下来，然后派人将为首的学士丰熙、给事中张翀、御史余翱、郎中余宽等8人逮捕下狱。这下可激起了群愤，翰林院修撰杨慎、检讨王元正等不停地拍打着左顺门,放声大哭,其他的大臣也跟着一起痛哭起来,哭声一片,响彻皇宫阙廷。嘉靖皇帝听到哭声就更火了,下令将员外郎马理等134个五品以下的官员全部打入诏狱,严刑拷打;四品以上及司务等官员姑且待罪,即等待皇帝的发落。(《明世宗实录》卷41)

通过绝对皇权,滥施淫威,朱厚熜最终在嘉靖三年七月和嘉靖七年七月分别为自己的生身父母获得了章圣慈仁皇太后和恭睿渊仁宽穆纯圣献皇帝的尊号。(《明世宗实录》卷41;《明世宗实录》卷90)

○ 不按规矩出牌,旁支继统的嘉靖皇帝的父亲居然也能"称宗祔庙"?

事情弄到这一步,嘉靖皇帝总该心满意足了吧?不,他还没有满足,自己当了皇帝,皇帝的已故父亲就得进入大明皇家的太庙,接受最高的祭奠祀礼,这也就是古时候人们常说的"称宗祔庙"。既然要进入太庙,那就得称什么宗,譬如朱棣为明太宗,嘉靖的伯父为明孝宗,等等。问题是"称宗祔庙"有个绝对的先决条件,那就是这个被称为什么宗的人,生前必须是在位称帝过,否则就没资格进入太庙。而作为嘉靖的父亲兴献王原本就一直是个藩王,如果要将他安置在太庙里头,这实在是太离谱了。可刚愎自用的嘉靖皇帝管不了这些,他授意"议礼派"挑起争端,争论得越激烈,嘉靖帝越好充作仲裁者。从正统大臣角度来讲,他们认为皇帝的这个要求实在是太过头了,史无前例。嘉靖老爸兴献王如果真的要入太庙的话,他的神主放在什么地方呢?按照入庙先后为序,那就要将它放在明武宗之下,形成侄儿在上、叔叔在下的格局,长幼倒序;如果将它放在明武宗之上,辈分礼节对了,但政治秩序给弄乱了,兴献王尽管是叔叔,但活着的时候一直是侄儿皇帝明武宗的臣子,现在死了反而臣下凌驾于昔日君主的头上,这叫什么秩序呐?说白了,这种事纯粹是吃饱了撑的。可嘉靖皇帝不这么认为,他一直要做,且做得很隐秘,花费时间也很长,在"议礼派"与朝臣正统派争斗中,他隔岸观火,乐在其中。十年后的嘉靖十七年九月辛未日,朱厚熜终于下谕给礼部,以钦定的方式,完成了"称宗祔庙"的夙愿,为父亲上庙号为睿宗,谥号为"知天守道洪德渊仁宽穆纯圣恭俭敬文献皇帝",位居明武宗之上。(《明世宗实录》卷216)

○ 旁支继统暗合成祖篡位,建文正名再遭挫折

朝廷上下"议礼之争"的风浪一个接一个,嘉靖皇帝既偏执又果敢的个性特征在宫廷内外产生了很大的影响。除去"议礼之争",嘉靖初年,朱厚熜的所言所行比起他的堂房兄长、荒唐的游乐皇帝朱厚照来说要"可爱"得多,甚至予人耳目一新的

感觉。

由于来自远离大明帝国首都的地方藩邸，朱厚熜对于昔日明廷尤其武宗朝的弊政，要比原本就在宫中的人看得更加清晰，他的观点很接近于民间百姓，所以在登基即位一开始，就雷厉风行地推行新举措：“卹（恤）录正德中言事罪废诸臣，赐天下明年田租之半，自正德十五年以前逋赋尽免之……罢大理银矿……纵内苑禽兽，令天下毋得进献……革锦衣卫冒滥军校三万馀人”，等等。其中影响最大的可能就要数对锦衣卫的整顿和对宦官的严厉抑制，仅正德十六年七月，嘉靖帝就一次性“革锦衣卫所及监局寺厂司库、旗校、军士、匠役投充新设者，凡十四万八千馀人”（《明史·世宗本纪》卷17，本纪第17）。

嘉靖时期最值得称道的就是对宦官的严厉抑制。自永乐以后，明朝的皇帝几乎没有一个不喜欢宦官的，宦官气焰日益嚣张。明英宗时代的王振、武宗时代的刘瑾等都是绝对大腕级的太监，宦官为非作歹，祸害四方。曾在地方上做过藩王的朱厚熜对此十分清楚，因此自即位起他就严厉管束宦官，武宗时期作恶多端的宦官，如魏彬、谷大用等都被他一一收拾了，有罪的立即予以杖责，有的宦官身子骨单薄还被当场打死，打死了还没完，命令陈尸示警。除此之外，对自己从安陆带来的宦官，嘉靖帝虽然予以重用，但也管得十分严格，谁要是有什么出格的，他毫不留情地予以处置，所以整个嘉靖45年间宦官危害施虐现象并不多见。

也正因为如此，有人将嘉靖初年的这些新气象视作为“维新庶政”（《明史·夏言传》卷196，列传第84），甚至还有人将朱厚熜的所作所为视为明太祖之遗风。

说到明太祖，久违了，除了每年礼节性的祭祀外，几乎没什么人再提他老人家了，因为当今是嘉靖“新时代”。但有人例外，他想起来了，不仅想起了明太祖，而且还想起了明太祖后的历史大谜案、大冤案——建文帝及其建文朝之事，这人便是吏科给事中杨僎。杨僎看到嘉靖皇帝一反传统、“革故鼎新”，他就想起了大明历史沉案也该“正本清源”或刷新一下了。

嘉靖十四年（1535）七月乙酉日，杨僎向嘉靖皇帝上奏说：“我朝历史上革除之变（实际上应该说是‘靖难’之变，可能是杨僎照顾到了当时的官方定论，笔者注）时，忠心不二的大臣，如尚书铁铉、张紞、陈迪、齐泰，侍郎卓敬、胡子昭，都御史景清、陈子明，太常寺卿黄子澄、侍郎方孝孺等，都奋不顾身，以义自殉，视死如归，不为时势所屈服，而被后人录为忠恤之士，但我大明朝廷至今为止还没在史书典籍上予以正式的记载。小臣恳请陛下下令，让朝廷史局将铁铉等忠节死难者的真实事迹记载下来，编辑成书，褒扬忠烈，以昭后世；同时应该给那些忠节死难者追赠谥号，选录他们遗存下来的后代子孙到我朝廷来当官；传谕给那些忠节死难者家乡所

在地的地方衙门，让他们建造祠宇，以便人们祭祀和纪念。”（《明世宗实录》卷 177）

嘉靖皇帝接奏后没表态，随即将杨僎的奏章交给了礼部官员，让他们讨论一下。讨论结果，礼部尚书夏言等上奏说：“所谓的‘革除’忠臣，实际上是指我太宗文皇帝发动‘靖难’之役时那些殉难的大臣，虽然他们是为了表达自己对建文君的赤诚忠心而最后选择了殉节，但像齐泰、黄子澄一类人却负有误国之罪。当年太宗皇帝就将他们称为建文君身边的大奸大恶，声讨其罪行而最终将其诛杀了，这些都一一记载在实录当中，明白可考。要不是当初我太宗皇帝应天顺人，内靖外攘，我高皇帝的万世帝王之业不知会被这些人折腾成什么样呐，也正因为我太宗皇帝拥有无限的神功圣德，他老人家这才被后世奉为百世不迁的祖宗。而如今吏科给事中杨僎所说的那些话，全是民间野语讹传，殊不知我朝国史（指《明实录》，笔者注）中对于此类事情早已秉笔‘直书’了，更何况褒扬忠烈之事要是能做的话，在太宗皇帝时早就做了，但现在就是不能做。吏科给事中杨僎是新科进士，刚进入官场，不懂得什么叫忌讳。因此说，他所奏的事情，皇上您是万万不能应允的。”听了夏言的这番“高论”后，嘉靖皇帝开始责备起杨僎，说他“不谙事体，轻率进言”，但最终还是宽宥了杨僎。（《明世宗实录》卷 177）

从杨僎上言遭斥事件本身来看，十分耐人寻味。嘉靖皇帝初不表态，而要内阁阁臣、礼部尚书夏言等拿主意。夏言本是正德十二年进士，出仕后在朝廷任兵科给事中。嘉靖上台后，夏言一路官运亨通，迅速成为新皇帝的近臣与宠幸。（《明史·夏言传》卷 196，列传第 84）针对杨僎的建议，夏言据“理”反驳，但毫无新意，无非是重复朱棣篡位以后的“既定方针”论调，甚至他还信口雌黄，说什么“今（杨僎）所奏是徒闻野语流传之讹，而不知国史直书之可信”。不过夏言所说的话中倒是有一句值得我们注意，那就是“……我高皇帝万世帝王之业当未知何所底定，此我太宗神功圣德所以宜为百世不迁之宗也”，即夏言将旁支篡位的明太宗朱棣提到了与开国皇帝明太祖朱元璋的同等地位，这不仅迎合了明太宗子孙、当今天子的口味，而且还将历史上本来列于明太祖之后、只是位居列宗之中的“明太宗”一下子给突出出来，无形之中强化了旁支继统的重要性，这与嘉靖皇帝处心竭虑要突出父亲“恭睿渊仁宽穆纯圣献皇帝”的地位有着异曲同工之妙。由此看来，夏言的政治“高论”是吃准了最高统治者的心理而感发的，无疑会大受肯定。

3 年后的嘉靖十七年（1538）九月辛未日，皇帝朱厚熜在为已故父亲兴献王称宗祔庙的诏谕中就曾这样说道：“朕为我国家之兴，始皇祖高皇帝也；中定艰难，则我皇祖文皇帝也。二圣同创大业，功德并焉，宜称祖号，我皇考献皇帝，躬备大德，是以延及，朕身入嗣祖位，宜荐宗称，矧今大享已成，议奉皇孝配将当举事之期，先用荐上鸿号，尊文皇帝庙号为成祖，谥曰：启天弘道高明肇运圣武神功纯仁至孝文皇帝……皇考（指朱厚熜称自己父亲兴献王）庙号为睿宗谥曰：知天守道洪德渊仁宽穆纯圣恭俭敬文献皇帝，同日异时行礼，九日预告郊庙、社稷，二十一日恭举大亨明堂之祀于奉天殿，奉皇考睿宗献皇帝配上帝。是日礼毕，即诏示天下，所有礼仪，礼部会同翰林院恭议以闻，敬哉！"（《明世宗实录》卷216）

嘉靖皇帝的上述"最高指示"中将原本"父子"关系、嫡传与旁支关系的"祖"与"宗"给并列了，称我皇祖高皇帝朱元璋、我皇祖文皇帝朱棣，原本中国历代正统王朝一般只有一个"祖"的，到了嘉靖时可变成了"两祖"。而嘉靖皇帝可不同于明朝武宗、熹宗等王八蛋皇帝，他很有学问，当政前期脑子也十分清晰，之所以打破传统，除了强化旁支继统的重要性外，还是否隐含着他掌握了大明皇家头号秘密——原本"来路不明"的明太宗朱棣有着一段不可启齿的身世来源，作为其子孙就完全应该强化、突出自己祖宗另开一统的功德？（详见笔者：《大明帝国》系列之7《永乐帝卷》上）朱厚熜曾这样说道："我太宗当皇祖初定之中，又值建文所坏，复兴起之，便是再创一般，今同太祖百世不迁，此乃报崇之正。然称号太宗，未免无异于列圣，当以祖字列之，庶见其宜也。此人情之真焉，夫何谓古以祖有功，而宗有德，令概以宗尊之？太宗所谓有功者焉，可同宗称之，此当别之者也云。"（《明世宗实录》卷213）

左一声"我皇祖文皇帝"，右一声"我太宗再创"，嘉靖皇帝心目中的我祖更多更重要的不是明太祖朱元璋，而是明成祖朱棣。与隆盛明成祖朱棣地位形成鲜明对比的是，嘉靖朝对明太祖的正传嫡系子孙建文皇帝则大加贬斥。既然大加贬斥，那就更不可能为建文正名或将建文历史真实记载于官方文书或明代国史当中去了。如此格局在明朝中叶持续了将近四十年，直到嘉靖的孙子明神宗万历帝上台后才有所改变。

200年只等来一个名号，建文历史谜雾越来越浓

明隆庆六年（1572）七月辛亥日，登基才一个多月的万历帝发布诏书，公开褒扬建文朝忠臣节士的忠义，要求各地官员查清建文忠臣的出生地，为他们建造忠节祠以示旌表。（《明神宗实录》卷3）

万历二年（1574）十月的一天，12岁的万历皇帝又在文华殿听课时与老师张居正堂而皇之地讨论起建文皇帝之事，这也是朱棣后明朝皇帝首次公开正面谈及建文生死出亡问题。

万历问："闻建文当时逃免，果否？"辅臣张居正对言："国史不载此事，但先朝故老相传言，建文当靖难师入城，即削发披缁，从间道走出，后云游四方，人无知者。至正统间，忽于云南邮壁上题诗一首，有'流落江湖数十秋'之句，有一御史觉其有异，召而问之，老僧坐地不跪，曰：'吾欲归骨故国。'乃验知为建文也。御史以闻，遂驿召来京，入宫验之，良是。是时年已七八十矣，后莫知其所终。""上（指万历帝）因命居正诵其诗之全章，慨然兴叹。又命书写进览，居正退而录其诗以进，因奏：'此亡国之事失位之辞，但可为戒，不足观也。臣谨录《圣祖皇陵碑》及《御制文集》进览，以见创业之艰难，圣谟之弘远，伏望皇上览而仰法焉。'次日，上于文华殿，又谕先生：'皇陵碑朕览之数遍，不胜感痛。'居正因奏言：'自古圣人受艰辛苦楚未有如我圣祖者也，当此流离转徙至无以糊口，仁祖及淳皇后去世，皆不能具棺敛，藁葬而已。盖天将命我圣祖拯溺亨屯，故先使备尝艰苦。正孟子所谓'动心忍性增益其所不能者也'，故我圣祖自淮右起义师，即以伐暴救民为心，既登大宝，衣浣濯之衣，所得元人水晶宫漏，立命碎之，有以陈友谅所用镂金床进者，即投于火。孝慈皇后亲为将士补缝衣鞋，在位三十余年克勤克俭，犹如一日，及将先逝之年犹下令劝课农桑，各处里老粮长至京者皆召见，赐食问以民间疾苦。臣窃以为我圣祖以天之心为心，故能创造洪业传之皇上。在皇上今以圣祖之心为心，乃能永保洪业，传之无疆。'上曰：'朕不敢不勉行法祖，尚赖先生辅导。'。"（《明神宗实录》卷30）

少年万历帝对建文之事兴致盎然，但辅臣张居正并不愿意多谈，而是用忆苦思甜的方式来教育万历帝，转移其视线，不过他也说了一些万历初年明廷所掌握的有关建文帝的信息。

如果我们将张居正所讲的与《明英宗实录》中所载的正统五年杨行祥假冒建文帝案做个对比的话，就不难发现，万历时代的人们对建文史迹似乎越来越模糊。但由于此时的大明帝国已经日薄西山，朝纲松弛，政治败坏，君权衰微，而与其密切相关的社会宽容度和包容度却越来越大，加上万历皇帝朱翊钧自登基上台起就表现出对建文之事的极大兴趣。这样一来，自明朝中期起积聚在非官方层面的探寻建文之谜的热浪如地火一般迅速地涌现出来，社会上各色各样的有关建文帝之谜的书籍纷至沓来，真假难辨。相对于过热的民间，万历初年明朝官方似乎还保持着很大的拘谨，这或许与内阁首辅张居正的不提倡有关。

到了张居正死后的万历十三年，这一切就开始变了。《明实录》记载：万历十三年三月壬辰日，"释革除年坐忠臣方孝孺等谪戍者，浙江七百一十三人，江西三百七十一人，福建二百四十四人，四川四十一人，广东三十四人"（《明神宗实录》卷159）。

3年后的万历十六年二月丁丑日，大明国子监司业（可能相当于大明第一大学的教务长）王祖嫡率先上奏给万历皇帝，提出了要为建文正名、恢复建文纪年和补写建文朝历史等建议。他大致是这么说的：

“补修朝廷缺失典籍，叙述完整历史，这是时代赋予我们的职责。具体来说，当今我朝应该将被‘革除’的那段建文历史给补修起来，把被并入《英宗实录》中的《景泰实录》也予以单独正名。小臣对所谓的‘革除’一直持怀疑态度。什么叫‘革除’？想当年我太祖高皇帝出生入死，身经百战，最终才拥有了大明天下。他老人家弥留之际将我大明神器交予建文，这本身就吻合嫡长子继承制的大经大法。太宗文皇帝举兵‘靖难’而握有大明神器，哪有‘革除’之由?!

小臣以为建文纪年不可泯灭有五大理由：第一，自古无道之君，天人共弃，但小臣只听说过有改朝换代，没听说能革除其纪年的。太宗皇帝当年举兵‘靖难’，明明不是什么复仇，哪来要将海内外都奉为正朔的（建文）给革除掉呢？第二，‘靖难’功臣当年十分起劲，不断构陷建文之过，无非是为了表明他们自身的功劳，这本身就不是成祖皇帝的原来想法了。更何况后来成祖皇帝也幡然感悟，进而鄙薄、数落起对建文朝没什么上言建树的大臣李贯，并告诉吏部要不念旧恶，不久以后又罢黜了‘革除’之议。成祖皇帝还曾下令，自建文四年六月庚午之日起，朝廷各部院行事规制与公文档案记载一律改用洪武旧制，改称那年为洪武三十五，这是一时而为之，也是受了阿谀之臣的蛊惑才这么做的，后世人们往往不明白这个道理，反说成祖独断，这是将历史的罪过归咎于君父，很不应该啊！第三，有人说成祖安定国家，功劳大到了等于再造帝国，如果说他还要‘革除’，那么当年他老人家起兵就没有什么名堂了。大明天下是太祖皇帝的天下，太祖看待成祖，就同看待建文，后两者都为太祖的子孙吆。可现在有人将父子祖宗的太祖、成祖看做为‘二祖’，这是很不应该的。他们说，不‘革除’就不能充分体现成祖之心，那么‘革除’了，就能体现太祖皇帝的本心呢？撰写‘靖难’之类的历史是为了彰显成祖再造之功，现在如果不搞‘革除’，那就是如实记载建文在位的史迹，我怎么也看不出这两者之间有什么冲突。第四，历史上常常有这样的情况：国史、野史同存于世时，人们往往相信野史而怀疑有所忌讳的国史。既然建文纪年都被革除了，那么有关那一朝的人与事的记载就自然而然地流于民间野史之中。如今书写建文及建文朝历史的就有几十家，谬误百出，惨不忍‘读’，国朝有着一段缺失的历史，这难道是件小事吗？第五，当年要实施‘革除’的人无非是想要天下后世之人不再知道有建文这档子事，但千万世后的人们难道就真能以洪武虚年来代替建文的实际存在吗？大书特书‘革除’，固然能解决得了一时，但无法做到永远。与其这样，倒不如现在我们如实撰写建文历史！”

(《明神宗实录》卷195)

王祖嫡的这篇上疏文"喊"出了当时朝野上下成千上万正直之士的心声：恢复建文纪年和建文帝号、补修建文朝历史。尽管其说得并不全有理，但大都还能站住脚，最后王祖嫡还引述了万历帝刚刚上台时发出的一份诏书作为说服的理论依据："伏读隆庆六年，上两宫圣母徽号，诏书内一款曰：革除年间死事之臣，有司以时祀之，而建文以太祖嫡孙临御四载，别无他过，不得援诸臣之例，以慰幽魄，恐成祖之心，亦必有未安者。今宜复建文位号，仍付史馆，将四年事绩修辑为录，尽废野史不经之说。"(《明神宗实录》卷196)

万历帝接到王祖嫡的这份分量不轻的疏文后做出什么反应呢？他"疏下礼部"，即让礼部官员讨论讨论。大约一个月后，大学士申时行上奏说："礼部对王祖嫡请复建文年号，改正景皇帝实录两事进行了讨论，今已查明，景皇帝实录已经改正。只是建文年号自'靖难'之变以来，前朝历代一直都没有上请成功。恢复建文帝号、纪年年号和撰修建文实录，这些工作都属于创举性的，不经过朝廷大臣集体会合讨论，我等礼部大臣不敢擅自定夺，伏乞皇上圣断。"万历帝尽管在自己刚登基时表露出要对建文之事来个全面的"拨乱反正"，但那时他只有10岁。随着年龄的增长，作为明成祖的子孙都明白，如果全方位地为自己祖宗之政敌正名，那将意味着什么？这是不言而喻的。王祖嫡上奏那一年，万历帝刚好26岁，26岁在古时候不算小了，再说那时万历帝的皇帝工龄已经有16年，见也见多了，当大学士申时行将"皮球"踢回来时，他当场批示："景皇帝位号已经恢复，其实录就等着纂修；而改正建文年号之事仍等一等再说吧！"(《明神宗实录》卷196)

这一等又等了7年，直到万历二十三年(1595)九月，有个叫杨天民的礼科给事中向万历帝上言，再次请求改正革除建文年号。而后御史牛应元、礼官范谦等又相继上请万历帝，"命史局于高庙实录(即《明太祖实录》，笔者注)中摘洪武三十二年逮三十五年遗事，复称建文年号，辑为少帝本纪"。这一次万历帝有些进步了，他下"诏以建文事迹附太祖高皇帝之末，而存其年号"，就是说正式恢复建文纪年年号，但是同时要求在编写明朝国史时，将建文朝事迹附在太祖高皇帝之后，也就是说否定了礼科给事中杨天民提出的传统修史方法——将当政过的建文皇帝单独立个本纪的做法。(《明神宗实录》卷289)

随后的万历三十年、三十七年，给事中黄起龙等官员又上奏万历皇帝，一再请求恢复建文正朔，在懿文太子朱标庙的边上另建一座建文庙，以便"四时致祭"(《明神宗实录》卷374；《明神宗实录》卷463)，但最终都不了了之。建文帝的庙号一直到南明皇帝手里才解决，"弘光初，追尊惠宗让皇帝，入太庙，复其年"(【清】查继佐：

《罪惟录·惠宗帝纪》卷2，浙江古籍出版社1986年5月第1版，P69）。至于建文帝谥号的敲定，那就更晚了，清“乾隆元年，谥明建文帝曰恭闵惠皇帝，庙祀之，位次太祖”（《明史·恭闵帝本纪》卷4，本纪第4；《清史稿·礼三吉礼三》卷84，志59）。

由此我们再来反观建文帝在明朝后来的遭遇：历经200年的反反复复，明末时建文之事虽然在政敌篡位皇帝朱棣子孙的手里，也就是明朝官方当局那里有了点肯定的说法，即恢复建文纪年年号，但也仅此而已，至于万历帝诏书中所说的建文朝历史编写，人们再也没有看到了。

与明朝历代官方竭力回避和遮掩相反，自明中叶起非官方的或言民间建文探寻之热浪却在不断地涌动着，有关建文帝和建文朝史迹的书籍如雨后春笋般地涌现。版本越多，说法各异，历史谜团也就越发扑朔迷离。

综合起来看，至今为止人们最为好奇的不外乎这样几大问题：第一，堂堂大明帝国合法皇帝朱允炆怎么会打不过一个地方藩王？第二，建文帝到底是怎么样的一个皇帝？第三，建文四年朝政究竟是不是一塌糊涂？第四，建文帝失国时为什么会有那么多的大臣殉难而去？第五，建文帝最终又怎么啦？是不是如篡位皇帝朱棣所说的那样，被宫中大火烧死了？等等。

而要想解答清楚这些历史之谜，我们就必须要从建文帝朱允炆当年生存的环境及其即位前后的那些事说起……

第二章
皇家狼群与帝国羔羊

洪武三十一年(1398)闰五月,一代雄主、奇特的开国皇帝朱元璋在走完了他的一生、长眠于南京明孝陵之际,按照当时合法的程序,他的嫡孙——一个20岁刚出头的文弱书生朱允炆,用他那稚嫩的双肩来担当起大明帝国江山社稷之重任,他力追中国儒家理想中的“尧舜之君”,重用文臣学士,实施改革,推行“建文新政”,大明帝国由“严酷”的“洪武”冬季转向了“宽和”的“建文”春季。但建文帝面临的政治环境却是如此的险恶……

朱元璋:大行“分封制”;朱允炆:接手“火药库”

中国历史上开创大一统帝国的平民皇帝一前一后只有刘邦和朱元璋了,这两个平民皇帝不仅祖籍是老乡——同为徐州人,而且处事与治国风格也极为相似。当然这里面存在着历史时间的先后,后世的朱元璋实际上是刘邦的“千年知音”,隔世“粉丝”。

汉高祖刘邦在建立西汉王朝后,曾得意地对他的父亲说:“始大人常以臣亡赖,不能治产业,不如仲力。今某之业所就孰与仲多?”(《汉书·高帝纪第一下》卷1)

刘邦因为年少时吊儿郎当,不务正业,经常受到父亲刘太公的斥责。经过亡命的博弈,刘邦登上了大位,他要回敬父亲大人当年的训斥,这就大言不惭地说了上面的这番话。在刘邦的眼里,大一统的汉帝国就是他家最大的产业,因此,为了守好这份家业,也为了刘汉江山长治久安,他铲除异姓王,大封刘姓子孙为地方藩王,孰知这为后来接任帝位的子孙埋下了一颗“炸弹”——“七国之乱”。

◉ 朱元璋大行分封制的原因——帝国视作家产，诸藩拱卫皇室

一千多年以后祖籍同为徐州的朱元璋也将他开创的大明帝国视为自家的产业，从而把它分封给自己的龙子龙孙。其实，这也没什么奇怪的，在中国这样的专制社会里，家与国是不分的，所以朱元璋在洪武初年大行分封制也在"情理之中"。

洪武元年(1368)正月，朱元璋在南京(当时叫应天)城里刚刚登基称帝之时，就发出了这样的一番高论："祖、父有天下传之于子孙，子孙有天下者追尊于祖、考，此古今之通义也。"(《明太祖实录》卷29)于是他就追封起了自己的先祖：朱元璋的高祖考被追封为玄皇帝，曾祖考被追封为恒皇帝，祖父被追封为裕皇帝，父亲被追封为淳皇帝。接着朱元璋又追封起他的外戚来，洪武二年(1369)五月，追封皇外祖考陈公为扬王，追封马皇后之父马公为徐王(《明太祖实录》卷42)，追封马皇后的义父郭子兴为滁阳王(《明太祖实录》卷49)。除了郭子兴之外，这些被追封的人活着的时候基本上都是面朝黄土背朝天的老实巴交的农民，他们被追封至多也就在祭祀他们时，隔世享受一下人世间莫大的风光，除此之外，什么影响也不会有。

实际上最有实质性影响的就是朱元璋对自己的龙子龙孙们大行分封。它跟历史上刘邦、司马炎等实行的分封制没有什么大的差别，无非是将大一统帝国当做自个儿的家产分给儿孙享用，这是明初实行分封制的第一大原因。

不过朱元璋实行分封制时就没有说得这么直白和露骨了，"上(指朱元璋)惩宋、元孤立，乃依古封建制，择名城大都，豫王诸子，待其壮，遣就藩服，用以外卫边陲，内资夹辅"(【清】夏燮:《明通鉴》卷3)。这话是告诉人们：鉴于宋、元两代败亡之际朝廷孤立无援的经验教训，为了巩固朱明王朝的江山社稷，依照历史上曾经有过的古制，挑选天下名城大都与要害之处，作为除太子以外的诸王子就藩的藩地，这样就能形成在外有着强有力的军事保卫，诸子藩王共同扶持和屏卫中央皇室，大明江山就会长治久安。这是明初朱元璋实行分封制的第二大原因。

○ 600年前暴发户的心态：龙子尚小，册宝备好。

朱元璋做事的风格向来是要么不做，一旦做起来就雷厉风行。他打定主意要分封诸子，但诸子年龄实在太小了，最大的儿子朱标太子也只有十几岁，其他的还在尿裤子。可朱皇帝管不了这么多，他要事先准备着，这种急切的心态犹如当今社会上许多有钱人家的父母那般，儿女刚刚结婚就要为其孙辈买好别墅和保险什么的。朱元璋甚至还要急迫，因为他是大明帝国的第一人主啊。所以在洪武二年

(1369)四月，他就诏命中书省编《祖训录》，定下“封建诸王国邑及官属之制”(《明太祖实录》卷 41)，后又让大明帝国的礼部制作精美的诸王册宝并准备册封之礼仪。

诸王的册宝说白了类似于今天精美礼盒包装的“官印”一般，不过它是用黄金打造而成的，册宝上用篆体刻上“某王之宝”，这是藩王的官方“证明”，册宝不用时放宝座上，宝座外面有个宝匣，其上面雕刻蟠螭等图案，精致、高贵。(《明太祖实录》卷 51)

在做分封准备时，诸事进展得都比较顺利，不过还是有一件事使得当时的洪武皇帝十分头疼。朱元璋自己文化水平低——南京紫金山北麓的徐达墓碑文就是朱皇帝亲自撰写的，至今为止无人能读通。但他对撰写分封诸王册文的要求可不放低，要找具有一流文采的才子来撰写诸王册文。可偏不巧的是，当时徐达率领的大明北伐军正在前线与蒙古人浴血奋战，就连朱皇帝的第一谋臣李善长等文臣也因军事所需而外出公干了。要说当时南京城里能写一手漂亮文章的“秀才”还真是不多。那有人说，这册封诸王的册文比起大明帝国军事来也没什么大不了的，找个识文断字的人胡诌几句不就成了!? 不，朱元璋可不这么认为，他不仅对诸子册封之事乐此不疲和急不可待，而且还讲究精益求精。既然分封诸子的册宝是用黄金精制的，那么分封诸王的册文当然也就必须与此统一规格和档次！那怎么办？

○ 大明雄主实在霸道，“唐明星”差点魂被吓掉

朱元璋早就听说了，大明军中有个叫唐之淳的后生，特“有才”，经常在军中撰写“露布”(类似于今天的军事通讯和战地宣传文章)什么的，文笔优美，是当时大明军中的文化名人，就连皇帝朱元璋也曾“领略”过他的文笔风采，甚至可以说朱元璋差不多是唐之淳的“铁杆粉丝”。但唐之淳的这个“粉丝”实在霸道，也很心急，一旦想起“唐明星”来，他可不含糊，马上下令叫人飞马快骑，前往军营去将“唐明星”召回到南京城来。可底下的人不知皇帝朱元璋的真实意图，只知道要将“唐明星”弄到京城去，于是他们就马不停蹄地赶到了军营，见了唐之淳，立马将他捆住，又急匆匆地将他押回南京城去。(【明】徐祯卿：《翦胜野闻》)

再说这个唐之淳犯糊涂了：自己没干什么违法的事情啊，但眼前的这番阵势实在是让他不寒而栗，心里翻江倒海似地倒腾起来，会不会是自己的父亲唐肃在先前出任大明帝国的翰林应奉时得罪过朱皇帝，现在皇帝老爷要连坐我唐家子孙，否则怎么会这样急吼吼地抓我回京呐？看来今天的事情是凶多吉少啊！唐之淳正在冥思苦想着如何应对眼前的这场劫难时，他已经被带到了南京。

这时，唐之淳灵机一动，跟皇帝的使者说：“我家姑妈就住在前面这条路边上，

我是一个将死之人，恳求你们能否帮我叫我姑妈出来一下，让我们姑侄俩见上最后一面?”使者一听，觉得这个唐家也怪可怜的，父亲不走运，现在儿子又将遭殃。算了，做人还是多积积德吧，于是，他就将唐之淳的姑妈从家中叫了出来。

见了姑妈唐之淳就号啕大哭，嘱咐姑妈为他收尸。由于朱元璋有令在先，赶紧将唐之淳弄到明皇宫里来，所以唐之淳与他姑妈也只能简单地说了几句话，可还没说完，就被朱元璋的使者打断了，只好继续赶路。

等赶到南京明皇城的东华门时，已经是黄昏时分了。东华门大门紧闭，使者去叩门，但守门的人说：“皇上有旨：将唐之淳用布裹住，然后从屋顶上传递到皇宫里面去。”(【明】徐祯卿：《翦胜野闻》)

洪武年间法令严酷，有哪个敢不执行的？使者在听到皇帝朱元璋下达了这等指示后，就马上动手将唐之淳裹好，东华门城门头上的人用绳子将唐之淳吊起，然后开始往里传，传了好几手，最终才传到了明皇宫里。

这时，皇帝朱元璋的晚餐早已用过了，空下来没事，他正准备读书，突然底下有人来报：“皇上，您要找的唐之淳现在已被传到皇宫里来了!”朱元璋立即命令便殿召见。

唐之淳虽然当场被人松了绑，但还是不明就里，一身的冷汗，整个人像根木头似地竖在明皇宫的便殿上。这时，朱元璋走近他，开口便问：“军中露布是你起草的?”唐之淳全身魂魄都出窍了，内衣也全湿透了，但皇帝的问话他还是听清的，好不容易壮了壮胆，抖抖嚯嚯地回答说：“回……回……回陛下，臣……臣……臣昧死草之。”

朱元璋没说什么，明皇宫空气凝固了，唐之淳只好耐心地听候皇帝的发落。过了一会儿，只见几个太监抬了一个短几(类似于今天的茶几模样)到唐之淳面前。这时朱元璋发话了，让唐之淳在短几旁双膝跪地而坐，然后将自己早就拟好的一份封王册文递给了他，命令他“少为润色之”。这下唐之淳总算明白了，皇帝老爷风风火火地绑自己来究竟是为何事，但天底下谁有那么大的胆量敢改皇帝的御笔？于是他只好拼命地磕头，嘴里不停地说：“臣万死都不敢当!”朱元璋一看这个样子，赶紧换一种口气说了：“你不敢也罢了，那就在御文旁边作些注吧!”唐之淳一听皇帝这样说话，当场就十分清楚他的真实意图，于是就操起笔来，一口气把 11 份分封册文全给“注”好了。(【明】徐祯卿：《翦胜野闻》)

朱元璋龙颜大悦，好好地夸奖了唐之淳一番。唐之淳“注”完册文时已经是深夜了，朱皇帝命令他“原路”返回，明天一大早来明皇宫正式朝见。

这下唐之淳一颗悬着的心终于落地了，任由皇宫中的人一一“搬运”自己出明皇宫。

此时的唐之淳全无睡意，他来到了姑妈家，报个平安。这下可把姑妈家的人给乐坏了，原来侄儿没有罹难，大难不死必有后福，当夜，姑妈家为唐之淳好好地庆祝了一番。

第二天天刚刚亮，唐之淳就上明皇宫去朝见皇帝朱元璋。朱元璋问："你祖上有人当官吗？"唐之淳回答说："家父唐肃曾是陛下您的翰林应奉……"朱元璋当即就命令唐之淳继承父亲的职位。(【明】徐祯卿：《翦胜野闻》)

◉ 第一轮大分封：先封龙子龙孙，再封勋将功臣

朱元璋风风火火地赶制了十一个儿孙的藩王册宝与册文后不久，就在明皇宫的奉天殿(今南京明故宫午朝门公园内)上举行了隆重的亲王分封受册礼仪。那是洪武三年(1370)四月的事情，朱元璋将10个儿子和1个从孙分封为藩王。为此，他昭告天下："朕荷天地百神之佑，祖宗之灵，当群雄鼎沸之秋，奋起淮右，赖将帅宣力，创业江左，……朕惟帝王之子，居嫡长者必正储位，其诸子当封以上爵。分茅胙土，以藩屏国家。朕今有子十人，即位之初，已立长子标为皇太子，诸子之封，本待报赏功臣之后，然尊卑之分，所宜早定，乃以四月七日封第二子樉为秦王(藩邸在西安，笔者注，下同)，第三子为晋王(藩邸在山西太原)，第四子棣为燕王(藩邸在北平，即今天北京)，第五子为吴王(后改封为周王，藩邸在河南开封)，第六子桢为楚王(藩邸在湖北武昌)，第七子榑为齐王(藩邸在青州，即今天山东益都)，第八子梓为潭王(藩邸在长沙)，第九子为赵王(3岁时即洪武四年死了，未有封国藩邸)，第十子檀为鲁王(藩邸在山东兖州)，从孙守谦为靖江王。皆授以册宝，设置相傅官属及诸种礼仪皆有定制。于此，奉天平乱，实为生民，法古建邦，用臻至治，故兹诏示，咸使闻知。"这是大明帝国史上的第一次大分封。(《明太祖实录》卷51；《明史·太祖本纪第二》卷2)

那时，大明刚刚建国，朱元璋就这样对毫无寸尺之功的龙子龙孙们实行大分封，会不会引起功臣们的不满呢？

朱元璋是个细致之人，当然会想到这一层。为此，他曾于洪武三年四月在明皇宫奉天门及华盖殿举行的册封藩王大宴群臣之际发布了这样的谕旨："昔者元失其驭，群雄并起，四方鼎沸，民遭涂炭。朕躬率师徒，以靖大难，皇天眷佑，海宇宁谧。然天下之大，必建藩屏，上卫国家，下安生民。今诸子既长，宜各有爵封，分镇诸国。朕非私其亲，乃遵古先哲王之制，为久安长治之计。"(《明太祖实录》卷51)

你看人家朱元璋不愧是当皇帝的料，就是会说话，明明是为了朱明江山和朱家儿孙分封，而他非得讲是“朕非私其亲”，实在是“遵古先哲王之制，为久安长治之计”，这就叫“讲政治”、“讲原则”、“讲大局”。而大明这些见过大世面的大臣们也不含糊，纷纷表示要紧密地与朱皇帝保持高度的一致：“**陛下封建诸王，以卫宗社，天下万世之公议。**”（《明太祖实录》卷 51）

朱元璋是经历过大风大浪的顶尖人物，当然不会被这些大臣们表面上的“政治和谐”所迷惑，他聪明得很，为防止大臣们的心理失衡，洪武三年十一月下令对大明开国功臣进行了第一次大封爵，李善长被封为韩国公，徐达被封为魏国公，李文忠被封为曹国公，邓愈被封为卫国公，冯胜被封为宋国公，常遇春已死，其子常茂被封为郑国公，还有汤和等 28 个功臣被封为了侯，这就是大明帝国最初被封的“六公二十八侯”。（《明史·太祖本纪第二》卷 2）

但朱元璋大封功臣与大封龙子龙孙有着很大的区别：

第一，明朝藩王位居皇帝、皇太子之下，公、侯与内外大臣之上。

第二，明朝功臣的功劳再大，活着时所封之爵位最高也不能高过公，只有他死后才能被追封为王。

第三，被封为功臣的功劳哪怕再大，他也不像朱家龙子龙孙那样领军护卫，独居一方。

第四，除了按照一定规制建造起来的自己的公侯宅府以外，功臣们也不像朱元璋的诸子藩王那样拥有自己的藩地。（《明史·诸王传赞》卷 120）

所有这些都是朱元璋对外姓人不放心、防止他们对大明帝国皇家构成威胁而精心设计出来的。从洪武皇帝内心深处来讲，任何外姓人他都不会相信，大明江山只有掌控在自己的亲骨肉手里才最为放心。因此，朱元璋不仅一口气封了 11 个藩王，而且还初步设计配备给他们良好的军事设施与数千人的护卫军，主要打算将来让他们去守卫大明帝国最为头疼的北部边疆沿线。

但从当时实际来说，洪武三年第一次分封时，朱元璋的这些龙子龙孙实在是太小了。太子朱标除外，诸王中最大的就是二儿子朱樉也只有 15 岁，最小的是十子朱檀，当时只有两个月大，由别人抱着接受分封。因此说，诸王根本无法马上就藩，于是朱元璋就把相对大一点的皇子送到中都凤阳去，一方面派遣大明帝国最为优秀的将领，如徐达、汤和、傅友德等去教授他们军事本领；另一方面又选派鸿儒学士如刘基、宋濂等去对他们进行儒家伦理文化教育。老朱皇帝这样做的目的是要让他的龙子龙孙们既能文又能武，个个都是合格的大明江山事业的接班人。但实际的培养结果是，这些龙子们似乎更多地对军事产生了兴趣，逐渐地展现出军事人才的禀赋与特质，随着时间的推移，他们也逐渐地向着与朱元璋初衷背道而驰的方向发展着。这是为什么呢？问题就出在这个分封制上。

○ 县学校长管起了皇家之事，结果把自己“送”进了监狱里。

要说这个分封制还真不是个玩意儿，中国历史上许多朝代都实行过，且都曾带来了巨大的祸害。对此，是不是以淮西农民新贵为主干的朱元璋集团因文化水平低而没有觉察到它潜在的巨大威胁吗？

非也。问题是在于当时大明帝国刚刚建立，军事上的节节胜利，使得朱元璋的个人人格魅力效应无限地放大，震慑了满朝文武，人们很自然而然地形成了从众心理和合群思维：皇帝朱元璋大搞分封实乃历史上早已有之，是“遵古先哲王之制”，也是“天下万世之公议”。心理学上的研究表明，在许多情况下，从众心理和合群思维往往会影响决策过程的理性思考，最后导致了领导层实行非理性的决策，明初诸子藩王大分封就是这样出笼并大行其道的。

但是话又得说回来，难道大明朝野真的没有一个清醒的明白人吗？

有！

洪武九年(1376)年初起，大明钦天监的官员不断地向皇帝朱元璋报告，他们发现了不同寻常的天文现象，到了五月份，天上居然出现了“五星紊度，日月相刑”的怪象。(《明太祖实录》卷109；【清】谷应泰：《明史纪事本末·开国规模》卷14)

按照古代中国人的天人感应观念，这种“七政皆乱”的异常天象是上苍对人世间发出的警告——它将降灾于人类。对此，作为天神、地神的化身，人主朱元璋一定要反躬自省，检查为政之得失，以应天变。于是就在该年的闰九月初九日，他下诏，要求各地各级官员直言大明朝政之得失。

诏令下达不久，山西平遥训导(相当于平遥县学校长)叶伯巨就以星变为由上书，指摘洪武政治之缺失。

叶伯巨说：皇帝陛下您下诏，要求我们畅所欲言，为国分忧。以小臣之愚见，当今我们大明帝国有三件事情做得太过头了，那就是“分封太侈也，用刑太繁也，求治太速也”(《明史·叶伯巨传》卷139，列传第27)。

叶伯巨首先指出了朱元璋大行分封之弊端，他说：

“按照上古时代的先王之制，诸侯王的都城最大也不能超过天子国都的三分之一，这叫上下等差有别，各有名分，其根本用意就在于尊尚天子地位，加强中央力量，削弱诸侯国的势力，遏制割据和动乱的潜在势力啊。现在皇帝陛下您分封了这么多的藩王，并让他们各有自己的藩地，这大概是惩戒宋朝和元朝末年动乱祸起之时皇室孤立无救之弊端吧。但现在陛下您分封的秦、晋、燕、齐、梁、楚、吴、蜀诸国，没有一个不是拥有几十个城邑，他们的城郭宫室仅次于京师南京，皇上还配给他们相当规模的护卫军。小臣担心，不过几代之后恐怕就要尾大不掉了，到那时再去削减他们的封地，剥夺他们的藩王权，这就恐怕要结下很深的怨恨了。更为严重的是，有的藩王会伺机起事，让人防不胜防。

或许有人说，现在分封的诸王都是皇帝陛下您的亲骨肉，分封区域也很广阔，所立规制与法度又很严密，哪会有将来的诸侯王造反这档子事呐？但小臣我私下里认为，这样的说法是很有问题的。人们为什么不吸取历史上汉代与晋朝的经验教训？汉景帝是汉高祖的孙子，吴楚七国诸王都是汉景帝的同祖同父的兄弟子孙，汉景帝一开始削藩，这些同祖同父的兄弟子孙们就举兵叛乱，矛头直指汉帝国中央。西晋时所分封的诸王都是晋武帝的至亲子孙，武帝死后，他的儿子晋惠帝一即位，那些藩王子孙们就开始相互攻伐，中原大地立刻成为'八王之乱'的主要战场，这就大大削弱了晋帝国的统治力量，给北方胡族的刘渊、石勒南下作乱造成了可乘之机，由此也就葬送了西晋王朝。从历史的教训中我们可以看出，分封逾越了一定的规制，其祸乱就会马上到来。以古为镜，当今分封的一切后果应为明了了。这就是小臣我认为分封太过的理由啊。

汉初实行大分封后，文臣贾谊就曾规劝汉文帝将已经分封给诸侯国的领地全部再分给诸侯王的子孙。要是当初汉文帝听从了贾谊的建议的话，哪会有后来的吴楚七国之乱！小臣今日谏言，希望皇帝陛下您在这些龙子诸王还没有就藩之前，就能限制诸王都邑的规模，减少他们护卫的兵马，缩小他们的领地疆土，并以此办法来对待诸王他们的子孙。此等制度一旦定下来了，以后诸王中有贤有能的，可以入朝为宰辅，其余的则世代为边藩屏障，这样就会使得他们与大明中央政权同呼吸共命运。割舍一时的亲情，创造万世之利益，消除日后的隐患，稳固国家社稷，没有什么事情比这还要急迫的啊。"(《明史·叶伯巨传》卷 139)

接着叶伯巨又批评了朱元璋"用刑太繁"和"求治太速"两大弊政，他以宋、元两朝作为历史参照，指出：国家要长治久安，就必须先与民休息，重视农桑，减轻徭役赋税；重视教化，适度使用刑罚，这也是宋元两朝国祚长短不一的根本原因。

给皇帝的上书写好以后，叶伯巨对朋友说："当今天下只有这三件事情最令人担忧的，其中'用刑太繁'和'求治太速'这两件事情，我们现在很容易看得出来，但它们的后患却来得很慢，而只有'分封太侈'这个问题，现在的人们一般是很难看出它的隐患来的，但它的祸害一旦迸出，其速度是相当之快的。即使当今皇上不下诏，我也要将它们讲出来，更何况现在皇帝已经下诏求言了，那我就更应该畅所直

言。"(《明史·叶伯巨传》卷 139)

当时叶伯巨在官场的地位是相当之低的,属于大明帝国公务员行列中最低的那一级。但他从实现儒家"治国平天下"的理想出发,管起了大明帝国"栋梁之才"——满朝文武大臣才应该管的大事来,其积极有为的精神实在是可嘉可敬的。

诚然,叶伯巨所说的明初分封藩王之事并不完全正确,但他看问题的眼光确实极其敏锐。很可惜,在洪武年间政治高压的形势下,小官叶伯巨的政治远见在当时不仅没有引起大明朝野的共鸣和巨大的反响,反而给他自己招来了杀身之祸。

朱元璋在接到叶伯巨的上书后暴跳如雷,大骂开来了:"这小子简直是在离间我们亲骨肉!来人啊,马上给我把那个吃了豹子胆的臭小子逮到京师来,我要亲手射杀他!"底下人听到皇帝朱元璋的口谕后,岂敢怠慢?他们立即上山西去,把叶伯巨逮捕了,并押到了南京。当时中书省还没有被撤销,丞相府主事的官员心里明白:叶伯巨讲得在理,只是他的上书触到了皇帝朱元璋的痛处,所以他们都很同情叶伯巨,没有马上向皇帝报告,叶伯巨押来了。等到有一天朱元璋心情好的时候,丞相府主事的官员就乘机上报说:"皇上,您要逮的那个山西平遥官学校长叶伯巨已经给押到了,您看怎么处置他?"朱元璋说:"将他关到刑部大牢里去。"(《明史·叶伯巨传》卷 139)

就这样,叶伯巨因为响应皇帝的号召,上书直言,结果反把自己"送"进了监狱,且再也没有出来过。

○ 皇帝大打"太极"作"政治秀",芝麻官哪壶不开提哪壶。

或许蹲在刑部大牢里的叶伯巨至死都没有弄明白:明明是皇帝老爷您下诏令要臣下畅所欲言的,现在怎么把我这个谏言者给关起来了?明明是一个求言纳谏的"贤君明主"怎么转眼间就变成一个刚愎自用的凶神恶煞?

其实,朱元璋下诏求言,实出于无奈,是在打"太极"。从当时大明整体形势来看,在历经元末大动乱之后,社会经济开始恢复,帝国秩序逐渐进入有序状态,军事上除了北方与蒙古之间的战争还没有结束之外,还有的就是西南地区正在被大明纳入经略的范围。总体而言,大明帝国的形势一片大好,皇帝朱元璋的自我感觉更是好上加好,他之所以下诏求言,还不是因为洪武九年一开春起天上连续出现了异常天象,弄得本来就迷信十足的朱元璋诚惶诚恐,"静居日省,古今乾道变化,殃咎在乎人君。思之至此,皇皇无措,惟冀臣民,许言朕过。"他还告诉臣下:"于斯之道惟忠且仁者能鉴之"(《明太祖实录》卷 109)。

其实,朱元璋是在打"太极"作"政治秀",过过场,以应天变。内心深处他压根儿就不想让臣下再提及他一开始就竭力标榜的"朕非私其亲"实乃"遵古先哲王之制"的诸子分封制。这一点似乎在当时的大明帝国朝廷上下都已经形成了政治上的默契,而远在千里之外的、比芝麻官还要小的小教官叶伯巨居然哪壶不开提哪壶,朱皇帝当然要火啰。在朱元璋看来:"我是谁?""朕乃……天生圣天子。"(朱元璋自诩之语,【明】徐祯卿:《翦胜野闻》)那"天生圣天子"的孩子呢?龙子龙孙啊!岂由尔等小臣任意离间和亵渎的?!所以最终的必然结果是,朱元璋将叶伯巨关到了大牢里,大明朝廷上下再也没有对分封藩王之事说三道四的乌鸦嘴了。

○"安全阀"——《昭鉴录》、《祖训录》实际上都成了"稻草人"。

也不愧为"天生圣人",朱元璋考虑问题的角度就是不一样,这就是"伟大领袖"不同于凡人的地方。对于分封诸子藩王有可能带来的不良后果,朱皇帝似乎也早已意识到了,就在明初第一轮诸王大分封之前,他就命令礼部尚书陶凯和秦王傅文原吉等人开始为诸子藩王编撰一部有关历代亲王善恶言行的历史教材——《昭鉴录》,作为诸子藩王的一面明镜,要求诸子藩王以此"自律"(《明太祖实录》卷80)。几乎是与此同时,他又诏令宋濂等人编撰《祖训录》。《祖训录》中对诸子藩王的权力与责任都作了明确的规定,在赋予了他们守卫大明帝国边疆军事重任的同时,也设置了政治"底线",以此来约束他们的言行。

所有这些"设计"所要达到的美妙效果,就如编撰《昭鉴录》和《祖训录》的文臣宋濂等所赞美的那样:"天子如首,诸王如手足,故可称为同气一体。"朱元璋当然是满心欢喜,尤其是对《祖训录》,他格外重视,不仅亲自为它作序,而且还规定:要将《祖训录》抄录在大明皇宫(即明故宫)内谨身殿的东庑和乾清宫的东壁以及诸子藩王的王宫正殿和内宫的东壁,这样做的目的是要让他的子孙后代们时刻牢记和遵守《祖训录》,使其成为大明诸子藩王的行为准绳。更为极端的是,朱元璋还规定:"凡我子孙,钦承朕命,无作聪明,乱我已成之法,一字不可改易。非但不负朕垂法之意,而天地祖宗亦将孚佑于无穷矣。呜呼,其敬戒之哉。"(《明太祖实录》卷82;《皇明祖训·序》)也就是说他告诫子孙后代对《祖训录》不可更改一字,必须照着执行。

按一般人的想象,做到这一步应该算是比较保险的了。不,朱元璋觉得自己做得还不到位,于是又嘱咐大臣们监督子孙后代有无"变乱"祖训:"朕著《祖训录》,所以垂训子孙,朕更历世故,创业艰难,常虑子孙不知所守,故为此书,日夜以思,具悉周至,䌷绎六年,始克成编。后世子孙守之,则永保天禄;苟作聪明,乱旧章,是违祖训矣。"(《明太祖实录》卷80)但对于诸子藩王要是不遵守《祖训录》,该如何处置或制约？朱元璋却没有也根本不可能授权于臣下。

因此，这等殚精竭虑地设计的大明江山的“安全阀”说到底实际上是等于一个“稻草人”。

◉ 第二轮大分封：没事找事做

之所以如此，是因为在朱元璋的内心深处，大明江山要永保天禄，传之万代，惟一可以信赖和依靠的只有他们朱家的龙子龙孙了。正因为有这样的认知，在洪武十一年(1378)春正月，朱元璋又进行了第二轮龙子大分封，他将他的十一子朱椿封为蜀王，藩邸在四川成都；十二子朱柏封为湘王，藩邸为湖北荆州；十三子朱桂封为豫王，后改封为代王，藩邸在山西大同；十四子朱楧封为汉王，后改封为肃王，藩邸在甘州(今甘肃张掖)；十五子朱植封为卫王，后改封为辽王，藩邸在广宁(今辽宁北镇)。先前被封为吴王的朱橚，因为朱元璋在建立大明帝国之前曾称吴王，为了避讳，他将朱橚改封为周王(《明史·太祖本纪第二》卷2;《明太祖实录》卷117)。

至此大明帝国已经有15个地方藩王了，对于朱元璋来说，凡是出世后只要能活下来的儿子都被封为藩王了。

就在朱元璋进行第二轮龙子大分封之后的第二年，即洪武十二年，沐英统帅的西征大军凯旋。为了安慰这些为大明江山社稷出生入死的将士们，为了表白“朕非私其亲”的“公正性”和“合理性”，朱元璋进行了第二次大封功臣，仇成、蓝玉、谢成等20来个将帅被封为了公或侯(《明太祖实录》卷127)。与第一次大封功臣有所不同的是：这次大封功臣在规模上就没有第一次那么大。

之所以如此，有的人说，朱元璋小气，不大情愿将爵位授予人，更有的人说，朱元璋是个苛求完美的人，眼中只有顶尖的军事人才才可封为公侯，这些说法都有一定的道理。但当我们打开《明史》仔细考察时，就会发现一个至关重要的原因，那就是明初第一次大封爵中受封的功臣往往居功自傲，不守大明的法度，甚至像吉安侯陆仲亨、延安侯唐胜宗、平凉侯费聚等总计有1公14侯13个将军居然还“参与”到了洪武中期的“胡惟庸谋反”活动中去，这就使得本来就疑心病十足的朱元璋不仅对功臣勋将更加猜疑、厌恶，而且还有一种莫名的恐惧，与其让受封的功臣勋将惹是生非和胡作非为，还不如尽可能地少封些，尽可能地将潜在的麻烦与危险降低到最低的程度，否则不就没事找事做？

◉ 第三轮大分封：大明江山靠谁最为安全

朱元璋的封子荫孙心态到了洪武晚期就越发强烈。因为尽管经过了十几年的励精图治，但就洪武中晚期整个大明帝国的形势而言，还远没有达到高枕无忧的地步，离朱皇帝心目中的"大治"还有一大截距离。尤其是大明与蒙古之间不断进行的战争，使得朱元璋越发感到守边与掌控军事对于大明江山千秋大业的重要性与紧迫性，因为他自己就是靠着军事手段登上大明天子宝座的，因此对于他来说，比谁都清楚：掌握了军事就掌控了大明的江山社稷。文臣不懂军事，武臣勋将实在太"危险"——洪武二十六年不是爆发了"蓝玉谋反案"吗？想起来就会让人冒出一身的冷汗，最后还是皇帝高瞻远瞩，决策英明，一举粉碎了"蓝党分子"的叛乱阴谋，否则其后果不堪设想。那么除了文臣武将，还有谁最为可靠的？

朱元璋当然会这样想：与那些让人不省心、不放心甚至是讨厌的功臣勋将相比，大明的千秋江山还是应该由自己的亲骨肉掌控才最为安全。这种念头到了洪武晚年尤其朱标太子死的前后就越发强烈了。于是，洪武二十四年(1391)，朱元璋又开始新一轮诸子藩王的分封——主要是将他新近产出的小龙子们分封下去，这是明初洪武年间的第三次大分封，其中十六子朱㮵被封为庆王，藩邸在宁夏；十七子朱权被封为宁王，藩邸在大宁(今内蒙古宁城)；十八子朱楩被封为岷王，藩邸在岷州(今甘肃岷县)；十九子朱橞被封为谷王，藩邸在宣府(今河北宣化)；二十子朱松被封为韩王，藩邸在开原(今辽宁开原)；二十一子朱模被封为沈王，藩邸在潞州(今山西襄垣)；二十二子朱楹被封为安王，藩邸在平凉(今甘肃平凉)；二十三子朱桱被封为唐王，藩邸在南阳(今河南南阳)；二十四子朱栋被封为郢王，藩邸在安陆(今湖北钟祥)；二十五子朱㰘被封为伊王，藩邸在河南洛阳。(《明史·太祖本纪第二》卷2；《明太祖实录》卷208)就这样，这位大明朝最为高产的皇帝朱元璋，他的26个龙子中除了嫡长子朱标被封为皇太子和二十六子早早夭折以外，共有24位皇子全部被封为地方上的藩王了。

朱元璋分封的24个皇子(朱允炆的24个皇叔)藩王简表

诸子	藩王	藩邸	生母	生卒年代	年龄比较	对朱允炆帝位是否构成威胁
二子朱樉	秦王	西安	马皇后	至正十六年(1356年)生，洪武二十八年(1395)薨，终年40岁	比朱允炆大21岁	薨世于建文帝即位前，对朱允炆即位未构成威胁

续表

诸子	藩王	藩邸	生母	生卒年代	年龄比较	对朱允炆帝位是否构成威胁
三子朱棡	晋王	太原	马皇后	至正十八年(1358年)生，洪武三十一年(1398)薨，终年41岁	比朱允炆大19岁	薨世于建文帝即位前，对朱允炆即位未构成威胁
四子朱棣	燕王	北平	碽妃	至正二十年(1360)生，永乐二十二年(1424)崩，终年65岁	比建文帝大17岁	对朱允炆帝位构成巨大的潜在威胁
五子朱橚	周王	开封	碽妃	至正二十一年(1361)生，洪熙元年(1425)薨，终年63岁	比朱允炆大16岁	对朱允炆帝位构成巨大的潜在威胁
六子朱桢	楚王	武昌	胡充妃	至正二十四年(1364)生，永乐二十二年(1424)薨，终年61岁	比朱允炆大13岁	对朱允炆帝位基本上没有大的威胁
七子朱榑	齐王	青州	达定妃	至正二十六年(1366)生，宣德三年(1428)薨，终年63岁	比朱允炆大11岁	对朱允炆帝位有着较大的威胁
八子朱梓	潭王	长沙	达定妃	洪武二年生(1369)，洪武二十三年(1390)阖宫自焚。终年21岁	比朱允炆大8岁	自焚于建文帝即位之前，对朱允炆帝位无威胁
九子朱杞	赵王	未封国	生母不祥	洪武二年(1369)生，洪武四年(1371)卒。终年3岁	比朱允炆大8岁	早殇于建文帝即位之前，对朱允炆帝位无威胁
十子朱檀	鲁王	兖州	郭宁妃	洪武三年(1370)生，洪武二十二年(1389)卒。终年19岁	比朱允炆大7岁	薨世于建文帝即位前，对朱允炆帝位无威胁
十一子朱椿	蜀王	成都	郭惠妃	洪武三年(1370)生，永乐二十一年(1423)卒，终年53岁	比朱允炆大7岁	对朱允炆帝位基本上没有大的威胁
十二子朱柏	湘王	荆州	胡顺妃	洪武四年(1371)生，建文元年(1399)阖宫自焚，终年28岁	比朱允炆大6岁	对朱允炆帝位有着巨大的威胁
十三子朱桂	代王	大同	郭惠妃	洪武七年(1374)生，正统十一年(1446)卒，终年72岁	比朱允炆大3岁	对朱允炆帝位有着巨大的威胁

续表

诸子	藩王	藩邸	生母	生卒年代	年龄比较	对朱允炆帝位是否构成威胁
十四子朱楧	肃王	甘州	无名号的宫人郜氏	洪武九年(1376)生,永乐十七年(1419)卒,终年43岁	比朱允炆大1岁	对朱允炆帝位基本上没有大的威胁
十五子朱植	辽王	广宁	韩妃	洪武十年(1377)生,永乐二十二年(1424)卒,终年47岁	与朱允炆同岁	对朱允炆帝位基本上没有大的威胁
十六子朱㮵	庆王	宁夏	余妃	洪武十一年(1378)生,正统三年(1438)卒,终年60岁	比朱允炆小1岁	对朱允炆帝位基本上没有大的威胁
十七子朱权	宁王	大宁	杨妃	洪武十一年(1378)生,正统十三年(1448)卒,终年70岁	比朱允炆小1岁	对朱允炆帝位有着巨大的潜在威胁
十八子朱楩	岷王	岷州	周妃	洪武十二年(1379)生,景泰元年(1450)卒,终年71岁	比朱允炆小2岁	对朱允炆帝位有着潜在的威胁
十九子朱橞	谷王	宣府	郭惠妃	洪武十二年(1379)生,宣德三年(1428)卒,终年50岁	比朱允炆小2岁	对朱允炆帝位有着巨大的潜在威胁
二十子朱松	韩王	开原	周妃	洪武十三年(1380)生,永乐五年(1407)卒,终年28岁	比朱允炆小3岁	对朱允炆帝位基本上没有大的威胁
二十一子朱模	沈王	潞州	赵贵妃	洪武十三年(1380)生,宣德六年(1431)卒,终年51岁	比朱允炆小3岁	对朱允炆帝位基本上没有大的威胁
二十二子朱楹	安王	平凉	生母不详	洪武十六年(1383)生,永乐十五年(1418)卒,终年35岁	比朱允炆小6岁	对朱允炆帝位基本上没有大的威胁
二十三子朱桱	唐王	南阳	李贤妃	洪武十九年(1386)生,永乐十三年(1415)卒,终年30岁	比朱允炆小9岁	对朱允炆帝位基本上没有大的威胁
二十四子朱栋	郢王	安陆	刘惠妃	洪武二十一年(1388)生,永乐十二年(1414)卒,终年27岁	比朱允炆小11岁	对朱允炆帝位基本上没有大的威胁

续表

诸子	藩王	藩邸	生母	生卒年代	年龄比较	对朱允炆帝位是否构成威胁
二十五子朱㰘	伊王	洛阳	葛丽妃	洪武二十一年(1388)生,永乐十二年(1414)卒,终年27	比朱允炆小11岁	对朱允炆帝位基本上没有大的威胁

(上表史料来源:《明太祖实录》卷51,卷117,卷208;《明史·诸王一、诸王二、诸王三》卷116—118;【清】谷应泰:《明史纪事本末·削夺诸藩》卷15,P225-230;黄云眉:《明史考证》,第4册,中华书局,1985年12月版)

◉ 明初分封制之特点及其影响

从大明帝国建立的那天始,为了使得朱明江山长治久安,传之万代,朱元璋就处心积虑地推行在中国历史上已经被多次淘汰了的分封制。尽管当时大明朝野还有一丝微弱的反对声,但朱皇帝一意孤行,急不可待,只要有小龙子从为他进行性服务的"妹妹"那儿一产出,他就急吼吼地进行分封。但话得说回来,朱元璋毕竟不是历史上的昏君,而是一代雄主,他对历史上由分封所带来的沉痛教训还是有所认识的,因而也就"创制"出与历史上有些不同的分封制,并深刻影响了有明一代。

具体地说,明初分封制具有以下几个特点:

第一,从分封诸王的就藩地点来看,明初分封以北方边境为重心,长江以南很少。明朝以前的分封藩地要么是在交通要冲或军事要地,要么是经济中心或重心。汉景帝时发生了"吴楚七国之乱",虽说吴楚诸藩所在地不是当时汉帝国的经济中心地区,但它们是汉帝国东南方的军事要地和东南沿海的经济中心;魏晋南北朝时分封藩王更是不甚注意,南朝很多皇帝往往将自已的皇家骨肉分封到军事要地,西晋王朝更是将中原许多地区经济中心和军事要塞分封给皇家子弟。这些朝代的如此分封带来了诸多的弊端:一来许多地区经济中心被藩王占有,削弱了帝国中央的经济实力;二来许多军事要地被藩王占有,要是藩王与中央翻脸了,就很容易闹独立和割据;三来将帝国核心地区封给藩王,一旦祸起萧墙,往往是一发不可收拾,西晋的"八王之乱"就是这样一个典型的例子。

所以明初朱元璋大搞诸子藩王分封时就吸取了历史上的经验教训,在大明帝国的心脏地区——南京(包括今天江苏与安徽两省)和两浙等地不行分封,要封就封得远一点,以北方边境军事防务为中心,沿着长城一线布防分封,主要让这些诸子藩王来保卫北部边疆,辅佐大明中央皇室,所以明初分封封到长江以南的很少。这是朱元璋创下的"定制",后来的皇帝对此也心领神会——他们都不肯将大明帝国的心脏地区拿出一小部分来分封给诸子藩王。

洪武三年，朱元璋第一次大封诸子藩王时，五子朱橚曾被封为吴王，但因为年纪尚小并没有迅速就藩，“（洪武）七年，有司请置护卫于杭州。帝曰：‘钱塘财赋地，不可’”（《明史·诸王一》卷116）。

永乐年间，朱棣大行分封，宁王朱权在靖难战争开启时就被朱棣挟持，其军队全被吞并，当时朱棣曾夸下海口：“事成，当中分天下。比即位，（宁）王乞改南土。请苏州，曰：‘畿内也。’请钱塘，曰：‘皇考以予五弟，竟不果。建文无道，以王其弟，亦不克享。建宁、重庆、荆州、东昌皆善地，惟弟择焉。’永乐元年二月改封南昌，帝亲制诗送之。”（《明史·诸王二》卷117）

第二，从分封诸王的血缘关系来看，明初分封的诸藩王绝大多数是朱元璋的儿子，是后来明朝第二位皇帝朱允炆的叔叔，血缘关系十分近，不大像历史上的分封——有的朝代往往将皇族里隔了几代的皇亲国戚也列入了分封的重点对象。当然明初朱元璋的这种大封亲生骨肉的最主要的目的，是让他们保卫边疆，辅助皇室。但这只是他一厢情愿的美妙设计罢了，而实际上它给后来继任大明帝国帝位的建文帝出了一个极大的难题。

从政治地位来讲，朱允炆与他叔叔们是君臣关系；但从血缘关系来说，诸王都是建文帝的亲叔叔，即使是十五叔朱植以下的诸王个个年纪都比建文帝小，但他们都是建文帝的长辈，在心理上和伦理上就占有了很大的优势。这就使得建文朝叔侄君臣关系很难处理，尤其是对建文帝来说，他对别人可以“讲政治”、“讲原则”、“讲大局”，但对于那些藩王叔叔们还得要讲辈分啊。这也是皇爷爷朱元璋给皇太孙出的一个尴尬的政治难题。

第三，从分封诸王的政治地位来看，朱元璋规定：诸子藩王位于皇帝、皇太子之下，公侯百官之上，“公侯俯伏拜谒，内外大臣，礼无与钧”（《明史·诸王传赞》卷120）。

朱元璋将诸子藩王的政治地位定得这么高，只有皇帝与皇太子才能制约藩王，在正常情况下，它既可体现出朱家血脉的高贵，又能维护中央皇帝的最高权威；但在非正常的情况下，当皇帝或皇太子无法驾驭藩王时，藩王就会成为脱缰野马，任意胡为，或成为明火执仗的强盗，起兵造反，他要的就是皇位。

第四，从分封诸王的优厚待遇的有效期来看，朱元璋确立了他朱家高贵血统拥有特殊待遇的“永恒性”。

鉴于历史上汉朝等实行的分封制及其所带来的世袭藩王日益坐大的弊端，也鉴于自己早年的贫寒与苦难，朱元璋实在是不忍让自己的子孙后代“受罪”了，于是他对诸子藩王的后代及后代的后代都作了制度上的规定，予以实实在在的特殊待遇的保障："明制，皇子封亲王，授金册金宝，岁禄万石，府置官属。护卫甲士少者三千人，多者至万九千人，隶籍兵部。冕服车旗邸第，下天子一等。公侯大臣伏而拜谒，无敢钧礼。亲王嫡长子，年及十岁，则授金册金宝，立为王世子，长孙立为世孙，冠服视一品。诸子年十岁，则授涂金银册银宝，封为郡王。嫡长子为郡王世子，嫡长孙则授长孙，冠服视二品。诸子授镇国将军，孙辅国将军，曾孙奉国将军，四世孙镇国中尉，五世孙辅国中尉，六世以下皆奉国中尉。其生也请名，其长也请婚，禄之终身，丧葬予费，亲亲之谊笃矣。"(《明史·诸王列传》卷116)

藩王们及其后代拥有这等的优厚待遇，其所造成的后果至少有二：第一，大明皇家从此开始出现了一群无思无虑、不思进取、四体不勤、五谷不分的寄生虫和生育机器；第二，大明帝国从此背上了沉重的财政负担，使得后来的大明帝国的君主们在"当家"时常常入不敷出，老百姓的经济负荷日益加重，其影响了整个大明王朝近300年的历史。

明朝皇帝的诸子藩王特殊地位世袭相传简表

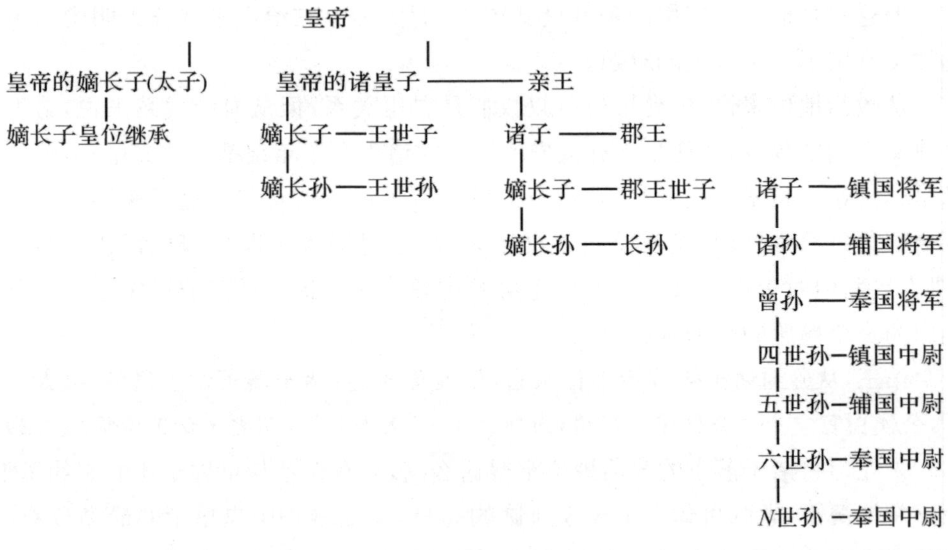

第五，从分封诸王的权限来看，明代藩王的权力有了很大程度上的限制。尽管朱元璋给诸子藩王定的政治地位极高，但他不给诸子藩王封地（藩王府邸除外），也不让他们治理地方上的百姓与经济，不让他们插手地方上的民政，所有地方上的事务都归朝廷任命的中央与地方的各级官吏治理。这就是《明史》上所说的"有明诸藩，分封而不锡土，列爵而不临民，食禄而不治事。盖矫枉鉴覆，所以杜汉、晋末大之祸，意固善矣"(《明史·诸王传赞》卷120)。

朱元璋如此限制诸子藩王的权力主要是为了防止地方藩王坐大，发展到与中央相抗衡的地步，以免重现骨肉相残的历史悲剧。

但从明初朱元璋大搞分封的最主要目的来说，它就是要让诸子藩王成为独当一面的军事中坚力量，以此来拱卫大明中央皇室，因此朱元璋实际上采取了矛盾的做法，一方面限制藩王的经济、民政等方面的权力，而另一方面他却不断地赋予诸子藩王以极大的军事权。

在明初第一次诸王大分封后的第三年，即洪武五年(1372)，朱元璋就下令成立"亲王护卫指挥使司"，规定每个亲王府(即藩王府)"准设三护卫"(《明太祖实录》卷71)，每个藩王"岁禄万石，府置官属。护卫甲士少者三千人，多者至万九千人，隶籍兵部"(《明史·诸王传·序》卷116)。

到了洪武六年《祖训录》修成时，朱元璋又进一步地扩大了诸子藩王拥有的军事权力，不仅规定诸子藩王拥有藩国内护卫军的军事权，而且在紧急情况下就连藩国所在地镇守军的军事指挥权也归给了藩王。《祖训录》是这样说的："凡王国有守镇兵，有护卫兵。其守镇兵有常选指挥掌之。其护卫兵从王调遣。如本国是要塞之地，遇有警急，其守镇兵、护卫兵并从王调遣。"甚至还规定，地方镇守军的调动除了要有皇帝的御宝文书以外，还必须要有该镇守军所在地的藩王的命令："凡朝廷调兵须有御宝文书与王，并有御宝文书与守镇官。守镇官既得御宝文书，又得王令旨，方许发兵。无王令旨，不得发兵"(《皇明祖训》，"兵卫条")。就此而言，明初地方藩王的军事权力得到了几乎是毫无限制的扩张。

更为糟糕的是，虽然洪武初年朱元璋对诸子藩王的护卫军军士数目做了一定的规制，什么"护卫甲士少者三千人，多者至万九千人"，但实际情形却并不是这样，诸子藩王护卫军的规模几乎没有多大的限定。燕王朱棣镇守北平时，朱元璋让他一次带去的中、左二护卫侍从将士就达5 770人。洪武晚年，驻守大宁的宁王更是兵多将广，他"带甲八万，革车六千"(《明史·宁王传》卷117)。

最为要命的是，诸子藩王所统帅军队的规模不受限制，还有充分的法律依据，那就是朱元璋钦定的《皇明祖训》，其中有条规定说："王府指挥司官并属官随军多少设置，不拘数目。"(《皇明祖训》，"职制条")

◉ 皇爷爷怎么这么健忘，竟将一座火药库留给了皇太孙

从明初朱元璋殚精竭虑地设计出分封制的表象来看，经过洪武时代轰轰烈烈的政治、军事运动和经济、社会的秩序恢复，大明已经成功地完成了洪武时代的使命，具有巨大潜在危险的功臣勋将随着洪武年间的两大案——"胡惟庸谋反案"和

"蓝玉党案"的深度挖掘而被杀戮殆尽。与此同时，朱元璋处心积虑地推行分封制，将自己的亲生骨肉培养成为大明江山的拱卫者与"中流砥柱"，完成了传统中国人津津乐道的"家国一体化"，出现了"打架亲兄弟，上阵父子兵"的理想格局。为防患于未然，朱元璋在实行诸子大分封时，对诸子藩王的经济权、民政权和封地等方面实行极度的限制，仅授予他们军事权——目的是让这些龙子龙孙们拱卫大明皇室，看家护院。

但对于接任大明帝国大位的第二位君主朱允炆来说，皇爷爷的这等制度构建，实在是将他置于炭火之上。皇爷爷怎么这么健忘？60 多年前，您老人家从老家凤阳出来时除了一顶破僧帽和一身能蔽体的"百衲衣"外，还有什么？后来您老人家拥有了大明的天下，靠的是什么？优厚的经济权、民政权，还是什么封地？什么也没靠，靠的就是军事。而今您将大明的江山交给了皇太孙，却赋予诸叔藩王几乎没有什么限制的军事权，虽然皇叔叔们的藩邸大多分布于远离大明帝国心脏地区的北方边境，但掌握着几乎毫无限制的军事权的皇叔叔们一旦要有了什么非分的念头，那么，我大明岂不是一座随时都会引爆的火药库？

皇爷爷，您是将一个置之于火药库上的皇位交给了皇太孙啊！

大明皇家的"狼群"与不露山水的"好皇叔"

当然，火药库的爆炸是要有人去点火的。如果人们恪守制度、做事本分，那么就会永享和平与安宁。但现实生活中的人往往是五花八门，有好人，也有坏人；有遵纪守法者，也有干犯纲纪伦常的；有心善的，也有心恶的；有羔羊，也有豺狼……不幸的是，朱元璋后的大明帝国第二位君主朱允炆就是生存于一群充满野心和血腥的皇家狼群中的一只羔羊。

要说大明帝国的皇家"狼群"指的是哪些人？说来还真叫人大跌眼镜，他们就是大明帝国第二位君主朱允炆的皇叔叔们——朱元璋一直自视为高贵血统的龙子龙孙。当然，若把朱允炆的 25 个皇叔叔全说成贪婪成性的豺狼，那未免打击面太大了。事实上，朱允炆的这 25 个皇叔叔也不全一个样，细细考察，我们把他们分为五大类：

◉ 第一类：对朱允炆帝位没构成威胁的皇叔藩王

在这一类皇叔藩王中主要有秦王朱樉、晋王朱棡、潭王朱梓、赵王朱杞、鲁王朱檀和二十六皇叔朱楠等 6 人。他们或生出来没多久就薨世了，如九皇叔朱杞、二十六皇叔朱楠；或人倒是长大了，也就藩了，但死在朱允炆即帝位前，如二皇叔朱樉、三皇叔朱㭎、八皇叔朱梓、十皇叔朱檀。其中秦王朱樉、晋王朱㭎为马皇后所生，是嫡出，《明实录》就这么说的。（《明太宗实录》卷 1）

◉ 第二类：对朱允炆帝位还不懂得制造威胁的皇叔藩王

朱允炆皇叔中第二大类型是，他们的年龄比朱允炆还要小好几岁。这些小叔叔们在朱允炆继任大统时，他们大多少不更事，有的甚至还被人抱在怀里，压根儿还不懂给自己的大侄儿制造麻烦和威胁，更不可能出来捣乱了。他们是二十皇叔朱松、二十一皇叔朱模、二十二皇叔朱楹、二十三皇叔朱桱、二十四皇叔朱栋、二十五皇叔朱㰘等，也是 6 人。（《明史·诸王三》卷 118）

◉ 第三类：对朱允炆帝位不曾表露出个人野心的皇叔藩王

朱允炆皇叔中的第三类是学者文人型和正人君子型，他们分别是六皇叔楚王朱桢、十一皇叔蜀王朱椿、十五皇叔辽王朱植和十六皇叔庆王朱㮵，共 4 人。他们对侄儿朱允炆帝位不曾表露出个人野心，其中十五皇叔辽王朱植对建文朝政治有着较多的影响。

辽王朱植是朱元璋第 15 个儿子，生母是妃子韩氏，洪武十年生，与建文帝朱允炆同岁。洪武十一年被封为卫王，二十五年改封为辽王。第二年也就是洪武二十六年，朱植就藩广宁。辽王朱植 17 岁到辽东就藩，22 岁那年皇帝老爸病逝时，他在辽东已经待了有 5 年的时间。在这五年当中辽王的"业绩"如何？《明史》留下这样的记载："(朱)植在边，习军旅，屡树军功。"也就是说尽管辽王年纪轻轻，但他已经相当熟悉边疆军事，屡立军功。纵然有关辽王的史料在经过朱棣"清洗"过的正史中留下不多了，但我们从朱元璋临终前的重托与新皇帝朱允炆上台后他的表现来看，辽王不仅是个忠臣孝子，而且还是一个了不起的军事天才，如果没有后来的朱棣谋反事件和"靖难之役"，他很可能成为大明帝国北部边疆一员杰出的、忠实的军事统帅。（《明史·诸王二》卷 117）

◉ 第四类：对朱允炆帝位充满野心的无赖恶棍似的皇叔藩王

朱允炆皇叔中的第四类情况就比较复杂了，他们中年龄最大的是比侄儿朱允炆大16岁的五皇叔周王朱橚，最小的是比侄儿朱允炆还小2岁的十八皇叔岷王朱楩和十九皇叔谷王朱橞，其中间分别有比侄儿朱允炆大11岁的七皇叔齐王朱榑和大3岁的十三皇叔代王朱桂及大1岁的十四皇叔肃王朱楧。尽管这些皇叔年龄跨度大，且各自又“特有个性”，但他们都有一个共同点，那就是品行不端，自恃皇子身份，胡作非为，并对大明未来君位充满了野心；但因他们的素养差，又没城府，所以先后都被一一收拾了。

○ 齐王朱榑没朱棣那样的阴谋家素质，想造反却被人告发了

齐王朱榑是朱元璋的第7个儿子，朱允炆的七皇叔，生母是达定妃，朱榑与八弟朱梓为同胞兄弟。至正二十六年(1366)生，洪武三年被封为齐王，但没有马上就藩，而与他的几个哥哥同被送往中都凤阳去进行军事训练与文化学习。洪武十五年，朱榑17虚岁，正式就藩青州(今山东益都)。洪武二十三年(1390)朱元璋命令三子晋王朱棡和四子燕王朱棣率领大明军进攻塞外的元朝残余势力，让齐王朱榑率齐王府内的护卫将士及驻扎在山东的徐、邳的大明军作为增援力量，开拔到北部边疆前线，协同晋王朱棡和燕王朱棣作战，这是大明初期皇子藩王第一次群体合作大规模的军事行动，这些年轻的皇子虽然平时不咋样，可打起仗来还真不含糊，他们不要命似地冲杀，使得大明军最终获得了较大的胜利。第二年老爸朱元璋又命令齐王朱榑率护卫骑士出击开平一带的元朝残余，这是齐王朱榑第一次单独指挥军事战斗，老爸朱元璋想得周到，怕他出错，给他配了一员老将耿炳文，调发山东都司各卫的军士作为他的侧翼，协助他作战，结果又一次取得了胜利。(《明史·诸王一》卷116)

此后，齐王朱榑又几次率军出塞，打击元朝残余势力，且都能取得胜利。军事功劳大了，朱榑开始沾沾自喜，目无法纪，恣意妄为。与同在北方边关取得重大胜利的四哥朱棣相比，齐王就没有他四哥那样沉得住气或者说老谋深算；相反他是凡事都写在脸上的那一种人，开心的时候不能自已，愤怒的时候就要胡来了，他性格中可能更多地遗传了他父亲朱元璋凶暴的基因吧，一旦发火了，不是打就是杀，因此做出许许多多违法犯罪的事情，要不是身份特殊，他的坟头上早就茅草几尺了。但皇子的事，一般人能忍则忍，一向“铁面无私”的皇帝朱元璋居然对这个儿子的态度出奇的宽容，既没把他关起来，也没去责罚他。这恐怕不仅仅是虎毒不食子的缘

故，而是考虑到齐王在北方军事防务当中所起到的重要作用。

老皇帝没有修理好这个恶棍似的儿子，朱允炆登基后，这个向来不知法纪为何物的衣冠禽兽似的皇叔当时36岁，比建文帝长11岁，属于长叔类，于是他就更加胆大包天了：你小皇帝算是什么东西？什么本事也没有，还不是我们这几个皇叔在北方边境上给你看着门，你才能当个太平的舒服皇帝，凭什么要老子给你卖命？老子也是高皇帝的龙种，也可以当皇帝啊！齐王越想越觉得自己与皇帝宝座的距离就差那么一点点了，于是开始干起了谋反的勾当。

齐王朱榑虽然是龙种，但实在不具备做政治家或阴谋家的"素质"，既没有城府，也不注意"团结"部下，让他们为自己造反当皇帝而卖命；相反他虐待手下人，异想天开地通过与燕王朱棣串通起来，密谋造反，以此来实现自己的帝王梦。

建文初年，正当齐王沉醉于美妙的帝王梦境之中时，手下人将他的阴事秘密地报告了新天子朱允炆。建文帝下诏，把齐王朱榑召到京师南京，废为庶人，并将他与另一个阴谋造反的周王朱橚关在了一起，于是大明皇家狼群中咆哮得最为凶狠的两匹豺狼只得"老老实实"地待在了南京皇家监狱里，直到朱棣"靖难"成功时才被放出。（《明史·诸王一》卷116）

山东的齐王够坏的了，可在山西还有一个比齐王还要坏的朱元璋播下的"龙种"——代王朱桂。

○ 朱元璋"一夜情"的"杰作"？为非作歹于大同的恶棍、色狼——代王朱桂

代王朱桂是朱元璋的第13个儿子，朱允炆的十三皇叔，洪武七年生，生母是谁？按照《明史》上的记载，她应该是郭惠妃，但按照野史和民间传说所述，代王的生母是个妓女。我们在《大明帝国》系列之3《洪武帝卷下》中已经讲过了，在此不再唠叨。上述两种版本中究竟哪个对？换句话来说，代王到底自哪儿产出的？恐怕只有去问朱元璋自己了。但有一点可以肯定，当年这"一夜情"不仅让他人爽了一回，而且还留下了一颗"好"种子。而朱皇帝似乎对这"一夜情"带出来的种子还蛮满意和蛮疼爱的。洪武十一年代王朱桂5岁时就被他风流老爸封为豫王，但没有马上就藩。洪武二十五年朱桂19岁时被改封为代王，并于当年正式就藩山西大同。

当时大明与元朝残余势力之间的战争时不时地还在进行，鉴于"南粮北运"的不易与艰辛，朱元璋下令代王朱桂在山西等地建立军队的卫所，实行军屯，以此来解决大明军饷北运的困难。洪武二十六年朱元璋又命20岁的代王朱桂率领代王府的护卫军士出塞，接受三哥晋王朱棡的指挥，共同打击蒙古。洪武三十一年，朱

元璋驾崩时,25 岁的代王朱桂已经是大明北方地区一位重要的军事统帅了。

朱桂个性上有三大特征:第一,极度风流。可能朱桂在这方面较多地遗传了他老爸朱元璋的德性——见到女人不论她是谁,想干就干;不过,他老爸见了美女还要讲点"政治原则",可这个儿子朱桂见了女人就掉魂,连身边的女仆他也要给她们喷撒雨露,播点种子。由于代王妃是只母老虎,她对代王外出看得很紧,于是代王朱桂只好来个"对内搞活",从代王府的下人中找乐,尤其那些侍女,个个年轻,长得不一定漂亮,但这不耽误玩啊。开始时代王朱桂"偷腥"还不太为人所知,但时间一久,连他的老婆也看出来了。要说这代王的老婆还真有来头,她是中山王徐达的小女儿。徐达的大女儿嫁给了朱棣,即后来的仁孝文皇后,她十分贤淑;可徐达的这小女儿与姐姐恰恰相反,她相当泼辣、骄横,而且还是个醋坛子。这倒与她老公代王朱桂配得上一对狗男女,不过,这一对狗男女也有矛盾。朱桂吃了"窝边草",可把徐达小女儿给气坏了,但她知道丈夫是什么东西,无赖、恶棍,找他是没得理可说的,她就拿代王府里被朱桂糟蹋过的那两个侍女出气,强迫她俩喝下油漆,她要看看现在成了哑巴的这两个小妖精还怎么能勾引她的丈夫啊。"最毒莫若妇人心",这女人发起狠来还真厉害!母老虎发威了,无赖丈夫朱桂也拿她没辙。(《明史·诸王二》卷 117)

代王朱桂第二个特征是为人凶狠,下手残暴,尤其是他的下人与佣人,要是服侍不好,他不是打就是杀。正因为如此,代王周围的人常常是朝不保夕,惶惶不安。

代王朱桂的第三个特征是"特有经济头脑",可能是他父亲朱元璋一夜情"应急发挥"所产生的特别效果,朱桂拥有相当的"超前意识"——金钱第一,他到处敛财。要是碰到不给的,他就打、砸、抢,甚至还杀人,看你们还有谁敢不给?所以说朱桂是个民愤极大的大坏蛋,是一匹充满血腥的豺狼。

建文帝登基那年,朱桂 26 岁,这个比侄儿建文帝大 3 岁的恶棍皇叔也开始蠢蠢欲动,密谋造反,但他没有他四哥朱棣那样善于伪装,加上平时任意胡为,积怨甚深。他刚想行动,有人就向建文朝廷密报,说代王朱桂图谋不轨。建文帝下诏,将这个为非作歹的十三皇叔废为庶人。(《明史·诸王二》卷 117)

朱棣"靖难"成功后,恶棍代王朱桂被"平反昭雪",可没过几年他又干出了杀人越货的勾当,弄得当时的大明朝廷都为之侧目。

就在朱桂作恶山西大同的前后,其下面依序有个同父异母的十四弟叫朱楧,也在西北的兰州做出了许多违法犯罪的事情来了。

○ 大明西北边地迟后发威与咆哮的豺狼——肃王朱楧

肃王朱楧是朱元璋的第 14 个儿子,朱允炆的十四皇叔,洪武九年生,生母是郜氏。洪武十一年朱楧3虚岁时被封为汉王。洪武二十四年，16岁的朱楧接受父亲朱元璋的命令，奔赴山东临清与辽王、谷王、庆王、宁王、岷王一起练兵。洪武二十五年朱楧被改封为肃王。第二年，18岁的朱楧告别父母，就藩本应该到甘州，但因为陕西等地的各卫兵士没有来得及组织好，老爸朱元璋让他暂住在平凉。两年以后才正式就藩甘州，皇帝老爸朱元璋让朱楧总理陕西行都司下属的甘州五卫的军务。洪武三十年朱楧接到朱元璋的新命令：让他督军屯种军粮，一旦与北方蒙古之间发生战争，长兴侯耿炳文协助并听从朱楧的指挥。

洪武三十一年即老朱皇帝死的那一年，朱楧23岁，比当时的大明第二位皇帝朱允炆大1岁，也许是年纪相近的人容易沟通的因素，也许是朱楧过去也没有什么过失的缘故吧，建文元年，朱楧向朝廷提出了将其藩邸内迁的要求，建文帝答应了，让他移居兰州。

但从后来朱楧的"表现"来看，这位肃王爷也不是什么好东西。不知为何事，肃王府有3个卫卒惹恼了肃王爷，结果被朱楧活活打死了；西域哈密因畏惧耀武扬威的大明军而主动示好，送来了良马等礼物，朱楧也居然一一"笑纳"了……虽然朱楧干的这些违法犯罪之事发生在强势皇帝朱棣当政时代，但我们换种思维来说事，如果不是朱棣谋反篡位，急骤赶走建文帝，文弱的书生皇帝继续当政下去的话，这位十四皇叔保不准要捅出更大的娄子来了，因此说朱楧是大明西北边地迟后发威与咆哮的皇家豺狼。（《明史·诸王二》卷117）

朱楧作恶兰州，远在万里之外的云南却在这之前经受了朱元璋的另一个龙子——岷王朱楩的折磨。

○ 藩地在云南的岷王朱楩找不到北了

岷王朱楩是朱元璋的第18儿子，朱允炆的十八皇叔，洪武十二年生，生母周妃。洪武二十四年，13岁的朱楩被封为岷王，藩地在岷州。洪武二十八年，有人提出云南收归不久，好多地方还不怎么安定，需要有军队驻扎，最好由亲王去镇抚。朱元璋接受了建议，将十八皇子朱楩改封到了云南。

朱楩要到云南去当藩王，可那里还没有藩王府啊，有关衙门就向洪武朝廷请示，准备调集大量的人力物力给朱楩在云南好好修造一个藩王宫殿；但朱元璋不同意，他下令叫朱楩暂住在棕亭，等过一段时间老百姓日子好过些了再开工营造。

朱楩性格可能遗传他老爸朱元璋凶残的一面比较多，与七皇兄朱榑、十三皇兄朱桂等更相似，凶狠残暴，横行不法。洪武三十一年老皇帝朱元璋驾崩后，这个比侄儿朱允炆还小2岁的皇叔突然间感觉好起来了，且好到了不能再好的地步——

找不到自己了。他认为:当今的皇帝是他的侄儿,虽说做叔叔的还比他小2岁,但毕竟是他的叔叔啊！我是谁？老爸朱元璋的亲儿子,当今皇上的亲叔叔,这个新皇帝见了我,还得行晚辈之礼。朱楩越想越找不到北,于是更加大胆了,什么违法乱纪的事情他都敢干。

朱楩的种种不轨行为尽管都是在天高皇帝远的云南干出来的,但南京城里的建文帝还是知道得一清二楚。镇守云南的西平侯沐晟(沐英的二儿子)看到朱楩图谋不轨,就上奏建文帝,列举他所犯下的罪过。建文帝接到奏章后下令,将岷王朱楩召回南京,废为庶人,后迁徙漳州。靖难战争后,朱棣夺得了皇位,马上将建文帝囚禁的那些恶棍、无赖藩王给放了出来,恢复了他们的爵号与封地。岷王朱楩回到了云南的藩邸,这下可更加骄横跋扈,无恶不作,当然这是后话。(《明史·诸王三》卷118,列传第6)

○ 谷王朱橞为皇兄朱棣开城门,"开"没了建文江山

谷王朱橞是朱元璋的第19儿子,朱允炆的十九皇叔,洪武十二年生,生母是郭惠妃。洪武二十四年朱橞13岁时被封为谷王,但因年幼而没有马上就藩。直到洪武二十八年三月朱橞17虚岁时,才正式就藩宣府(今河北宣化)。宣府,就是古代的上谷郡,故而朱橞的藩王号为谷王。

谷王朱橞是朱元璋晚年分封到北方边关重镇中最为年少的一个皇子,皇帝老爸朱元璋驾崩那一年,他只有19周岁。这个比侄儿皇帝还要小2岁的叔叔似乎对当时的政治还不是太懂或者说不敏感,因而,从洪武到建文新老皇帝之间的交替,谷王朱橞的表现好像不怎么"突出"。建文元年,朱棣在北平发动"靖难"叛乱,其真实目的十分明确,要的就是大明的帝位。而此时距离北平并不太远、建藩于宣府的谷王朱橞听到朱棣叛乱的消息后,他的反应与他同在北方边关前线的几个哥哥不一样,可能是年纪较小和没有经历多少世面的缘故,他马上就放弃了自己的藩府,逃亡到京师南京去,向比他大2岁的侄儿皇帝朱允炆汇报了北方骤然急变的情势。建文帝见到这个小叔叔还算"忠诚",于是将他留在了京城,委以重任。

谷王朱橞与辽王朱植是"靖难战争"爆发后唯独投奔建文帝的两个皇叔,但从朱橞来南京以后的"表现"来看,可以说是不尽如人意。这是客气话,客观地说,他对建文帝的江山社稷是成事不足,败事有余。朱棣"靖难军"逼近南京时,朱橞与李景隆急忙将坚如磐石的金川门打开。这金川门一开,可把建文帝的江山"开"没了。(《明史·诸王三》卷118,列传第6)这一点下面我们将要详细讲到的。

○ 马皇后管住五皇子朱橚的法宝:“御衣”和“御杖”

朱橚是朱元璋的第5个儿子,朱允炆的五皇叔,至正二十一年生,生母是碽妃。据野史与文人笔记所载,朱橚小时候十分顽皮,父亲朱元璋为他与其他皇子请了一位老师叫李希颜,那是一个极其严格的老学究,做事一板一眼,他可不管教的学生是不是皇子,就一股子劲地从严要求。朱橚当时年小但鬼点子多,经常给老师李希颜捣蛋。

有一次,老师李希颜逮住了朱橚,盛怒之下用毛笔管戳破了朱橚的额头。朱橚“呜呜”地哭到皇帝老爸朱元璋那儿。朱元璋心疼地摸着儿子的额头,越想越火:你李希颜原来是一个乡角落里的穷书生,是我大明天子看得起你,才把你请到了皇宫里来教皇子,我可不是叫你来打我皇子的,真是胆大包天了。朱元璋马上要处置李希颜,一直在旁边的马皇后连忙劝住,她开导朱元璋:“天底下哪有这样的事情,人家拿圣人之道来教育我们的儿子,而我们回过头来要对他发火?”经马皇后这么一说,朱元璋顿时火气消歇了,随即将李希颜升为左春坊右赞善。这时马皇后将朱橚叫到一边,狠狠地训斥道:“你身为皇子,理应好好学习,将来为国分忧。今天的事到此为止,下次你要是再搞什么鬼把戏、恶作剧的话,我绝不宽宥!”

尽管后来朱棣篡改的《明太祖实录》中,把马皇后说成是朱棣、朱橚的母亲,但其实不然,朱棣、朱橚的生母是碽妃,而马皇后是朱元璋的第一夫人,具有后宫的最高权威,皇子们没有见她不害怕的。这个朱橚经过马皇后的管教后来也就老实多了。

不过,查阅正史,上述故事的小主人公未被载明就是朱橚,而是某皇子。(《明史·李希颜传》卷137)

朱橚的情况,正史是这样记载的:洪武三年10岁的朱橚被老爸朱元璋封为吴王。但因他年纪小,也就没定好吴王的藩地。洪武七年,有关衙门向朱元璋请示:是否将朱橚的吴王藩地定在杭州?朱元璋予以坚决的否定:“杭州是我大明帝国的财税重地,怎么能封给亲王作藩地?”就这样,一直拖到洪武十一年才定下来,考虑到朱元璋称帝前已称过吴王,于是干脆将朱橚改封为周王。同时朱元璋命令朱橚和他的哥哥燕王朱棣及弟弟楚王朱桢、齐王朱榑等前往老家凤阳去学习军事与文化。洪武十四年朱橚21岁时正式就藩河南开封,以开封的宋宫作为周王的藩王府。(《明史·诸王一》卷116)

民间有句话,叫“三岁看到大,七岁看到老”。朱橚从小就不老实,现在要到开封去当地方上的藩王,从民间底层上来的马皇后十分担心这小子,怕他远离了父母以后就更要胡来了于是她叫人给赶制了一件“御衣”和一根“御杖”，命令宫中的江贵妃随同周王朱橚一同前往开封，马皇后向江贵妃交代清楚：“要是周王旧病复发，任意胡来，你就给我穿上这件‘御衣’，用这根‘御杖’代我狠狠地教训这个逆子！要是再不管用，你就上南京来告诉我，我来好好地修治他一番！”马皇后这样管制朱橚，朱橚到了开封以后还算老实。后来马皇后死了，朱橚少了一个管制他的人，老毛病就开始复发了。

○ 朱橚在开封 8 年待腻了，于是想到要“常回家看看”

洪武二十二年，已经在藩邸待了 8 年的朱橚可能是觉得在开封待腻了，不好玩了，想起了自己的老家凤阳乡下生活，于是就心血来潮地赶回了凤阳。朱橚的这个行为已经违反了朱元璋精心制定的《祖训录》的有关条规——藩王未经皇帝的许可不得擅自离开他的藩地。朱元璋听到了周王朱橚又在“乱来”的消息后十分恼怒，决定要把朱橚迁徙到云南去，但不知为什么后来朱皇帝放弃了这个念头，将他叫到南京来居住，至于开封周王府的事务就由周王朱橚的儿子朱有燉来处理。朱橚在南京住了两年多，可能老实些了，朱元璋才让他回到自己的藩地开封去。

○ 朱橚两个没想到：儿子会告发老子，文弱侄儿拿叔叔开刀

洪武三十一年朱元璋驾崩时，朱橚与他的四哥燕王朱棣处于 40 岁左右的中年，他们俩的兄弟感情不同于跟其他的皇家兄弟，因为同是一个母亲碽妃所生，年龄又仅差 1 岁，不存在年龄代沟问题，且同在北方从事对蒙古的战争事务，自然双方的来往也就比较密切。朱棣在暗中密谋准备造反，而这个弟弟也没闲着，也有“异谋”。就在这个节骨眼上，周王府内又发生了内讧，朱橚的二儿子朱有爋突然向建文朝廷告密，说他老爸朱橚正在密谋，打算与燕王、齐王、湘王等联合起来造反。(《明史·诸王一》卷 116)

这种突然的变局使得周王朱橚做梦也没想到，更没想到的是一向文弱的书生侄儿在推行“削藩新政”时首先拿他开刀，这是后话了，我们将在第四章里详述。

总之，上述这类朱允炆的皇叔都不是什么好东西，除了周王后来改弦更张、脱胎换骨重新做人外，其他几个藩王都是在做尽坏事后被强势皇帝朱棣收拾了，不过这等事都发生在永乐年间。在此之前即从洪武转向建文的那个年代，这些藩王要么蠢蠢欲动，密谋造反；要么坏事做绝，恶贯满盈，让人一看便知其为大明帝国的危险分子。其实对于大明第二位君主朱允炆来说，最危险的还不是这些坏蛋叔叔，而是那些具有天大野心又深藏不露的皇叔叔。

◉ 第五类：对朱允炆帝位具有最大威胁却深藏不露的皇叔藩王

这一类共有 3 人，其分别是湘王朱柏、宁王朱权和燕王朱棣，实际上他们是朱允炆帝位的最大的威胁者。因为城府极深，老皇帝当政时，他们表现为乖乖孩，好藩王，但皇帝老爸一躺下，这类皇子可来劲了，首先他们活动活动心眼，对南京城里的皇帝宝座充满了无限的遐想，压根儿就没把侄儿皇帝朱允炆放在眼里，但他们不像上一类的诸藩王那样表现拙劣，行为乖戾或作恶多端，而是表现出极好的"涵养"，加上心机多，所以没有马上行动，而是采取"投石问路"的方法开始暗暗地叫板起侄儿皇帝，这类藩王中第一个"吃螃蟹"的就是朱允炆的十二皇叔湘王朱柏。

○ 皇帝老爸朱元璋一躺下，韬光养晦的"紫虚子"湘王朱柏终于按捺不住了

湘王朱柏是朱元璋第 12 儿子，朱允炆的十二皇叔，生母是胡顺妃，洪武四年生，洪武十一年朱柏 8 虚岁时被他老爸朱元璋封为湘王。洪武十八年朱柏 15 岁就藩，藩地在荆州。

在普遍尚武的大明初年皇家兄弟中，朱柏与他的同父异母哥哥、朱元璋的第 11 皇子朱椿倒是有点相似，他从小就胸怀大志，以天下安危为己任，常常勉励自己将来济世安民。为此，他极为勤奋好学，小小年纪经常读书读到深更半夜才上床休息。就藩荆州后，他在自己的湘王府里修了一座十分典雅的景元阁，招纳优秀的文人学士到那里，与他们在一起探究学问，校核、整理并刊出中国古代文化典籍，目的在于从中汲取治国安邦之经验。(《明史·诸王二》卷 117)

朱柏虽然与十一皇兄朱椿很相似，好学儒雅，重视文化；但他们之间也有区别，朱柏与朱椿最大的不同就在于，朱椿似乎更加文弱一点，而朱柏则不然，他"膂力过人"，十八般武艺几乎样样精通，尤其擅长在马背上舞刀弄枪，还有百步穿杨的射箭好功夫。因此完全可以这么说，朱柏是大明初年诸子藩王中一位杰出的军事人才，其本领绝对不亚于后来篡位上来的四皇兄朱棣，但他又不像朱棣那样尚武，难能可贵的是朱柏文武双全，这么有才的皇子藩王恐怕是在大明诸子藩王中还真找不出第二个来。

据史料记载来看，在"文"方面，湘王朱柏不仅好交文人朋友，优待文人学士，收集与整理文化古籍，而且还表现为对读书极度的爱好，甚至可以说读书成为他生活中的一种嗜好，即使是上前线打仗，他还手不释卷。

洪武三十年五月，朱柏接受父皇朱元璋的谕令，协同六皇兄朱桢率师出击古州

叛乱诸蛮。就在战斗前线，出入军营视察作战阵地时，朱柏还身背书囊，一遇闲暇就取出书来细心阅读，用今天话来说，他简直就是一个“书痴”。要知道，在战争前线，弓箭之类的远程武器是不长眼睛的，如果说昔日在湘王府里朱柏吟诗弄月、招揽文人骚客略有政治作秀之嫌的话，那么在战阵前沿，命悬一线之际，他还是这般好学恐怕不是装所能装得出来的。可惜他的好学并没有为自己“捞来政治好处”，老爸朱元璋似乎光注意到了“蜀秀才”朱椿而没有更多留意这个“湘秀才”。

朱柏常常探幽访古，每每遇到山水胜境就要驻足徘徊好几天，他喜欢阅读道家的书籍，向往道家远离尘世的清修生活，为此，他还自己取了一个“紫虚子”的道家法号。

从外表来看，文武双全的湘王朱柏如此之行为似乎表明他已跳出了六尘外，但这是假象，他在韬光养晦，等待时机。

从洪武转向建文，朱柏表现得十分平静，其实他的内心恰似翻江倒海似地折腾着。大约等了一年，也就是到了建文元年四月时，湘王朱柏终于憋不住了，先是伪造大明宝钞，见没人把他怎么的，他的胆子渐渐大起来了，手下有人劝他不要这样，湘王哪听得进去，一怒之下将那人杀了。而此时建文朝廷早已开始了“削藩”行动，湘王的不法行为很快就被建文朝廷侦察到，并受到了严厉的斥责。（【清】傅维鳞：《明书·建文皇帝本纪》卷 4，丛书集成本）

就在这时，28 岁的朱柏又卷入了一场政治大漩涡——朱棣密谋造反事件。建文帝登基即位后，燕王朱棣就很不买账，在暗中加紧策划，让周王朱橚、湘王朱柏等诸藩王跟他一起起来造反，燕王府还派出秘密使者前往荆州去，联络湘王朱柏，朱柏似乎未置可否。但不巧的是，这件事情被人知道了，有人向建文朝廷密报，说朱柏与朱棣相勾结，密谋造反。

建文帝随即派了官员到荆州来调查和审问，朱柏见到朝廷的调查员来了，立马意识到自己与燕王谋反事件脱不了干系了，再怎么说自己也说不清；而想要说清楚，就非得要让法司部门的官员“好好地”审问一番，朱柏受不了，他说：“我在洪武年间曾经见过那些被逮起来问罪的人，他们饱受法司官员的侮辱，我是高皇帝的亲骨肉，岂能忍受此等奇耻大辱！”打定主意，朱柏关上湘王府的大门，最终来了个“阖宫自焚”。

建文帝听到湘王自焚的消息后，心里难受了好一阵子，最后还是下令取消了湘王的藩号。朱棣当上皇帝前后，利用湘王之死大做文章，永乐年间他给十二皇弟朱柏的谥号为“湘献王”，并建了祠堂以祭祀。（《明史·诸王二》卷 117）

湘王之败原因很多，同为老皇帝的龙种血脉中的“佼佼者”对此还是心知肚明的，政治上的不成熟与盲动意味着在皇家帝位抢夺战中的自取灭亡，素有"善谋"之誉的宁王朱权和"胸怀大略"的燕王朱棣一直在暗中蛰伏着、算计着。不过"宁王善谋"却似乎是空有其名，因为他首先就被人算计了。这究竟是怎么一回事？

○"燕王善战，宁王善谋"，孰是孰非？

宁王朱权是朱元璋的第17儿子，朱允炆的十七皇叔，洪武十一年生，生母是朱元璋的妃子杨氏。洪武二十四年朱权刚满14岁时就被封为宁王。过了两年，16岁的朱权离开了绿肥红瘦的南国来到了白雪皑皑的北方，正式就藩大宁（今辽宁锦州附近）。大宁位于喜峰口外，东连辽西，西连宣化，自古以来这里是兵家必争之地。从当时的情势来看，在与朱权一起受封北部边疆的差不多都是同龄的藩王当中，比朱权大4岁的13皇子朱桂，被封在了大同；比朱权大2岁的14皇子朱楧被封在了甘州，他们都没有被安置在北方前线最为紧要的军事要塞上，而当时只有16岁的朱权及比他大1岁的15皇子朱植却被他们的皇帝老爸朱元璋分封在大宁和广宁这两个极为重要的边关重镇，由此可见宁王朱权与辽王朱植在他们的皇帝老爸眼里不同于一般，想必其能力与天赋也是出众的。由于皇帝老爸朱元璋看重，史书记载，当时宁王朱权镇守大宁时，"带甲八万，革车六千，所属朵颜三卫骑兵，皆骁勇善战"。当然朱元璋给这个17皇子配置这样的军事武装绝不单单是他偏爱朱权，而是因为这个宁王朱权能力非凡。他依靠这支强大的军事武装，充分发挥自己的聪明智慧，与其他藩王一起出塞打击蒙古，取得了很大的胜利，所以当时在军队流传着这样的说法："燕王善战，宁王善谋。"（《明史·诸王二》卷117）

到洪武三十一年朱元璋驾崩时，年仅21虚岁的宁王朱权已经是一员威风八面的军事统帅了。而新即位的皇帝朱允炆是自己的侄儿，从表象来看，这对宁王朱权来说应该不是一件坏事，但问题是这个叔叔又比皇帝侄儿小1岁，这样尴尬的事实使得大明帝国在老皇帝朱元璋驾崩后的政治局势变得更加复杂。

从宁王一生来看，他个人很有才气，具有军事天赋与战争谋略。20岁刚出头就是勇冠三军的军事统帅，又是龙种，他绝不是甘居于人下者，或许说，他极有可能是深藏不露的未来皇位争夺者。但不久爆发的"靖难"战争打碎了宁王的政治雄心之梦，由此也就改变了宁王的人生轨迹。

那么，这个改变宁王朱权人生轨迹的人究竟是谁？

燕王朱棣！

○"潜力股"朱棣——最有本事的阴谋家

据正史记载，燕王朱棣，至正二十年生，生母是马皇后，但实为碽妃。关于朱棣身世之谜，我们在《大明帝国》系列之7《永乐帝卷上》里已作展开，这里仅简单地说说。朱棣不是马皇后所生，他在明朝高产皇帝朱元璋的26个儿子中排行第四，在他的前面还有3个哥哥，即老大朱标太子，老二秦王朱樉，老三晋王朱棡，这三位仁兄不仅排行在前，而且他们还是"嫡出"，即正史所说的马皇后所生（但有人考证说，马皇后没生育过，3子皆由李淑妃所生，详见吴晗《明成祖生母考》），这比庶出的朱棣占了很多的优势。那时的人们或许谁也不会预料到，在有这么多的"嫡出"皇兄的情形下，朱棣这么一个庶出皇子后来居然能当上大明帝国的天子。

洪武九年（1376），朱棣等皇子被送到中都凤阳去，跟随当时大明帝国顶尖军事将领徐达、傅友德等人学习军事，同时又让他们继续接受文化知识教育。但朱棣、朱樉、朱棡等皇家兄弟似乎对军事更着迷，这些本来就是要培养成守疆护土的军事统帅的诸子藩王们不负父皇朱元璋的厚望，几年之后个个都成为威风凛凛、独挡一方的年轻将帅。尤其是朱棣，可能是庶出的因素，他表现得十分低调，为人处世谨小慎微，一门心思提高自己的军事本领，与骄傲自大的诸王子相处，他总能让着、顺着，由此赢得了一生疑心重重的老皇帝朱元璋的认同与好感，大明皇家中起初并不为人注意的"潜力股"就此培育起来了。

○ 朱棣已经是藩王了，胸怀大志意味着什么？

洪武三年（1370年）乙丑日，明"太祖封建诸子，以燕旧京且近北虏择可以镇服者，遂以封上（指朱棣，笔者注）。（洪武）十三年三月壬寅之国。上貌奇伟，美髭髯，举动不凡"（《明太宗实录》卷1；《奉天靖难记》卷1）。明代官书的这段记载是说：朱棣相貌奇特英伟，有一对漂亮的八字胡。换句话来说，当年朱棣是个大帅哥。心理学研究表明，外表俊秀的人往往十分自信，朱棣当然也不会例外。而据流传下来的正史来看，朱棣的优势还不止于此，他智勇双全，胸怀远大志向与韬略（《明太宗实录》卷1）。问题是朱棣已经是藩王了，一人之下，万人之上，那么比藩王更大的远大志向又将是什么呢？一切都不言而喻了。

以上这些说法基本上都是我们从朱棣后来当了皇帝以后清洗过的所谓的"正史"记载中得来的，换言之，这是站在朱棣的立场上说的。如果我们以价值中立的角度来看朱棣，那么他就是一个潜在的危险的野心家和阴谋家。历史往往出现了这样的"悖论"：人们不希望或努力要消除的，但事实上恰恰又出现了。朱元璋费尽心机甚至可以说是丧心病狂地灭绝开国功臣，目的就是要把大明帝国的潜在危险消除到零状态。但自从他实行大分封的那一刻起，大明帝国就置身于一座随时都会引爆的火药库上，而这个燕王朱棣就是当时老皇帝朱元璋亲自埋下的最为危险、最为隐蔽的重磅炸弹。读到这里，有读者可能要问了，一生精明过人的朱元璋难道没有觉察到吗？

○“好弟弟”、“好儿子”、“好臣子”，又是军事家、政治家和阴谋家

没有！或者说朱元璋基本上没有觉察到。之所以有这样的结果，一方面是由于朱元璋治国安邦的某些错误认知所导致的，即在他看来，欲使大明长治久安，就必须铲除具有巨大潜在危险的异姓功臣勋将，将大明江山全交给自己的亲骨肉；另外一方面由于朱棣个性中有着极深的城府，他善于伪装和作秀，刻意将自己打扮成一个“孝子贤臣”，忽悠了老辣又多疑的老皇帝朱元璋。不过，话得说回来，朱棣也确实是“有才”，洪武十三年，就藩北平以后，在大明帝国优秀军事将帅徐达、傅友德等人的帮助下，朱棣与他的几位兄弟一起出色地守卫着大明的北疆。其中最有影响的就要数洪武二十三年对北元残余势力的军事战斗了。

为了肃清蒙古地区的元朝残余势力，朱元璋在大明帝国建立之际就开始了北伐与“清沙漠”行动。（洪武四年五月乙亥日，朱元璋在“免两浙秋粮诏”中首次使用“北清沙漠”，见《明太祖实录》卷 65）不过洪武前期的“清沙漠”行动都是由大明异姓开国功臣将帅主持的，但到了洪武中晚期以后，朱元璋逐渐地重用他的龙子藩王担当起“清沙漠”的军事统帅了。

洪武二十三年，朱元璋下令由晋王朱棡和燕王朱棣节制并指挥大明北部边境的各路兵马，共同进攻元朝残余势力乃儿不花。那是农历三月份，“胡天三月仍飞雪”。朱棣他们冒着漫天大雪，出其不意地进军到乃儿不花的驻营地迤都山，给乃儿不花来了个措手不及，俘“获乃儿不花及其各王酋长男女数万口，羊马无算，橐驼数千”（《明太宗实录》卷 1）。朱元璋听到北方传来的捷报后，极为高兴地对群臣说：“清沙漠者，燕王也！朕无北顾之忧矣。”（《明太祖实录》卷 201）

据《明太祖实录》和《明太宗实录》记载来看，朱棣这次北伐可谓是出尽风头，而向来也十分勇猛的三哥晋王朱棡却表现得十分胆怯。战后朱棣名声大噪，威风八面，由此引来了三哥晋王朱棡的妒忌。朱棡开始盯上了四弟，派人到北平去刺探燕王的言行，朱棣忍而不发。于是晋王朱棡更加猖狂了，有一次朱棡与朱棣同上京师南京去朝觐，气度狭小的朱棡肆意怒骂和侮辱了四弟朱棣，作为弟弟的朱棣居然十分大度，不与他哥哥一般见识，借口有病就一个人先回北平去了。但晋王还不罢休，竟然又派人到燕王府去窥视四弟朱棣的动静，并向老爸朱元璋打小报告，说燕王如何不好，但朱棣却始终不与三哥计较。（《明太宗实录》卷 1）

朱棣的“大度”更加表现出了天生帝王之才的“良好素质”，当然光有这种良好

素质是不够的，还必须在政治上与当权的老皇帝保持高度的一致，或者说至少应该做皇帝“老爸”的“好儿子”、好臣子，而朱棣又全做到了。

洪武二十八年(1395)九月，朱棣听说了北平永清卫军屯的田地里生长出了“嘉禾”。所谓的嘉禾就是颗粒特别大一点的庄稼棵穗，在今天看来这是件普通得再也不能普通的事情了，但在古时候那是件非常了不得的事，全靠皇帝治理天下好了才出现的这样的“瑞祥”，也只有地方上治理得好才会有这样的“天赐之物”。因此向皇帝进献“嘉禾”是件“双赢”的事情，朱棣岂能错过这种绝佳的自我表现的机会呢?为此，他叫人从地里采了8株嘉禾送到南京去，赶紧向皇帝“老爸”朱元璋报喜啊。果然，明皇宫内“群臣表贺，太祖大喜，为诗一章赐之”(《明太祖实录》卷240;【明】高岱:《鸿猷录·封国燕京》卷7)。

如此“光灿灿”的历史，表明了燕王朱棣是个“特有才”又有远大韬略的杰出的领袖级人物，更是一个重农爱民的好藩王和皇帝“老爸”朱元璋的“好儿子”、好臣子。

但实际情形恰恰相反。尽管以《明太祖实录》和《明太宗实录》为代表的所谓的“正史”已经过朱棣及其御用文人的全方位“清洗”，但我们还是能从一些蛛丝马迹和旁证史料上看出真实的朱棣是如何做他的燕王的。

洪武二十年(1387)，朱元璋任命冯胜为征虏大将军，傅友德、蓝玉为左右副将军，率明军200 000人，出关进兵辽东，逼降东北地区北元残余势力纳哈出。军事胜利后，身为朱标太子妃的舅舅、明军将帅蓝玉居然莫名其妙地讨好起燕王朱棣来了，因为他知道燕王朱棣喜欢骑马驰骋，便将自己从纳哈出那里得到的一匹名马送给了燕王。谁知，就此惹恼了燕王，朱棣不仅没收了那匹名马，还狠狠地教育起蓝玉来了:“你身为大明的将军，难道不知战场上所俘获的就该交予朝廷，怎么能作为自己的物品私自送人呐，这难道是一个尊君孝父的臣子所应该做的吗?”据说蓝玉被羞得无地自容，从此他与燕王之间结下了芥蒂。后来蓝玉就偷偷地跟太子朱标说:“燕王在国，抚众安静不扰，得军民心。众咸谓其有君人之度。……又闻望气者言，燕地有天子气。”(《明太宗实录》卷1)

一个屡次被高皇帝训斥而命悬地狱一线却又粗鲁得浑然不知的武夫，在朱棣及其御用文人的笔下顿时变成了一个细致入微之人，朱棣在正史上的蹩脚的作假已经到了令人作呕的地步了。其实朱棣后来钦定的这些所谓“正史”无非是要向后世人们表白:被分封在北平的“战功赫赫”又胸怀大志的燕王朱棣不仅是一个宽宏大量、不与“妒忌成性”和“贪生怕死”的三皇兄朱棡一般见识的好弟弟，而且还是敢于向“太子党”人叫板的“讲政治”、“讲原则”、“讲大局”的好臣子。

○ 三个嫡出皇兄的突然薨世让庶出皇子朱棣兴奋不已?!

朱棣的韬光养晦之策略一直坚持到了洪武二十四、二十五年，从那时开始，由于一系列突发的事件的爆发，使得“雄才大略”的朱棣快要按捺不住内心的欣喜了。

先是洪武二十四年他的二皇兄朱樉犯错，被皇帝老爸朱元璋召回到京师南京，并且还被禁锢起来，后来由于太子朱标替弟弟朱樉求情，朱樉才得以重回自己的藩地。接着三皇兄朱棡也犯错了，私自离开藩地，跟着大哥朱标回南京，也被皇帝老爸好好地训斥了一番。这时，在朱元璋的这些比较年长的皇子藩王中大概就四子朱棣没出过错。朱棣政治表现中的第一步骤——成为皇帝“老爸”的“好儿子”做到了。

而接下来大明皇家发生的一系列的变故更使“雄才大略”的朱棣内心兴奋不已。洪武二十五年朱标太子的突然病逝，第一次大大地激活了原本抑制在朱棣内心最深处的政治野心。据“正史”史料来看，朱标死后，朱元璋本来是要立朱棣为太子的，但由于老臣刘三吾的规谏而改主意了(《明太宗实录》卷1;《明史·刘三吾传》卷137)。

洪武二十五年四月丙子日，“太子薨，太祖愈属意于上(指朱棣)。一日召侍臣密语之曰:‘太子薨，长孙弱不更事，主器必得人。朕欲建燕王为储贰，以承天下之重。庶几宗社有托。’翰林学士刘三吾曰:‘立燕王，置秦、晋二王于何地?且皇孙年长，可继承矣。’太祖默然。是夜，焚香祝于天曰:‘后嗣相承，国祚延永，惟听于天耳。’遂立允炆为皇太孙。”(《明太宗实录》卷1)

我们暂且不去讨论这段史料的真假，但它至少向我们透露出了，朱标之死给朱棣带来了走向大明帝国未来君主宝座的希望，这是可以肯定的。事情的发展到此还没有打住，洪武二十八年朱棣的二皇兄朱樉突然薨世，洪武三十一年三月也就是老皇帝朱元璋驾崩之前的三个月，朱棣的三皇兄朱棡又薨世了。至此，朱棣前面的3位嫡出兄长一个也不在了，而马皇后所生的皇子也就这3个，其余的皇子都是庶出。按照中国古代皇位继承的“有嫡立嫡，无嫡立长”的法则，如果没有已故的朱标太子的儿子朱允炆继承皇位，那么朱棣已经是庶子当中的老大了，此等情势就更加刺激了朱棣那颗本来就不安分的心，使其兴奋不已。

不仅朱棣的非分之心随着3个皇兄戏剧般地依次谢世而被一次次地“激活”，而且连那个从小就不“本分”且还不太懂“政治”的朱棣同胞兄弟周王朱橚及其他皇子兄弟也开始蠢蠢欲动了，尤其周王更是迫不及待，他在暗中与燕王、齐王、湘王等相联合，打算相互呼应，密谋将侄儿皇帝朱允炆从大明帝国君主的位置上赶下去。

凡是看过《动物世界》的朋友都可以想象，此时的大明皇位争夺与保卫就如同非洲大草原上的一群凶残的土狼正在暗中蛰伏，随时准备掠杀那只无辜的羔羊。不容多说，我们现在讲的那只羔羊就是明朝第二位皇帝朱允炆。

皇家狼群中的“小羔羊”——文弱的帝国皇储朱允炆

朱允炆是明朝开国皇帝朱元璋的孙子，朱标太子的第 2 个儿子。虽然朱允炆的父亲朱标很早就被朱元璋立为了皇位继承人，但在这位皇位继承人的儿子当中朱允炆不是长子，朱允炆前面原来还有个哥哥叫朱雄英，所以按正常的皇位继承程序来说，应该是朱标继承朱元璋的皇位，朱雄英继承朱标的皇位，而位居朱家长房老二的朱允炆是没有机会继承皇位的。

但大明帝国初期的皇家这段历史颇为奇怪，朱家的特征用我们老百姓的话来讲是“长房不旺偏房旺”。更为令人好奇的是，朱元璋的长房后代子孙越是小辈越是比他的父辈“走得快”。先是朱标的长子朱雄英生下来后没活几年就死了，走在了朱标的前头，接着朱标又走在朱元璋的前头。如此的“天灾”变局使得算计了一生的雄主朱元璋实在措手不及，也使得本来很有可能在皇家大院内以探究学问来度过自己一生的文弱书生朱允炆一下子从历史的后台走向了历史的前台。

◉ 太子“二奶”生的“半边月亮”

朱允炆生于洪武十年(1377)十月，母亲是太子朱标的“二奶”。朱标原有正妻即太子妃常遇春女儿常氏，这个常氏就是朱标的长子、朱元璋的长孙朱雄英的母亲。而朱允炆的母亲吕氏是后来官为太常寺卿吕本的女儿，这个吕氏最初“嫁给”太子朱标时是地地道道的“二奶”，当时称之为“宫人”，因此说朱允炆也是庶出而不是嫡出，实际上与朱棣等人身份相同。正因为如此，所以朱允炆刚出生时很不受人重视，生下来一年多后才有名字。也就是在洪武十一年十一月太子妃常氏薨世后，朱允炆母亲吕氏由宫人升格为太子妃，这时皇爷爷朱元璋才想起自己的皇太子还生有一个皇孙，于是赐名为朱允炆。朱允炆 6 岁时，他的同父异母哥哥朱雄英死了，16 岁时他的父亲朱标薨世，因此说朱允炆的早年也很不幸。(【清】傅维鳞:《明书·建文皇帝本纪》卷 4，丛书集成本)

朱允炆之所以一出生就没受重视，除了母亲地位低以外，还有一个原因，据说，他刚生下来的时候，头顶骨歪得很厉害，整个头型看上去像个弯弯的月亮。皇爷爷朱元璋看到孙子这番模样就很不喜欢，曾经一边轻轻地抚摸着朱允炆的头，一边叫他为“半边月亮”。老朱皇帝十分迷信，总担心这个孙子将来不得善终。(【明】黄瑜:《双槐岁钞·咏初月》卷2，中华书局1999年12月第1版，P35-36;【明】蒋一葵:《尧山堂外纪·国朝》卷78;【清】褚人获纂:《坚瓠三集·半边月》卷1)

但长相并不太雅的朱允炆却天性文弱、孝顺。洪武二十三年他14岁时，父亲朱标身上长了一个大大的疖子，疼痛难忍。(朱允炆)“侍侧含泪抚摩，昼夜不暂离”(【明】赵士喆:《建文年谱》卷上，何炳松主编:《中国史学丛书》，商务印书馆1934年版，P14，以下略;《明史·恭闵帝本纪》卷4，本纪第4)。即讲朱允炆不分白天黑夜地侍候在父亲朱标病榻前，不离一步。最终朱标病好了，朱允炆自己反倒骨瘦如柴。皇爷爷朱元璋看到这样的一对父子，颇有感慨地说:“有子孙如此，朕复何忧?”(【明】赵士喆:《建文年谱》卷上)

朱允炆还有一个优点:人很聪明，喜欢读书。史书是这样说朱允炆的:“少聪慧慈仁，性至孝，好读书。侍宴命题赋诗立就，太祖深爱之。”(【清】傅维鳞:《明书·建文皇帝本纪》卷4，丛书集成本)

洪武二十四年，即朱允炆15岁那年，刚好是皇爷爷朱元璋60岁大寿，朝廷内外文武百官都忙着准备给皇帝朱元璋送一份像样的寿礼，朱允炆不慌不忙地将自己平日的嗜好用上了，他挑选了几百枚精妙绝伦的南京雨花石，将它们拼凑起来，镶嵌成了“万寿无疆”等几个遒劲有力、流光溢彩的大字，作为一份特殊的寿礼送给皇爷爷朱元璋，顿时受到满朝文武的啧啧称赞，也赢得了皇爷爷朱元璋的好感。自此以后，朱元璋对朱允炆更是刮目相看。

然而，迷信十足的朱元璋心目中的那个死结还没打开——总担心这个长相不雅的皇孙没有好结局，于是就用对诗的方式来预测一下他的未来。

有一天晚上，在明皇宫里朱允炆和他的父亲朱标正侍立在朱元璋的身边，朱元璋抬头望见一轮新月高挂天空，顿时来了灵感，就以新月为题材，要求朱允炆与他的父亲朱标各赋诗一首。据说，朱标的诗是这样:

昨夜严陵失钓钩，何人移上碧云头。

虽然不得团圆相，也有清光遍九州。(【明】梁亿:《遵闻录》)

朱标刚吟完诗，朱允炆接上来了:

谁将玉指甲，掐破碧天痕。

影落江湖里，蛟龙不敢吞。(【明】黄瑜:《双槐岁钞·咏初月》卷2，中华书局1999年12月第1版，P35-36;【明】蒋一葵:《尧山堂外纪·国朝》卷78;【清】褚人

获纂《坚瓠三集·半边月》卷1)

如果纯粹从文学创作角度来讲,朱标、朱允炆父子俩的"答诗"称得上是才思敏捷,但缺乏蓬勃的活力,更别提那气吞山河的帝王之气了,尤其那"不得团圆"、"影落江湖"之语在迷信十足的朱元璋看来那是不吉之兆,所以他听后就一直闷闷不乐。(【明】吕毖:《明朝小史·建文纪·蛟龙不敢吞》卷3;【明】赵士喆:《建文年谱》卷上;【清】褚人获纂:《坚瓠三集·半边月》卷1)

现在我们没有更多的史料来考证到这段类似谶语式的对诗是真还是假。但不争的事实是后来朱标走在他父亲朱元璋的前头,那是一场意外的"天灾",而朱允炆的不幸结局却不是自己的错,完全是他那个魔鬼般凶残的四皇叔朱棣制造的。如果要从根本上来讲,那是将皇位传给他的皇爷爷一手种下的苦果。若要说朱允炆有错的话,那也是他"仁弱"的性格所"招惹"的。

说到这里,读者朋友可能要问:为什么强势皇帝、铁腕雄主朱元璋竟然会找了这么一个文弱的书生朱允炆来继承皇位?

◉"国本"立了25年,可最终回到了原点——太子朱标之死

其实,朱元璋在大明开国之时就已经考虑好自己百年之后的事情了。他吸取了历史上皇位继承的经验教训,洪武元年,在大明开国那天朱元璋就宣布了朱标为未来皇位的继承人。他在给朱标太子的册文里是这样说的:"国家建储,礼从长嫡,天下之本在焉。朕起自田野,与群雄角逐,戡定祸乱,就功于多难之际,今基业已成,命尔标为皇太子……尔生王宫为首嗣,天意所属,兹正位东宫,其敬天惟谨,且抚军监国,尔之职也;六师兆民,宜以仁、信、恩、威,怀服其心用,永固于邦家,尚慎戒之。"(《明太祖实录》卷29上)

正因为将未来的皇位继承人看做是治国安邦的根本,所以朱元璋极为重视对朱标太子的文化素养与道德品质教育。他在南京明皇宫里建了大本堂,收集天下古今图书典籍,延聘了宋濂、刘基、李希颜等名儒学士充作朱标太子的老师,挑选德才兼备之士给朱标作伴读。

洪武十年六月,朱元璋"命群臣自今大小政事皆先启皇太子处分,然后奏闻"。即有意识地让朱标开始参与国政,并跟他这样说道:"人君治天下,日有万机,一事之得,天下蒙其利;一事之失,天下受其害。自古以来,惟创业之君,历涉勤劳,达于人情,周于物理,故处事之际,鲜有过当。守成之君,生长富贵,若非平昔练达,临政少有不谬者。故吾特命尔,日临群臣,听断诸司启事,以练习国政,惟仁则不失于躁

暴，惟明则不惑于邪佞，惟勤则不溺于安逸，惟断则不牵于文法。凡此皆以一心为之权度。苟无权度，则未有不失其当。”(《明太祖实录》卷113)

洪武二十四年三月，朱元璋又向皇太子朱标发出这样的谕旨：“人君之有天下者，当法天之德也。天之德刚健中正，故运行不息。人君体天之德，孜孜不倦，则庶事日修；若怠惰侈肆，则政衰教弛，亏损天德，而欲长保天位者，未之有也……尔等当克勤克慎，他日庶可永保基业。”(《明太祖实录》卷208)

同年八月，朱元璋命朱标巡抚陕西，据说是为了考察未来都城迁移的事宜。朱标不负父皇之厚望，出色地完成了使命，临回来时向父皇朱元璋进献了陕西地图。所有这些都清楚地表明，朱元璋将朱标当作了永保大明基业的接班人，而朱标尽管与父亲朱元璋在个性方面的差异很大，治政也有着很多的意见分歧，但不可否认，他还是朱元璋心目中理想的皇位继承者。

但后来的历史却与皇帝朱元璋开了天大的玩笑。就在从陕西一路风尘仆仆赶回南京之际，本来就身子骨单薄的朱标偶感风寒，病倒了。洪武二十五年四月二十五日，39岁的朱标太子带着他父亲无限的厚望，撇下朱允炆等五六个尚未成年的儿女，驾鹤西去。后葬于明孝陵之东，谥号懿文。(《明太祖实录》卷220)这对一心欲使大明帝国稳如磐石和长治久安的老爸朱元璋来说无疑是致命的打击。

朱标死了，苦心经营了二十五年的大明“国本”没了，老皇帝朱元璋面临着重新选择皇位继承人的问题，大明帝国的皇位继承问题又回复到二十五年以前的原点上了。

◉ 中国历代皇位继承的“游戏规则”

当时的朱元璋必须面对的皇位继承的“游戏规则”有三个：

第一，兄终弟及法。中国历史上的夏、商两代较多实行的是这种王位继承法。这种君位继承法的优点是长君主政，从表象来看似乎可以避免幼主继位所带来的权臣弄政和外戚干政的祸乱，但实际上这种君位继承法也是麻烦多多。当了皇帝以后的兄长一般都不大愿意将自己的君位传给兄弟，总要千方百计地传给自己的儿子，这就引发了皇位继承的争夺战。所以自西周以后，中国历代君位继承就确立了嫡长子继承制，但这并不意味着兄终弟及法完全退出了历史舞台，而是有着很多的反复，宋朝开国皇帝赵匡胤与他的弟弟赵光义之间的皇位传承就是一个典型的例子。

北宋建立以后没多久，宋太祖赵匡胤的母亲杜太后生了一场病，病得很厉害。

作为儿子赵匡胤亲自以汤药侍奉着母亲，不离左右。由于赵匡胤等人细心的照料，或许是看到儿子的孝顺而心理上得到更多的宽慰，后来杜太后的病情逐渐有所好转，她马上宣召宋朝开国重臣赵普进宫去接受懿命，并且问起了侍候在身边的宋太祖赵匡胤："皇儿啊，你可知你为什么能取得天下，当上皇帝呀？"赵匡胤回答说："全仗我们赵家祖上和您太后的恩德！"杜太后不以为然，她说："你说得不对。根本的原因就在于后周国君周世宗柴荣将皇位传给了一个小孩子，要是当初他有成年的皇位继承人继位的话，你怎么能有现在这样的权位呢！所以说，你百年以后，应当将皇位传给你弟弟光义，光义百年以后就把皇位传给你们的小弟弟光美，而光美之后再传给你的儿子德昭。天下博大宽广，如果册立了年长的君主，那才是国家社稷之福啊！"赵匡胤痛哭流涕地说："儿怎么敢不听母后的教诲啊！"杜太后又回过头来对赵普说："你给我一同记住我的话，不准违背！"赵普就在杜太后的病榻前写下了誓书，并在誓书的末尾署上了"臣普记"，接着就将誓书藏在金匮里，命令宫中言行严谨缜密的宫人认真掌管着。(【明】陈邦瞻：《宋史纪事本末·金匮之盟》卷10)

开宝九年冬十月，宋太祖赵匡胤得了一场病，壬午那天夜里，他下诏让弟弟赵光义进宫，想交代一下后事，但左右近侍都不得在边上旁听。这时，有人远远看见烛光底下晋王赵光义忽儿离席站起来，好像是在向哥哥作谦逊避让的举动。赵匡胤手持柱斧砍在地上，大声说道："你好自为之！"不多一会儿，宋太祖赵匡胤驾崩，这时已是四更天了(将天亮)。赵匡胤的正妻宋皇后见到赵光义在宫中，她极度惊讶，但又马上反应过来，跟小叔子赵光义说："我们母子身家性命全掌握在您手中啦！"赵光义哭着说："我们共保富贵，皇嫂千万不要有什么担心啊！"(【明】陈邦瞻：《宋史纪事本末·金匮之盟》卷10)

有关赵匡胤与赵光义之间的帝位交替在历史上存在着很多说法，我们不去一一赘述，但宋初这段历史中的兄终弟及所隐藏的麻烦并没有就此结束，赵光义登上皇帝宝座以后再也没有将帝位传给他的弟弟赵光美。但赵光义毕竟是一位杰出的政治家，他可没有公然违背祖制，而是弟弟赵光美后来自己"不争气"，弄出了谋反这等"十恶不赦"的"罪孽"来，赵光义自然而然地将皇位传给了自己的儿子。

宋代的这段兄终弟及皇位继承的经验教训在后继的元朝没有引起足够的重视，元朝的帝位继承极度混乱，元朝国祚短暂尽管原因很多，但皇位继承的失序不能不说是一个十分重要的因素。对此朱元璋是极为清楚的。大明建国前后，他常常挂在嘴边的一句话是"参酌唐宋"或"悉仿唐宋之制"(《明太祖实录》卷36下；《明太祖实录》卷64；《明太祖实录》卷74；《明太祖实录》卷85；《明太祖实录》卷106；《明太祖实录》卷226)。因此说，聪明过人的朱元璋应该是不会选择这种兄终弟及继承制的。

洪武晚年朱标太子突然薨世，朱元璋痛不欲生，一生勤政的他居然有六七天不理朝政。有大臣出来为国分忧，提出让二皇子朱樉或三皇子朱棡继位，但都被朱元璋一一否定了。

第二，立爱立贤法。这种皇位继承法在中国历史上还是有过很多的先例，最为有名的要算秦始皇死后，宦官赵高威逼李斯立了先帝秦始皇的“爱子”胡亥为帝；隋朝开国皇帝隋文帝废了太子杨勇而立了“爱子”杨广为太子。这种以先帝所爱而立为皇位继承者，实际上是无规则可言，相对随意性很大，且最为关键的是极有可能引发老皇帝死后的皇位争夺战或皇族内讧、权臣干政与外戚专权。

这里顺便多说一下“立贤”，所谓的“立贤”，这个“贤”也是以先帝的价值标准来评判的，中国历史上充满理性的好皇帝很少，甚至可以说少得可怜。由此可以说，所谓的“立贤”，用今天话来说就是“说你行就行，说你不行就不行，行也不行，不服不行”。因此说，在很大程度上来看，所谓的“立贤”实际上是等同于“立爱”，它的祸害也绝对不亚于“立爱”。

对于立爱立贤的皇位继承法，尽管人们都知道它的危害性，但奇怪的是历史上这种先帝立爱立贤的事情还真是不绝如缕，而且有趣的一个历史现象是，这些立爱立贤的先帝都是一些很有作为、很杰出的帝王，秦始皇如此，汉武帝如此，隋文帝也是如此。

蹊跷的是，聪明一生、精明过人的朱元璋曾经也动过立爱立贤的念头。据“正史”记载，朱标太子死后，悲痛欲绝的朱元璋在大臣的劝解下，稍稍镇定了一下情绪，重新考虑皇位继承人的问题。朱棣钦定的《明太祖实录》是这样记载的：

就在朱标太子死后的第三天，朱元璋在明皇宫的东角门召集朝中重臣，讨论未来皇位继承人的问题，他是这么说的：“朕老了，太子朱标不幸西去，我们大明遭此厄运，一切都是命中注定的啊。有句古话说得好：‘一个国家要是有年长的皇位继承人的话，那是天下苍生的福分啊。’朕第四子燕王朱棣贤明仁厚，英勇威猛，雄才大略，他很像朕，朕想立他为太子，诸位爱卿认为如何？”朱元璋刚讲完，翰林学士刘三吾马上应对说：“陛下所言极是，但是陛下要是立了燕王为太子，那么将燕王前面的2个哥哥秦王朱樉和晋王朱棡放在什么位置了？”朱元璋无法回答老臣刘三吾所提的问题，于是又伤心地大哭起来了，重立太子的事情就此打住。（**《明太祖实录》卷217，洪武二十五年四月戊寅**）

从洪武君臣的这段对话来看，刘三吾的潜台词是在说，皇帝您要是跳过老二、老三而立了老四为太子，这将隐伏了巨大的麻烦与危险啊！朱元璋是个聪明人，他当然听懂了老臣刘三吾的弦外之音，最终放弃了“立爱”的念头，不得不采用最为普遍和“保险”的君位继承法——嫡长子继承制。

第三，嫡长子继承制。嫡长子继承制是中国传统社会里最晚出现的君位继承法，它的确立最早是在西周，后来在中国历朝历代中应用得比较普遍。之所以如此，关键在于嫡长子继承制具有相对“价值中立”的“游戏规则”。兄终弟及法很容易导致占据皇位者不愿再将皇位传给兄弟而要传给自己儿子的局面，由此隐伏了皇族内讧的祸根；立爱和立贤法更是弊端百出，什么是“孝子贤臣”？会拍马屁就行，君主的眼睛只有两只，君主的耳朵也只有两只，因此“立贤”很难不偏，“立爱”那就更是一无是处了。而嫡长子继承法基本上可以克服上述两种皇位继承制之弊端。

所谓嫡长子是指皇帝正妻所生的长子。但世界上的事情往往不全是按照人们设想的那样，嫡长子继承制也有一定的风险：首先有一种意想不到的风险，那就是嫡长子“先走”了——老皇帝没死，老皇帝的皇太子倒先死了，这时应该由嫡长子的嫡长子来继承皇位，如果这个嫡长子的嫡长子也死了，那就按正妻所生的儿子长幼顺序以其最长的儿子来继承，明朝初期朱元璋、朱标、朱雄英、朱允炆之间的皇位继承关系就是这样的；其次，皇帝正妻不育的风险。这里既有皇帝得了不育症的原因，也有皇帝因为漂亮“妹妹”太多纵欲过度导致不育的原因，还有皇帝“种了庄稼却颗粒无收”或“不种庄稼”的原因。中国历史上有较多皇帝对由父母等长辈指定的正妻即皇后不感兴趣，或没有激情，或者有了激情却当了回“杨白劳”，龙种就是迟迟不见由皇后产出，这时就要考虑由妃子们或者宫女们所产的皇子来继承皇位了。明万历帝的皇位继承人明光宗就是宫女所生的。

但中国传统社会里的皇帝不像西方中世纪的皇帝那样可怜，信奉基督教，坚持一夫一妻制，而是坚信儒家的“不孝有三，无后为大”的子嗣传承观念，所以一般皇帝都是拥有“三宫六院七十二妃”，生出了可能多得连皇帝自己都记不住他们名字的龙子龙孙，要在这么多龙种中寻找皇位继承者，那必须得有法则，否则很有可能诱发龙种们骨肉相残。为此，古代中国人设计出了在立嫡无望的情况下立庶长子的规则，就是在妃子或者叫小老婆们所生的孩子中立最长的儿子继承皇位。这种皇位继承法则的优点在于“客观性”——看谁最早来到这个世上。因此相对前两类的皇位继承法，嫡长子继承制基本上可以杜绝皇位继承所引发的危机或祸害，故而在中国传统社会中普遍实行。但这并不意味着每朝每代都能很好地照此执行，恰恰相反，真正做好这种皇位继承制的皇帝与朝代并不太多，但它确实是家国一体化的传统社会里再也没有比这更好的皇位继承法了。所以一般来说，最为安全的储君方法应该是这种“嫡长子继承制”，朱元璋为确保大明帝国万无一失地和平过渡而作出了理性的选择。

洪武二十五年四月朱标太子的突然薨世，明故宫里顿时哭声一片，朱元璋陷入了极度的悲痛之中，数日之后他的头发、胡须全都花白了。朱元璋悲痛的不仅仅是自己老年丧子，而且还隐含了他对大明江山社稷未来的担忧。后来他多次召集群臣，讨论大明国事，在考虑皇位继承时，先后否定“兄终弟及法”和“立爱立贤法”，最终选定了“嫡长子继承法”，这是他听从了老臣刘三吾的“皇孙世嫡承统，礼也”之建议后做出的决定。该年的九月朱元璋正式册立了朱标太子的儿子朱允炆为未来的皇位继承人（《明史·刘三吾传》卷137）。对于仍然选择嫡长子储君法，朱元璋是这般说道的：“自我创天下而以天下传之庶孽，万世而下有庶夺孽抗宗者，我开其乱也。乱传而万世之传，足虑焉。”（【明】大岳山人撰：《建文皇帝遗迹》）

虽说皇太孙朱允炆年少，缺少为政经验，但可以慢慢培养么。这是朱元璋明智又无奈的选择，但绝不是一种错误的决策，至少说在那个时代是这个样子的。对此，明代嘉靖年间的文人高岱曾经这样剖析朱元璋的无奈心态：“所以欲易储而不果，盖亦有甚难处者于其间。何也？创业之主，其所为即后世之所程法。况继体垂统，大事也，祖训著有定制，岂容所行之不符也？盖欲易储者，所以贻一世之安；而终不易者，所以定万代之法。是故有权衡轻重其间，而又况有秦晋二王在，尤难处也。”（【明】高岱：《鸿猷录·封国燕京》卷7）

◉ 符合儒家理想标准的大明皇位继承者

从确保大明帝国长治久安出发，朱元璋最后坚决地选择了朱允炆作为帝国皇位继承人。清人撰修《明史》时是这样描述朱允炆的：“（建文）帝生颖慧好学，性至孝。”朱允炆聪明，且“忠君、孝父、友弟”。

洪武二十五年，朱允炆的父亲、太子朱标染病卧床，当时朱允炆只有16虚岁，但他承担起了做儿子的本分，精心护理父亲，任劳任怨。后来父亲死了，朱允炆“恸哭哀慕，事事如礼，水浆不入口者五日”（【明】赵士喆：《建文年谱》卷上，P18）。同样沉浸于悲痛之中的皇帝爷爷朱元璋实在不忍心看到孙子这般悲伤，将一个好端端的小伙子弄得骨瘦如柴，几乎见不着他原来的影子了，于是劝慰道：“毁不失性，礼也。尔诚纯孝，独不念朕乎？”（《明史·恭闵帝本纪》卷4；【明】朱鹭：《建文书法拟》前编；【明】赵士喆：《建文年谱》卷上，P18；【明】谈迁：《国榷·太祖洪武三十一年》卷11，P786）

听了皇爷爷的话，朱允炆这才吃了点粥，但他向皇爷爷提出了自己要为父亲朱标服丧3年的想法，当场就被朱元璋否定了。不过朱允炆在以后的3年守孝期间确实做到了“三不”：不饮酒吃肉，不闻乐观舞，不碰自己宫中的“妹妹”，完全按照先儒制定的礼法行事。有人看不下去，劝他不要这样做，朱允炆回答说：“服可例除，情须自致。”他是说，丧服可以按照礼俗的规矩到时候脱了，但父子之间的亲情却时不时地使我沉浸于对父亲的怀念之中。

朱允炆不仅对君对父尽忠尽孝，而且还努力做到儒家礼仪规制中的“仁明孝友”和“兄友弟恭”。父亲朱标死后，年仅16岁的朱允炆主动地将3个弟弟接到东宫里，亲自抚育他们，白天跟他们一块儿吃饭，晚上跟他们一块儿睡觉，无微不至地照顾他们的生活。有一天老皇帝朱元璋突然到东宫来看朱允炆，发现四兄弟全在朱允炆的东宫里头，当时他就随口来了一句：“兄弟相怀本一身。”朱允炆回对道：“祖孙继世宜同德。”看到此、听到此，朱元璋还有什么不放心和不高兴的呢，于是他大大地夸奖了朱允炆一番。（【明】吕毖：《明朝小史·建文纪·祖孙继体》卷3；【明】赵士喆：《建文年谱》卷上，P18；【明】谈迁：《国榷·太祖洪武三十一年》卷11，P786）

有朋友看到上述这段史料后可能会得出这么一个结论：朱允炆这样“忠君孝父友弟”会不会是政治上作秀呢？我认为，不是的。恰恰相反，它说明了朱允炆的慈仁与文弱。为什么这样说呢？我认为：一个16虚岁的孩子死了一个也是文文气气的父亲，留下3个少不更事的小弟弟，朱允炆肯定比谁都要悲痛。自古道“无情最是帝王家”，朱允炆父亲没了，帝王家可能的变数与劫难随时都会降临，如果父亲在，做儿子的多少有个靠；现在父亲不在了，他心里当然是极其难受了；如果说朱允炆会作秀，我认为这就太抬举了这个迂腐的书生。要是朱允炆这么小的年纪真懂得政治权谋的话，那么5年之后在他登上大明帝国大位时定会不失时机地一个一个地好好收拾他的潜在敌人——藩王叔叔；相反他迂腐透顶，到了四叔朱棣谋反旗帜公开打出时，他还告诉北伐的将士：“千万不要伤了我的叔叔！”再说要是真是朱允炆作秀，精明、老辣又猜忌成性的朱元璋不会不做出一些反应，反而后来让他当上了皇位继承人？

○ 朱元璋大声责问朱棣：“何为打皇太孙？”

事实上朱允炆的文弱与迂腐，朱元璋还是心知肚明的。洪武二十五年九月，在经过近半年的犹豫和反复斟酌后，朱元璋终于拿定主意，立朱允炆为皇太孙即大明帝国的皇位继承人。九月十三日这一天是册立皇太孙的大典，听到上朝的鼓声，诸子藩王都早早地来到了明皇宫，站立在奉天殿的两侧。唯独燕王朱棣姗姗来迟，且径直走到了皇太孙朱允炆的身旁，用手重重地拍打了侄儿的后背，并说："不意儿乃有今日！"（"小子唉，真没想到你还有今天这样的福分！"）这时坐在金銮殿上的老皇帝朱元璋把一切都看在眼里了，他大声责问："何为打皇太孙？"（"老四，你小子怎么这般无礼，竟然在大殿上打我的皇太孙！"）这时朱允炆赶紧出来给四皇叔朱棣解围，说："臣叔父爱臣故耳！"（"皇爷爷，不是四叔打我，他是喜欢我"）（【明】屠叔方：《建文朝野汇编》；【明】赵士喆：《建文年谱》卷上，P24）。

朱元璋向来对国法家规极其重视，对儿孙的管教也不放松，他当殿厉声斥责朱棣："你难道不懂礼法与忌讳吗？来人啊，给我将他关起来！"数日后，被关的朱棣老实多了。朱元璋怒气也消了些，最终下令放了朱棣。不过有人考证出来说，朱棣没被父亲当场处置，而是被臭骂了一通，他吓坏了，连夜从地下涵洞溜出南京城（今南京城有古燕王河为证），然后偷偷地渡过长江，一路落荒而逃，直奔北平。

从这段历史故事中我们完全可以看出朱允炆个性的仁弱，明明自己被朱棣打了还要帮四叔辩解。这倒不是朱允炆自贱，因为在他的眼里叔叔爱侄儿是天经地义，也是孔圣人所教导的，哪有那么多的"不仁不孝"，所以做侄儿的自己首先要表示出晚辈对长辈的"孝"和"敬"。但还有人说，这是朱允炆故意演戏给人看的。是吗？我们不妨看看，当时朱允炆只有16虚岁，他要是那么厉害，那就后来不至于败得那么没名气；要是朱允炆那么有心计，这次朱棣在朱元璋面前挑衅侄儿岂不是朱允炆收拾朱棣的一个好机会?！事实恰恰相反，朱允炆没多大的心机，最终才落得个亡命天涯的悲惨命运。

我们不妨再看一例：《建文年谱》载："上（指朱元璋）不豫，多暴怒，遣谴戮者甚众。太孙（指朱允炆）入侍必恭承颜色。服药则亲尝以进。去后则亲扶以起，唾壶溺器，靡不手提以献，而愉色婉容蔼然可掬。太祖气亦渐平，多所全宥。当更深夜分，侍御酣寝呼无不应，应无不起，盖终夕未尝交睫。太孙体素丰，至是积劳骨立矣。"（【明】赵士喆：《建文年谱》卷上，P26）

朱元璋本身就脾气不好，晚年更为乖戾，尤其是临终前常因病暴怒不已，弄得明皇宫里服侍他的人时不时地获罪遭戮。见此境况，朱允炆于心不忍，主动地承担起料理皇爷爷朱元璋的一切生活之重任。朱元璋要吃药，朱允炆先自己尝一尝；朱元璋要如厕，朱允炆亲手扶着；朱元璋要吐痰，朱允炆马上就提唾壶……即使是深更半夜人们进入梦乡之时，老皇帝朱元璋一有言语，朱允炆闻声即起，并和颜悦色地上前侍候。如此这般，朱元璋的心情也稍稍好些，周围的许多人也因此保住了生命。（【明】赵士喆：《建文年谱》卷上；【明】谈迁：《国榷・洪武三十一年》卷11，

P787)

朱允炆的这等行为是作秀吗？不可能，也没这个必要讨好下人。恰恰相反，这进一步地证实了朱允炆仁厚的品性。

一个人个性仁厚，当然受欢迎，但在政治场可就不行。因为仁厚在某种程度上来说就是文弱和任人主宰，在政治斗争中则意味着失败。

◉ 有这样的父亲，居然叫人抬一箱白森森的尸骨给儿子看

事实上朱允炆的文弱性格很大程度上是遗传了他父亲朱标太子。对此，老皇帝朱元璋是深有感触的。

宋濂是朱标太子的老师，在近20年的大明官宦生涯中他兢兢业业，谨小慎微，颇得朱元璋的赞赏，老朱皇帝曾这么评价宋濂的："'朕闻太上为圣，其次为贤，其次为君子'。宋景濂事朕十九年，未尝有一言之伪，诮一人之短，始终无二，非止君子，抑可谓贤矣。"(《明史·宋濂传》卷128，列传第16)

就这么一个比君子还要完美的贤人在晚年一不小心出错了。洪武十年68岁的宋濂主动提出退休，皇帝朱元璋亲自设宴予以饯行，并令宋濂孙子宋慎一路护送爷爷归老家乡。宋濂大为感动，临走前一再伏地叩首谢恩，还颤颤巍巍地说道："谢主隆恩，老朽在世时日不多，不过只要还活着，每年圣节(皇帝的生日)老夫必将前来朝见陛下，祝福万岁！"宋濂说到做到，归老后每年都能践约，皇帝朱元璋由此对他更是充满了爱怜之意。洪武十三年大明爆发了"胡惟庸谋反案"，本来就胆小怕事的宋濂顿时被吓坏了，最终就连当年自己的承诺也不敢去兑现。这下可惹得生性多疑的朱元璋大为不快，他马上将在朝中当官的宋濂儿子中书舍人宋璲、孙子殿廷仪礼司序班宋慎找来问问看，宋老先生究竟是怎么一回事？宋璲和宋慎回答说：老爷子身子骨大不如以前，只恐怕是有了今天还不知道有没有明天了。朱元璋听后没信，总怀疑宋家是否与"胡惟庸谋反案"有关，也怀疑宋老先生今年故意不来南京朝见。想到这些，他立即派遣锦衣卫上浙江金华去，偷偷观察宋老先生在干什么。不看不要紧，一看才气呐，宋老先生好得很！这下朱皇帝怒火万丈，宋家一门三代都在欺骗圣上，这还了得，难怪有人讲宋濂长孙宋慎是"胡党分子"，看来一点也不假。于是老朱皇帝下达敕令，缉拿宋慎等"胡党分子"。这下整个宋家可倒大霉了，宋慎等被杀不用说了，老先生宋濂也不能幸免。(《明太祖实录》卷110;《明史·宋濂传》卷128，列传第16)

宋濂被逮到南京后，他的好学生、仁慈的朱标太子听说后顿时慌了神，他紧忙

赶赴父皇朱元璋的办公地，边哭边为老师宋濂求情，他说："儿臣愚戆，也无其他牵肠挂肚的老师，现在听说宋先生家出事了，恳请父皇哀矜，饶了宋先生吧！"朱元璋正怒火中烧，哪听得进朱标的劝谏，他冲着皇太子咆哮道："等你当了天子后再来宽宥他吧！"朱标见到这般情势，不知如何是好，刚好旁边上有水池子，一气之下，"噗通"一声，就投水自尽。左右侍卫顿时被眼前的一幕所惊呆了，有反应快的侍卫顾不上脱衣服，赶紧跳入水池中，去救那朱标太子。

朱标被救起了，但皇帝朱元璋的火气还没消，不过方向转变了，他下令对刚刚跳入水中救太子的人进行登记，凡是不脱衣帽鞋子跳入水中者升官三级，而脱了衣帽鞋子再跳入水中的拉出去斩首！老朱皇帝边下令还边嘟嘟囔囔着："太子掉入水里了，等你们脱好了衣服、鞋子再去救，还不把他给淹死了！"(【明】徐祯卿:《翦胜野闻》)

皇家父子之间的观点冲突，传到了后宫，可急坏了后宫第一人马皇后。那天马皇后在为朱元璋准备晚餐时全部换上了素食。对此，毫无思想准备的朱元璋眨巴眼睛望着马皇后："这是干什么呀？吃斋念佛似的……"马皇后一脸铁青似地，没好声好气地回答："听说宋先生被连坐，要开刀问斩了，臣妾没办法为这位大明皇家先生做点什么，只能吃吃素食，为他送行祝福了！"朱元璋顿悟，下令宽宥宋濂死罪，改为谪居茂州。(【明】徐祯卿:《翦胜野闻》)

朱标不仅对自己的老师很仁爱，而且对其他人包括犯罪人的处置都比较宽厚，尤其是见到父亲朱元璋大开杀戒，使得成千上万无辜之人人头落地，他实在看不下去，经常竭力劝谏："陛下杀人过多，恐怕有伤和气。"朱元璋一听就来气，想想这个皇太子实在是太"不争气"、太不领情，于是就吩咐手下人到外面去弄了一根荆条，把它扔在地上，回头叫皇太子朱标去把它捡起来。荆条上到处都是刺，朱标见了大为惊讶：这叫我怎么拿呀？此时朱元璋颇为得意又十分诡秘地冲着儿子这般说道："你怕荆条上的刺了吧？不好拿了吧？我告诉你：我现在所做的，就是把这些荆条上的刺都给去了。这样一来，你不就好拿了！我杀的那些尽是天底下奸险恶徒，把他们一一清除掉了，将来你当大明之主不就稳妥了！"令老朱皇帝万万没想到的是，自己话音刚落，朱标立马予以反驳："上有尧舜之君，下有尧舜之民。"这句话的意思是，上面有怎样的皇帝，下面就有怎样的臣民。这下可把老朱皇帝给惹得暴怒起来了，他拿起椅子就砸了过去。朱标躲闪及时，没被砸着，趁机溜了。(【明】徐祯卿:《翦胜野闻》;【明】吕毖:《明朝小史·洪武纪》卷一)

其实朱标活着的时候，与父亲朱元璋之间的意见分歧时常会发生。据说为了将儿子朱标的性格由文弱改变成果断、刚毅，朱元璋想尽了办法，曾经叫人将一箱白森森尸骨抬进了明皇宫，故意在朱标面前晃悠，当时就把朱标吓得魂飞魄散。

(【明】徐祯卿:《翦胜野闻》;【明】吕毖:《明朝小史·洪武纪》卷1)这事正史上没载,是否属实尚须考证,但朱标性格文弱这是不争的事实,而且他的这种性格还具有极大的遗传性。对此,朱元璋也是十分清楚的。

在朱允炆被立为皇位继承人后的某天,朱允炆、朱棣与朱元璋等同在禁中看打猎,有马从前面飞驰而过。朱元璋兴致盎然,出句让在场的朱棣、朱允炆叔侄对诗:"风吹马尾千条线。"朱允炆回对:"雨打羊毛一片毡。"朱棣对句:"日照龙鳞万点金。"从对诗角度来看,朱允炆与朱棣都算对得工整,但从气魄上来看,朱允炆的对句远远比不上朱棣,显得相当之文弱。"太祖览之不悦,以其口气非吉兆也"(【明】郎瑛:《七修类稿上·国事类》卷9;【明】吕毖:《明朝小史·建文纪·雨打羊毛》卷3;【清】褚人获:《坚瓠三集·半边月》卷1)。

不知是谶语还是巧合,朱允炆不仅自己在与皇祖、皇叔的对对子里面以绵羊作为主题来回对,而且在不久以后的现实政治生活中在大明帝国的皇家狼群里他鬼使神差地成了一只软弱的皇家羔羊。

◉ 皇家"小羔羊"的警觉与自救对策的寻找

朱允炆个性文弱,并且有点迂,但决不呆。事实上他是很聪明的一个人,16岁时他被立为皇位继承人的那天,居然莫名其妙地被叔叔朱棣打了。当时年少的朱允炆本能地按照圣人的教诲来处理眼前的"突发事件",这就是人们常说的读书人的迂腐。但随着年龄的增长,他也明白了一些道理。既然四皇叔朱棣竟敢在皇爷爷面前藐视自己,那么背地里的事就更不好说了。朱允炆十分清楚《祖训录》虽然规定诸藩王府"准设三护卫","岁禄万石,府置官属。护卫甲士少者三千人,多者至万九千人,隶籍兵部"(《明史·诸王传·序》卷116)。但实际上他们拥有更大的军事权,如对敌作战需要,就连驻扎在地方上的帝国军队也要听从地方藩王的节制和调遣,这十几号藩王个个都拥兵自重,舞刀弄枪,耀武扬威,不说别的,见了就会让人感到胆战心惊。

然而,朱允炆的个性本质上是文弱的,即使他有想法,也不会去告诉皇爷爷,否则就将自己置身于"不忠不孝"的境地。要知道这些地方藩王哪个不是皇爷爷的亲生骨肉、宝贝疙瘩,儒家先贤不是教导咱们要以"亲亲"为尚、为宗。因此说以朱允炆这样"性至孝"的性格,他是绝不可能在垂垂老矣的皇爷爷面前提出什么让人心堵的"想法"来。但他可懂事了,也开始警觉了。

○ 明皇宫里的黄龙与白龙

皇太孙在警觉，皇爷爷似乎对于晚年的局势也开始有所警觉。据说晚年朱元璋特别容易做梦，有一天晚上他梦到了这样一个情景：有一条白龙和一条黄龙邂逅了，但他们见面后很不客气，马上就打了起来，打着打着，打到了明皇宫的大殿上，鏖战了好久，最终白龙抵挡不住，蝘蜓于地，而黄龙却得胜腾飞而去。（【明】郎瑛：《七修类稿上·国事类》卷12；【明】大岳山人撰：《建文皇帝遗迹》）

朱元璋被梦中的情景惊醒了，看看时间尚早，还没到上朝的时候，他就坐起来等了，但脑子里不停地想，这到底隐含了什么意思？还没想出什么头绪来，宫中太监已经走到跟前，对他说："皇上，早朝时辰已到！"朱元璋赶紧穿衣戴帽，来到明皇宫的奉天殿临朝。他刚一坐下去就觉得眼前不对劲，燕王朱棣居然站在皇太孙朱允炆的左前方。按照明代的规制，左为上、为大，朱允炆虽说是朱棣的侄儿，但那是朱家家里的辈分，而在朝堂上则应以官方规制为准。朱允炆为皇太孙，是朱元璋帝位的接班人，其地位是一人之下、万人之上；朱棣即使是叔叔，但从政治角度来说，他还是朱允炆的臣下，怎么能站到了皇太孙朱允炆的上方、左边呢？很显然他压根儿没把朱允炆放在眼里。朱元璋"读懂"这里的奥妙，马上下令将朱棣撵出明皇宫。（【明】大岳山人撰：《建文皇帝遗迹》）

据说这件事给了朱元璋很大的惊醒，他的儿子尤其是老四朱棣有野心，为防患于未然，洪武二十八年（1395）闰九月，他"于是重定《祖训录》，名为《皇明祖训》，其目仍旧，而更其箴戒章为《祖训首章》，上（指朱元璋，笔者注）以是编之，作将垂之万世，命大书揭于右顺门内西南廊下，朝夕谛览，斟酌损益，久而后定。既而遣使，召诸王至京，谕以量减禄米之故，且以《皇明祖训》赐之。"（《明太祖实录》卷242），并重定"诸王见东宫礼"，"诸王来朝具冕服见天子，毕次见东宫，已有定仪，其叙家人礼，王及东宫俱常服引。礼官请王由文华殿东门入至后殿，王西向坐，东宫东面。赞礼官赞四拜，王坐受相见礼，毕叙坐，则东宫正中南面，诸王列于东西"（《明太祖实录》卷246）。它强调"诸王来朝冕服见天子，次见东宫，先坐受拜，次叙家礼。坐则正中，诸王侍"。这就进一步强化诸子藩王做臣子的本分。（【清】傅维鳞：《明书·建文皇帝本纪》卷4，丛书集成本）

在做完了这些努力后，自认为万无一失的朱元璋颇为得意地跟皇太孙朱允炆说了："朕以御虏付诸王，可令边尘不忧，贻汝以安。"就是说："我已经把边疆防御的重任交给你的那些藩王叔叔们，你可以太太平平地做个无忧天子了！"谁知皇爷爷朱元璋的话刚讲完，皇太孙朱允炆就反问起来了："虏不靖，诸王御之，诸王不靖，孰御之?”就是说:“边疆上不太平的事情由我的皇叔叔们去解决;要是诸位藩王叔叔不安分,有了非分之心和非分举动,那又能派谁去摆平呢?”(【明】尹守衡:《明史窃·革除记》卷3)

朱元璋没想到皇太孙竟然会提出这样尖锐且自己无法解答的问题,他沉默了一阵子,接着就反问皇太孙朱允炆:“汝意何如?”(“那以你的意思呢?”)朱允炆回答说:“以德怀之,以礼制之。如不可,则削其封地,又不可,则废置其人,又甚则举兵伐之。”朱允炆讲了四步解决问题的方案:第一步,以德义来感化藩王们的非分之心,以礼法来约束他们的行为;第二步,如果上述的方法不起作用,那么就削了他们的封地;第三步,如果上述的方法再不行的话,那就废了他们的封爵;最后一步,如果前面这些做了都不管用,那就只有兴兵讨伐了。朱元璋听完后说:“是也,无以易此矣!”(“是啊,再没有比这些更好的办法了。”)(【明】尹守衡:《明史窃·革除记》卷3)

有人认为,从朱元璋与朱允炆祖孙两人的这段对话中可以看出,昔日朱允炆的那副文弱相至此荡然无存了。但我不认同这种说法,其实一个人的心路历程很复杂,如果设身处地地站在朱允炆的角度来看,再软弱性格的人也会对皇叔们那种咄咄逼人的架势作出一些本能性的反应。尤其是以燕王为首的十来个北方藩王叔叔拥兵自重,内地的好几个皇叔横行不法。如此情势,整个大明皇家就如同养了一群恶狼,朱明皇家危矣!

洪武三十一年:“非常时”;大明帝国:“三道坎”

就在皇家皇族危机四伏之际,大明帝国迎来了前所未有的大考验——洪武三十一年(农历戊寅年)的“三道坎”。先是开春后的不久,朱元璋的三皇子朱棡死了,过了3个月老皇帝朱元璋病重与驾崩,大明帝国临时作了一些补救性的调整与安排,接着就是少帝朱允炆登基与诸皇叔藩王临丧。那么大明君臣上下是如何面对这不期而至的“三道坎”?

◉ 大明藩王情势的重大转折:从诸藩并列到一王独尊

我们先讲洪武三十一年大明帝国发生的第一件大事——晋王朱棡之死与一王独尊。

经过多年的北方战争后,藩王中发展起来的军事实力最强、资格最老的就要数晋王朱棡和燕王朱棣了，但晋王与燕王之间老是不睦，两个实力最强的藩王之间的不睦与诸王并存的局面会制约着他们各自的行动，自然也就减少了他们对大明皇权的威胁。然而随着洪武三十一年的新春到来，朱元璋对分封制所能带来的仅有的这个美梦被一意想不到的突发事件击得粉碎。

这年三月，朱元璋的三儿子晋王朱棡因病突然薨世，原本一直与燕王较劲并制约着燕王的晋王没了，大明藩王整体情势从晋燕较劲制衡、诸王并存顿时变成了一王独尊的格局。当时沉浸在无限悲痛之中的老皇帝朱元璋似乎没有马上感觉到这种情形所隐含的巨大危机，大明君臣对于这个洪武三十一年的第一道坎的悄悄来到，压根儿就没有真正意识到，更没有把它当回事(《明太祖实录》卷 256)。

◉ 迟到的第六感觉与补救性的调整

这大明第一道坎没过好，第二道坎又悄然而至了——老皇帝朱元璋病重时的安排。

朱元璋年轻时生活无着，四处流浪，属于“漂流一族”，别人“漂”久了很可能把自己身体都给搞垮了，可朱元璋却“漂”出了一身的好身板，在明朝列帝中他是最为长寿的一个。虽然朱元璋很幸运，赶上了元末农民大起义，施展了自己的才能，成就了一代伟业；但其实他也很不幸，命运多舛，少年没了爹妈，中年失去爱妻，晚年连连失子，先是朱标太子，接着是二儿子朱樉，临到他死之前 3 个月，三儿子朱棡又抢先走了。因此说晚年朱元璋极为孤独与痛苦，尤其是洪武三十一年三月从山西传来三子朱棡薨世的消息使得本来就心力交瘁的老朱皇帝悲痛欲绝，白发人送黑发人的痛楚再次折磨了垂垂老矣的洪武皇帝，他终于病了。

病中的朱元璋尽管已经年逾古稀，但他脑子似乎还算清楚。据说人到了老的时候往往会想得特别多。朱元璋想起了贤惠的马皇后，想起了仁慈的朱标太子，他老泪纵横；想起了自己的十几个已经基本都成年的儿子，他心里有一丝丝的安慰，因为他们都已经分封就藩，保家卫国，大明边陲安矣；想起了大明的未来，看到眼前这位天天侍奉自己的“仁孝”又文弱的皇太孙，他的内心深处顿时泛起了阵阵不安。这皇太孙过于文弱了，前几年在朝堂上被他四叔打了还不敢直说，要说这老四还真是个人物，对，朱元璋想起了，老四朱棣胆子还挺大的。

洪武二十八年，朝鲜使臣来我大明朝贡，路过北平，老四朱棣跟使臣说：“听说你们朝鲜的马特别好，你们国王为什么不送我良马？”使臣立即明白，这是四皇爷向他们要马啊。他回去后赶紧向他们的朝鲜国王汇报了这件事。当时，朝鲜是大明的属国,面对大国和强国,朝鲜君臣很知趣,马上挑选出好马,还特地配了一副漂亮的马鞍,一起送给燕王朱棣。

再说朱棣从朝鲜人手中索要到了好马后,那心里美得没法说,但转而又想到了"父皇"制定的那些规矩的严厉和他的那些专门负责收集情报的锦衣卫刺探本领的高超,燕王朱棣感到害怕了,他想了好一阵,没有什么好办法,只有去"坦白"。朱元璋听到这事后极为恼火,将他臭骂了一通:"朝鲜王何得私交?"并告诫他下不为例。(吴晗:《朝鲜李朝实录中的中国史料·太祖康献大王实录》上编卷1,中华书局1980年版,第1册,P133)

自从"索马事件"以后朱棣似乎再也没有什么大过失了,但会不会是伪装的?他既然敢当着我的面打皇太孙,又在背着我的时候向别人索要那么贵重的礼物,可见老四的胆子够大的,会不会还有一些他干的我所不知道的越轨事情?或者……朱元璋一生疑心病就特重,他回顾过去,由此联想到现在的大明局势,尤其是北部边防的军事部署,他似乎已经闻到了一股特殊的"味道",第六感觉告诉他必须这么做,于是他就发出了两份敕书,可能当时的人们谁也没有想到这两份敕书竟然成为朱元璋留给边关守将的两份"遗嘱"。

◉ 600年来天大的"秘密"被揭开

洪武三十一年五月戊午日朱元璋给武定侯郭英的敕文,据明朝正史《明实录》记载是这样的:"朕有天下,胡虏远遁久矣。然萌孽未殄,不可不防。今命尔为总兵,都督刘真、宋晟为之副,启辽王知之,以辽东都司并护卫各卫所步军,除守城马军及原留一百存守斥候(堠),余皆选拣精锐,统领随辽王至开平迤北,择险要屯驻提备。一切号令悉听燕(辽)王节制。"(《明太祖实录》卷257)

但明史专家黄彰健先生将郭英后代郭良编的《毓庆勋懿集》中洪武三十一年戊午日朱元璋给郭英的敕文原文与上述这份正史中记载的敕文进行比对,发现正史所载的敕文中的"燕王"应该改为"辽王"。600年来天大的"秘密"首次被揭开,朱元璋临终前压根儿就没将大明北方军事要务托付给燕王,恰恰相反,他在防着朱棣。朱元璋是这么说的:

"朕打下大明江山以后,北虏远逃历时已久。但他们的残余势力还没有被彻底消灭,所以说我们不能不防啊。现在我命你为总兵官,都督刘真、宋晟为副总兵,你要把我给你的敕书命令给辽王看,他自然就会明白一切。在辽东的朝廷军队和在辽东的藩王府护卫军除了一部分守城外,其余的都要挑选精锐将士,统领好了就随从辽王开往开平北部地区，选择地势险要的地方屯兵驻守，以作好跟北虏的战斗。一切号令都要听从辽王指挥与节制。”（参见黄彰健著《明清史研究丛稿》一书中的《读明刊〈毓庆勋懿集〉所载明太祖与武定侯郭英敕书》一文）

洪武三十一年五月五月戊午日当天朱元璋又给都督杨文发了敕文，《明实录》记载如下：“兵法有言，贰心不可以事上，疑志不可以应敌。为将者不可不知是也。朕子燕王在北平，北平中国之门户。今以尔为总兵，往北平参赞燕王，以北平都司、行都司并燕、谷、宁三府护卫，选拣精锐马步军士随燕（辽）王往开平提备。一切号令，皆出自燕（辽）王，尔奉而行之。大小官军悉听节制。慎毋贰心而有疑志也。”（《明太祖实录》卷257）

台湾学者朱鸿先生经过研究，认为上述这份朱元璋给杨文的敕文也极有可能被朱棣篡改了。真实的敕文可能是这样的，朱元璋跟杨文说：

“兵法上讲，对上不能有二心，对敌不能怀疑自己的意志。作为将帅你可不能不知这些道理啊。我的儿子燕王在北平，北平是我们大明通往北方的门户。今天我命你为总兵官，前往北平去参赞燕王，以驻扎在北平的朝廷军队和燕、谷、宁三个藩王府的护卫兵合在一起，挑选精锐步兵和骑兵跟随辽王开拔到开平，做好御敌的准备。一切号令都听从辽王，你等奉行就是了。凡大小官军全部听辽王节制，千万要谨慎，不要对我的这个命令有什么怀疑或别的想法。”（朱鸿：《明成祖与永乐政治》，台湾师范大学历史研究所专刊〔17〕）

说到这里，读者朋友可能要问了：朱元璋大病期间为什么要发出这两份敕文？朱棣后来为什么要篡改这两份敕文？如此还原历史真相有依据吗？

◉ 朱棣必须篡改两份“遗嘱”

我们先来讲第一个问题，朱元璋大病期间为什么要发出这两份敕文？

因为在朱元璋临终之前的那些日子里，冥冥之中产生了第六感觉：老四朱棣生下来就是一个谜（详见笔者：《大明帝国》系列之7《永乐帝卷上》），他可不是什么好东西？人有的时候是靠第六感觉来预感未来即将要发生的事情，我们每个人或多或少都有过这样的经历。更何况朱元璋的这个第六感觉还是很有依据的：先前在大明朝堂上朱棣拍打皇太孙朱允炆；在皇家叔侄祖三代对对子时朱棣就曾以龙为题材——说明他极有野心；朱棣与三哥朱棡的明争暗斗也能说明问题，……如果老四朱棣真是那么坦坦然，为什么还要藏着掖着呢？更有老四朱棣军事上很有一套，原本老三朱棡就很能打仗，可到了老四面前似乎成了小学生……一生以权力斗争为业的老年朱元璋慢慢地想到这些事情。据说将死之人老会想着往日的每件事或每个人,大概这是心理上的回光返照吧。但可惜朱元璋已经太老了,更可惜的是他想到这些问题的时候太晚了,当发出这两份敕文后没几天,他就去找他的朱标太子去了。

朱元璋临终前发出的这两份敕文到了朱棣篡位上来后必须要改,原因是:"老爸"朱元璋压根儿就没给朱棣什么遗书,也没有授权他燕王节制北方边务,而是他自编自导自演出来的一出闹剧。因此,在正统社会人们的视野里,朱棣是个地地道道的乱臣贼子,其行为是对传统社会纲常的肆意践踏与亵渎,那要遭万世唾骂的,所以上台后的朱棣必须要篡改敕文。

事实上从朱元璋临终两个月内的公文来往与所做的事情来看,"英雄"了一辈子的朱元璋在临近生命终点之时,还是对大明帝国的未来充满了极大的担忧,这是一个问题的两个方面:从巩固大明帝国边疆安全角度来讲,少不了诸子藩王;而从帝国君位的稳固来看,又不能让藩王们的实力太过于强大,最好能够相互制约。原本实力最强的晋王与燕王相互看着,而现在晋王没了,燕王独尊,更何况燕王深不可测,这是很大的危险。臣下们权力失衡对于君主来说,是极度不安全的。那么靠谁去制约足智多谋或言城府极深、诡计多端的燕王呢?

◉ 朱元璋一生"所爱"与北方边疆军事托付

朱元璋自然会想到最为自己信任的亲信郭英与杨文,尤其郭英是明初洪武年间被分封的 57 侯中被朱元璋杀剩的两个侯爷中的一个(另一个是长兴侯耿炳文,下面章节有专述)。

郭英是大明初年受封为巩昌侯的郭兴的弟弟。1355 年 18 岁的郭英和他的哥哥一起投奔了朱元璋。朱元璋十分喜欢他,叫他入值警卫宿帐,视之为亲信,并亲切地喊他"郭四"。后来郭英跟随朱元璋,南征北战,屡立战功。

大明建国前夕,郭英曾跟随徐达等人,扫荡张士诚的苏北根据地;大明开国后,他又跟随徐达、常遇春等人进行北伐,立下了许多战功。洪武三年即 1370 年初,大明军再次北伐时,郭英作为部将,跟随大将军徐达远征甘肃定西,大败元朝残余察罕脑儿。郭英因此受到了朱元璋的表扬,被提升为河南都指挥使(相当于河南省军区司令)。(《明史·郭英传》卷 130)

郭英有个妹妹郭宁妃是朱元璋很喜欢的一个妃子。现在皇帝妹夫叫舅子到河南去主持那里的军事工作,虽然说河南不是与北方蒙古交战的前线阵地,但也属于交战的边缘地带，皇妃妹妹少不了要与哥哥好好道个别。一向抠门的妹夫皇帝朱元璋居然叫郭宁妃从皇宫中拿出 20 锭黄金送给郭英，且还赏赐了 20 匹战马。由此可见郭英在朱元璋心目中的地位是相当之高的。而郭英也没有辜负皇帝妹夫和皇妃妹妹的厚望，他在河南招徕流民，强化法纪，恢复生产，使得河南迅速地安定下来。五六年后，朱元璋又将郭英调往北平去工作。洪武十三年，将他晋升为前军都督府佥事。

洪武十四年，郭英跟随颍川侯傅友德远征云南，克服水土不服和炎热天气等种种困难，终于攻占曲靖，降服大理，将云南归入了大明帝国的版图。由此，洪武十七年郭英被封为武定侯，食禄二千五百石。第二年郭英被朱元璋加以靖海将军，镇守辽东。洪武二十年，他协助大将军冯胜出击关外元朝的残余纳哈出，逼迫纳哈出投降，郭英再次被朱元璋晋升为征虏右副将军；蓝玉追击北元军，远征到捕鱼儿海，打败了元顺帝孙子脱古思帖木儿，郭英也参与了这次远征军事战斗，立有战功。回来时为朱元璋所厚赏，之后受命回家乡休养。但在第二年又被妹夫朱元璋召回入京，在南京明皇宫上班，统领京师卫戍部队，负责皇帝朱元璋的安全保卫工作。这充分表明了朱元璋对郭英极度的信任。(《明史·郭英传》卷 130)

洪武三十一年，老将耿炳文出任征西将军，郭英为征西副将军，率军西征，平定高福兴叛乱。就在郭英他们凯旋回京后不久，御史裴承祖上奏皇帝朱元璋，弹劾郭英，说他私养家奴 150 多人，又杀害无辜男女 5 人。但一向执法严厉的朱元璋居然对此不闻不问。接着，佥都御史(可能相当于监察部部长助理或副部长)张春等官员还坚持不断地上奏，朱元璋实在拖不过去，只好将这个案件交给朝中大臣讨论，大家讨论下来一致认为郭英有罪，然而皇帝朱元璋最后竟然还是宽宥了郭英的罪行。

郭英之所以被朱元璋如此优渥，《明史》说："(郭)英孝友，通书史，行师有纪律，以忠谨见亲于太祖。又以宁妃故，恩宠尤渥，诸功臣莫敢望焉。"(《明史·郭英传》卷 130)

由此可见郭英为老皇帝的一生"所爱"，或言他是朱元璋最为宠信的功臣勋将。所以说朱元璋临终前将牵肠挂肚的北方事务托付于这个忠实的舅子也完全合乎情理。

郭英还有一个特殊的身份，那就是他是辽王朱植的岳父。辽王朱植品行端正，敦厚孝顺，又"习军旅，屡树军功"(《明史·诸王二》卷 117)，是一位理想又忠实的北方军事统帅，再加上杨文也是个忠臣，北方的事务交予这三个忠臣孝子，顺便让他们暗中看住燕王，岂不一举两得？朱元璋的如意算盘就是这么打的。

但朱元璋的临终这招实际上是一场徒劳，他既疏漏了对燕王的全方位的制约，又高估了郭英、朱植和杨文的能力，尤其是杨文在后来的靖难战争中所表现出来的能力实在是令人不敢恭维。由此可以说，朱元璋在解决藩王问题上的最后努力基本上都是"白劳"了。

如果上苍再给朱元璋的生命一段时间,或许他会较好地解决这个大明帝国皇家的第一大难题,或许他根本就没办法解决。但事实是,洪武三十一年闰五月初八日,71 岁的朱元璋终于病倒在床,并且再也没有起来过。就这样,洪武三十一年大明帝国第二道坎在稀里糊涂中给绕开了,接着又在全国上下一片悲痛之中迎来了第三道坎——朱元璋的临终托孤和朱允炆登基。(《明太祖实录》卷 257;【清】傅维鳞:《明书·建文皇帝本纪》卷 4,丛书集成本;【清】夏燮:《明通鉴·惠帝建文元年》卷 12,纪 12)

朱元璋临终托孤与"大灰狼"急速"奔丧"

事实上洪武三十一年五月朱元璋再次病倒时,可能预感到自己来日不多了,于是他就开始对后事作了交代,他对大明的未来充满了担忧。

◉ 临终托孤:"燕王不可不虑!"

朱元璋最不放心的就是年轻的皇太孙朱允炆能不能平安地登上并坐稳大明帝国天子之位,继承乃祖的未竟之业,使得大明江山长治久安。而此时的朱允炆早就哭成泪人了,自从朱元璋病倒后,朱允炆就一直侍奉在皇爷爷的身边,到朱元璋临终时,他已经是"形至骨立",即瘦得只剩下一身骨头了。朱元璋看了实在心疼,他也知道自己再也不能为这个文弱的皇太孙充当保护伞了,有些事干脆就向他挑明,反正这个皇太孙"性至孝",不会做出什么"出格"的事来的,只有这样,大明潜在的危机才可能化解,于是他气若游丝地跟朱允炆说:"燕王不可不虑!"(【明】谈迁:《国榷·太祖洪武三十一年》卷 10,中华书局 1958 年 12 月第 1 版,P783)

但朱元璋还是感到不保险,于是又将自己最为喜爱的女婿——宁国公主的夫婿梅殷叫到了御床前,嘱咐道:"汝老成忠信,可托幼主。"朱元璋是说:"贤婿,你为人处世忠信老成,我现在将皇太孙托付给你。"接着他将早已准备好的遗诏,一边交给女婿梅殷,一边颤巍巍地说:"敢有违天者,汝其为朕伐之!"(【明】李贽:《续藏书·梅殷传》卷 5;《明史·宁国公主传附梅殷传》卷 121)

当时在场一起受顾命的朝中大臣还有兵部侍郎齐泰等人。(【明】谈迁:《国榷·太祖洪武三十一年》卷 10,中华书局 1958 年 12 月第 1 版,P783;【明】赵士喆:

《建文年谱》卷上,P27)

◉ 明太祖遗诏

朱元璋的遗诏是这样写的:"朕受皇天之命,膺大任于世,定祸乱而偃兵,安生民于市野,谨抚驭以膺天命,三十有一年。忧危积心,日勤不怠,专有意于民。奈何起自寒微,无古人之博智,好善恶恶,过不及多矣。今年七十有一,筋力衰微,朝夕危惧,惟恐不终。今得万物自然之理,其奚哀念之有!皇太孙允炆,仁明孝友,天下归心,宜登大位,以勤民政。中外文武臣僚同心辅佑,以福吾民。葬祭之仪,一如汉文帝勿异。布告天下,使知朕意。孝陵山俱因其故,勿改。诸王临国中,毋得至京。王国所在文武吏士,听朝廷节制,惟护卫官军听王。诸不在令中者,推此令从事。"(【明】谈迁:《国榷·太祖洪武三十一年》卷10,中华书局1958年12月第1版,P783;【清】谷应泰:《明史纪事本末·削夺诸藩》卷15;《明史·太祖本纪三》卷3和万历《大明会典》等略有些不同,上文据《国榷》版校对)

遗诏至少透露出四个重要的信息或者说是朱元璋魂牵梦绕的关注点:

第一,皇太孙是我亲自选定的接班人,他"仁明孝友,天下归心,宜登大位",内外文武大臣们,大家听好了,你们一定要对皇太孙"同心辅佑"。

第二,诸子藩王就在就藩地遥祭,不要上京师南京来奔丧。

第三,各藩所在地的文武官吏一律听从朝廷节制与调遣,只有藩王府的护卫军听命于各自的藩王。

第四,"诸不在令中者,推此令从事"含义多多,但最为核心要表达的是,藩王除了拥有自己的护卫军外,不得染指其他,中央朝廷才是全国惟一合法的最高的权威。实际上这是朱元璋对自己执政三十一年的政治"疏漏"进行"一网打尽"式的补救。

换句话,朱元璋是在说:全国的臣民们,我的那些皇家龙种小子们,你们全听好了,如今即位的朱允炆为核心的中央朝廷才是全国惟一合法的权力中心。

朱元璋终于走了,去跟他的贤妻马皇后与爱子朱标等一起做伴了,他给大明帝国留下了一群虎视眈眈的皇家狼群和一只文弱的羔羊。这些皇家狼群披着"为父奔丧"的外衣,想从藩邸奔赴京师南京来,无奈老皇帝有遗诏"止诸王会葬","诸王怒"但又不好发作,只有来自北方的特别凶险的又胆大的大灰狼——朱棣,他可管不了这些了。(【清】傅维鳞:《明书·建文皇帝本纪》卷4,丛书集成本;【清】夏燮:《明通鉴·惠帝建文元年》卷12,纪12)

◉ 一只从北方来的大灰狼——朱棣奔丧

正当建文帝在南京城里为他的皇爷爷大办丧事之时，从北方来的那匹特别凶险的大灰狼，他似乎闻到了大明皇家里有着一股特殊的气息。其实那是他早已熟悉的侄儿——文弱的小羔羊朱允炆所散发出来的，招惹得他按捺不住内心的骚动，他要来皇家内院看看，探个究竟，这就是历史上争论不休的"朱棣奔丧"。

据后来朱棣钦定的《明太祖实录》记载：洪武三十一年闰五月乙酉日，"上（指朱元璋）崩于西宫。上素少疾，及疾作，日临朝决事，不倦如平时。渐剧，乃焚香祝天曰：'寿年久近国祚短长子孙贤否？惟简在帝心，为生民福。'即遣中使持符召今上还京，至淮安，用事者矫诏即还。上不之知也，疾亟问左右曰：'第四子来未？'言不及他，闻雨降，喜形于色，遂崩。寿七十一，遗命丧葬仪物，一以俭素，不用金玉，孝陵山川，因其故无所改，天下臣民出临三日，皆释服无妨嫁娶"（《明太祖实录》卷257）。

《明太宗实录》也载：洪武三十一年闰五月，"太祖不豫，遣中宫召上。已至淮安，太孙与齐泰等谋诈令人赍敕符，令上归国。及太祖太渐，问左右：'燕王来未？'凡三问，无敢对者。"（《明太宗实录》卷1）

上述记载中透露出一个关键信息：老皇帝在临终前似乎要将大明江山交给老四朱棣，他曾派了宦官到北平去召燕王进京，但朱棣走到今天江苏淮安时被朱允炆手下的人挡住了，而病危中的朱元璋并不知道朱允炆等人在捣鬼，他急切地催问身边的人："老四来了吗？"共问了三次，但身边的人什么也不说。（《明太祖实录》卷257；《明太宗实录》卷1）

看到这样的史料，人们往往以为朱允炆在搞宫廷政变，事实上朱元璋是有遗嘱——朱元璋一死，朱允炆就将皇爷爷的遗嘱公之于天下，这就是前面讲到的那四点；其核心一句话就是老皇帝传位给的不是老四朱棣，而是朱棣极度藐视的侄儿建文帝，朱棣的作假无非是要为他的篡位披上合法的外衣罢了。

那么历史上到底有没有朱棣钦定的"正史"中所说的燕王奔丧南下时被朱允炆手下的人挡了回去这档子事？

有。因为朱棣钦定的"正史"时不时地作假，使得人们很难相信其真实性了，所以我们只能寻找别的史料。朝鲜《李朝实录》中有这样的记载："军一人自辽东逃来，本国人也，属东宁卫，以辽东役烦逃还。言燕王欲祭太祖高皇帝，率师如京。新皇帝许令单骑入城，燕王乃还兴师。"（吴晗辑：《朝鲜李朝实录中的中国史料·定宗恭靖王李曔实录》上编卷1，中华书局1980年3月版，第1册，P150）

《李朝实录》中讲，有个军队里的朝鲜士兵因为不堪忍受繁重的劳役而自中国的辽东逃回了朝鲜，这个士兵回朝鲜后对人说，燕王朱棣想去祭奠高皇帝朱元璋，他带了军队上南京，但新登基的皇帝朱允炆只许燕王一个人进南京城，不许他的部队一起进去。燕王不干了，父亲也不祭了，带了他的人马就回北平去起兵。

一个外国人应该是不会受中国政治的太多的影响，所以，从情理上来讲，这段记载也应该是真实的；换句话来说，朱棣南下奔丧还真有其事，不过这个朱棣带了队伍浩浩荡荡地开赴南京，这倒不像是去奔丧的，让人一看就可能认为他是去衅事的。所以新皇帝朱允炆不答应他这样做，要他单骑入城，这是很在理的，更有合法的依据，那就是老皇帝遗诏中有言“诸王临国中，毋得至京”。说实在的，朱棣要是真的心中只有对“父亲”的一片悲痛与思念的话，他断然不可能到了京师附近了而不进南京城里去拜祭。所以说，朱棣这个被人们一向称颂的伟大的政治家本质上是何等之虚伪——他一直自称是“老爸”朱元璋的“好儿子”。

对于这段历史，《建文皇帝遗迹》有着更为详细的记载：“太祖高皇帝崩，遗命燕王不许渡江进香，除朝廷大事，许令藩臣赍表，毋得擅自离国。时诸王子皆得赴京奔丧吊泣，惟王中途闻此而止。王大怒，欲令进舟，见江口设兵以阻，遂不果。道衍进曰：‘大王以至孝渡江，奈何有违治命，反为不孝也？惟愿殿下养成龙虎之威，他日风云感会，羽翼高举，则大江投鞭可断也。今日何得屑屑于此哉！’王深然其意，遂返国。”（【明】大岳山人撰：《建文皇帝遗迹》）

这是讲老皇帝朱元璋死时确实留下遗命，不许燕王等藩王渡过长江到南京城里进香祭奠，除非朝廷有大事，才允许藩王府的臣僚带了藩王的奏折上进给朝廷，而藩王本人不得擅自离开藩地。但老皇帝朱元璋一死，各地藩王的儿子们纷纷奔向南京，前去祭奠高皇帝朱元璋，哭声响彻南京城。走在奔丧途中的朱棣听到南京城里的这等事以后就不再往前赶路了，他在发火，要想让他的军队一同开进南京城。但在江北的长江口他看到了许许多多的朝廷水军官兵把守着各个口子，朱棣根本没法叫他的军队再前进了。这时，军师道衍和尚开始劝解朱棣：“大王您正因为拥有了一片至孝之心才奔走到了这个长江边，为什么现在要违背父亲的遗命，干出不孝的事情？我倒希望大王您马上回去，积蓄力量，养成龙虎之威，来日风云际会之时，殿下您只要振臂高呼，这长江就可被您军队将士用的马鞭所填满了。何必要计较今天这件小小事情的得失！”朱棣听后，觉得道衍说得不错，马上就带了军队回去了。

综合上述史料，我们可以更加清楚地看到，所谓朱元璋死后的“燕王奔丧”，实际上折射出这样几个信息：

第一，朱棣在朱元璋临终之前已经微微露出了点大灰狼的尾巴，但不明显，不严重，否则的话，很可能就给他的“老爸”朱元璋收拾了。而他“老爸”临终前的那些针对他及北方边务的决策到底隐含了什么？朝中有没有这方面的秘密，他要来探探，所以乘着老爸死的机会来试测一下风向，以便调整好他的“雄才大略”。

第二，朱棣奔丧是名，刺察京城防务和觊觎皇室帝位是实。若是真要哀悼“老爸”的话，朱棣岂有到了京师附近还不入城去祭奠之理？军队进不去，朱棣可以进去，即使大行皇帝留下遗命要藩王们在藩邸遥祭，但既然来了南京，新皇帝朱允炆是“仁明孝友”之人，很讲道理，总不会不让叔叔来尽尽孝么，但就是燕王的事多，一定要带军队一起进去祭奠。由此只能说明当时朱棣心很虚或言心术极不正。

第三，从治丧期间的大明朝廷来看，朱允炆尽管文弱，而且有点迂，但绝对不傻，对朱棣的鬼把戏还是有所警惕的。其实这是建文帝与藩王之首燕王的第一次正面的小小交锋。从朱棣迅速退回这事来看，一方面说明朱棣很狂妄，老子有的是本事，“半个月亮”的小皇帝，以后走着瞧；另一方面说明朱棣还没有做好造反的准备，这从军师道衍的劝辞中完全可以得到印证。

事情到此暂时可以画上一个小小的句号，新皇帝朱允炆取得了一个小小的胜利，随后建文朝的君臣们似乎并没有对于这匹来自北方的特别凶残的大灰狼引起高度的警觉，相反他们踌躇满志地投入到了新政改革中去——“建文新政”。

第三章 建文新政与贞观再造？

建文帝距离我们已经有600多年了，但历史从来就没有忘记这位宽仁、老实的苦命皇帝；直到今天还有人在网上专门为建文帝开设了论坛，有好多FANS在纪念他，有人说建文帝是个大孝子，有人说他是个老实人，又有人说女孩子若要嫁人就该嫁建文帝，还有的网友说，他准备在12月5号专门发帖给建文帝，祝他生日快乐……为什么建文帝具有如此巨大的人格魅力？他到底做了什么样的事情让后世的人们如此魂牵梦萦？

建文登基即位

洪武三十一年(1398)闰五月初十日，一代雄主、奇特的开国皇帝朱元璋在南京明皇宫西宫病逝归天。皇位继承人皇太孙朱允炆随即将朱元璋的遗诏颁示天下，大明朝廷内外一片举哀。“皇太孙治丧礼，披发哭踊，哀动左右。敕有司丧仪悉遵《周礼》，前朝后殿，各设座如生存，凡十有一所，京官四品以上，朝服执钺，立于诸陛。自初十以至十六，哭临如礼，昼不饮勺水，夜不就枕箪。群臣、百姓于大明门外望见其深墨之色，哭泣之哀，莫不举手加额，曰：‘天子纯孝，喁喁然，有至德之思焉”(【明】赵士喆：《建文年谱》卷上，P28)。

闰五月十六日，朱允炆下令安葬了他的皇祖父朱元璋。同一天，朱允炆宣布正式登基即位，并发布了登基诏书。他的即位诏书是这样说的：

“天祐下民作之君。我皇太祖高皇帝受天明命，统有万邦，宵衣旰食，弘济斯民。凡事有益于天下者，无所不用其心。政教休明，规模宏远。朕以眇躬，纂承大统，恭依遗诏，于洪武三十一年闰五月十六日即皇帝位。夙夜惶惧，思所以克相上帝，宠绥四方，以无忝我皇祖之大命。永惟宽猛之宜，诞布维新之政。其以明年为建文元年，大赦天下。于戏！德惟善政，政在养民。当遵先圣之言，期致雍熙之盛。百辟卿士，体朕至怀，故兹诏示，想宜知悉。”（【明】姜清：《姜氏秘史》卷 1；【明】谈迁：《国榷·太祖洪武三十一年》卷 11；【明】朱鹭：《建文书法拟》前编七；【明】薛应旂：《宪章录校注》，凤凰出版社 2014 年 9 月第 1 版，P149）

朱允炆的这份即位诏书讲了四大要点：

第一，我是高皇帝的皇太孙，是受天命继承大统，接任大明帝国君主之位，大赦天下，从明年起改年号为建文，由此朱允炆就被人们称为建文帝。朱允炆的这番即位说辞的潜台词是在说，我是大明帝国惟一合法的皇位继承人，这是承应皇祖朱元璋遗诏而言的，也是他向内外大臣尤其是他的皇叔们宣告自己继位的合法性。

第二，正因为我是承应天命即位，那么我要代天行事，凡是有利于我天下苍生黎民的事情，我都要努力去做好，国政教化尤其要强化，远播我大明之声誉与影响。

第三，现在我开始正式即位，但我日日夜夜都在思虑着：面对上天，我如何才能忠实地执行它的意志？面对皇祖，我如何才能不辱他老人家交付我的使命？我想恐怕也只有宽猛相宜，以宽矫猛，推行维新之政。

第四，我的为政观是实施宽仁之政。作为一个合格的君主，应当遵循先圣之教诲，他的最大之德就在于实施善政或言宽政，这种善政的具体表现就在于与民休息。只有这样，才能开创和煦的太平盛世。

朱允炆的即位表明大明帝国翻开了新的一页——建文时代。

“建文新政”时代

建文帝即位时 22 岁，这个岁数正好是人生精力最为充沛和对未来充满希望的年龄。据“正史”所载，朱元璋死后，正值“奔腾”年龄的建文帝一夜之间成了大淫棍，他“遣宦者四出，选女子充后宫，媚悦妇人，嬖幸者恣其所好，穷侈极奢，亵衣皆饰珠绣，荒淫酒色，昼夜无度，临朝之际，精神昏眩，百官奏事，唯唯而已”（《明太宗实录》卷 1）。

但经数代史学家们的艰辛考证，已经查实：上述有关建文帝的荒淫之说，纯属一派胡言。不过，新即位的大明帝国君主建文帝确实是在忙乎着，但他忙乎所要解决的问题却不是自己的个人生理欲望，而是要以先秦儒家思想理念作为治国政治指导，来解决“朱元璋后”的问题，因为当时大明帝国的形势实在是不容乐观，其最为突出的焦点问题有四：

第一，洪武年间屡屡爆发大案要案，朱元璋丧心病狂地杀戮开国功臣武将，尤其是“蓝党”案爆发后，牵连甚众，“主犯”大将军蓝玉临刑前曾大呼：“朱公谓天下已定，何不留一二以防不测？”(【清】查继佐：《罪惟录·诸臣传逸》志卷32，浙江古籍出版社1986年第1版，第2册，P1077)可朱元璋就是那么绝，将大明洪武年间所封的11公57个侯几乎全杀了。

这样就不仅造成了洪武晚期大明中枢高级官僚梯队青黄不接的被动局面，而且也使得大明中枢的威望与权势渐趋衰弱。

第二，大明开国时朱元璋就认为：“水弱民狎而玩之，故多死也。盖法严则人知惧，惧则犯者少，故能保全民命。法宽则人慢，慢则犯者众，民命反不能保，故守成者不可轻改祖法。”(《皇明祖训》洪武六年五月，北京图书馆善本部藏明抄本)从这样的“法治”指导思想出发，整个洪武年间的大明帝国政治酷寒，法峻刑严，有人甚至描述其为“无一日无过之人”(【明】解缙：《大庖西上封事》，《明文海》卷47)。

朱元璋的严刑峻法，虽然使得大明帝国的中央集权得到了空前的加强，但它不利于明初社会秩序的真正稳定与和谐，也就大大地妨碍了大明帝国的长治久安。

第三，洪武年间尽管朱元璋多次下诏减免自然灾害发生地区农民的赋税与徭役，但这毕竟是有限的，加上大明刚刚开国，百业待举。就以都城建设而言，朱元璋在建造明皇宫和南京城的差不多同时，又在老家凤阳开工兴建中都都城与宫殿，伴随之又在南京城东修建明孝陵，这桩桩件件哪个不是动用几十万人的劳动力。尽管农民出身的大明开国皇帝朱元璋也想做到轻徭薄赋，但就实际情况来看，他实在是很难真正做到。尤其是大搞“基本建设”，耗费的不仅仅是全国臣民的“义务劳动”，更多的是百姓用血汗换来的财税。而就宋元以来中华帝国的财政经济形势而言，“天下赋税东南出其半”。如此情势，使得大明帝国一开始就对江南地区实行重赋，向当地百姓征收了比全国其他地区高出几十倍甚至上百倍的财税，加上朱元璋在洪武年间镇压与迁徙江南地区的豪民富户，这样一来，大明帝国尽管定都南京却不仅没有让江南人民享受到“红太阳”升起地方的温暖，反而雪上加霜，用建文帝在即位后第三年发表的诏书里的话来说“国家有惟正之供，江、浙赋独重”(《明史·恭闵帝本纪》卷4)。这对定都南京的大明帝国可是极为不利的。

第四，朱元璋大行分封，欲以地方藩王来辅翼中央皇室，但又赋予他们极大的军事权，表面看来是为了御边。诚然，藩王们确实也起到了保卫大明边疆的作用，可大家千万别忽视了，给予地方藩王更大军事权的另一面，那就使得地方藩王日益坐大。虽说朱元璋活用“荆条除刺”理论，几乎杀尽了异姓功臣勋将，但大明新的武装动乱种子随着朱元璋分封制的推行而悄悄地播下了。更使人尴尬的是，这些地方藩王与大明第二位君主在政治上是君臣关系，但在皇族里是叔侄关系，明明是政治上的皇帝，可到了朱家自家家里却要向政治上的臣子行晚辈礼；明明是皇族里的长者、尊者的叔叔但到了政治层面却要向幼辈的侄儿行臣子之礼，这种双方错位的关系加剧了大明君主与藩王、中央与地方的矛盾。（《明太祖实录》卷125，洪武十二年六月甲戌；《明史·恭闵帝本纪》卷4）

在专制社会里，靠武力说话是根本，是硬道理。因此说，拥兵自重的地方藩王的存在终究是大明帝国的巨大安全隐患。

以上是建文帝即位之际的大明帝国存在的四大焦点问题。对此，新即位的建文帝在他的即位诏书中明确提出了“永惟宽猛之宜，诞布维新之政”和“德惟善政，政在养民”的施政纲领；应该来说，它是极其明智的，大明由此开始步入了“建文新政”时代。（据笔者所知，“建文新政”最早是由著名明史专家黄云眉先生提出，详见黄云眉：《明史考证》，第1册，中华书局1979年9月第1版，第55页）

◉“建文新政”的核心——“德惟善政、政在养民”

“建文新政”是我们现代人对建文朝实行的一系列维新举措的总体概括，具体地说，它是以先秦儒家所竭力追求的“王道政治”理想、“仁政”政治理念与“民本主义”为治国安邦的理想目标，实行德政礼教、与民休息和“宽猛相宜”的“善政”或言“宽政”。这就是建文帝所要“诞布维新之政”之核心，只有这样才能“期致雍熙之盛”。

在建文朝君臣看来，只有从“宽和政治”、“宽减刑罚”、“宽免赋税”等方面入手，将洪武年间的严刑峻法予以减缓，创造宽和的政治环境，以德治国，善政养民；同时以礼教来羁绊或约束地方藩王，调整中央与地方藩王的关系；如实在不行，那只有以裁抑的手段予以解决了。

既然“建文新政”是以先秦儒家的理想政治理念作为指导，遵循先圣之教诲而实行“德治宽政”，而要做到这一点就必须要“得其人”，即先秦儒家所说的“为政在人”。儒家经典“四书”中的《中庸》就这样说道：“（孔）子曰：‘文武之政，布在方策。其人存，则其政举；其人亡，则其政息。……故为政在人’”（《礼记·中庸》）。对此，从小就喜爱读书、饱蘸儒家思想文化的建文帝再也熟悉不过了。为了尽早实现儒家的“仁政”理想和“王道”天下，建文帝于即位之初就表现出其急不可待的心理，在登基后的第六天他就下诏给臣下，要求他们举荐人才，“（洪武三十一年闰五月）丙申，诏文臣五品以上及州县官各举所知，非其人者坐之”。不久，建文帝又颁发诏令，将他皇爷爷晚年提拔和重用的文臣齐泰由兵部左侍郎提升为兵部尚书、黄子澄由翰林院修撰提升为太常寺卿，“同参军国事”；接着他又将有“天下读书种子”美誉的时任蜀王世子老师的方孝孺召为大明翰林院侍讲，实际担当起“建文新政”的总设计师。(《明史·恭闵帝本纪》卷4)

◉ “建文新政”智囊——齐泰、黄子澄、方孝孺

○ 齐泰——出自南京本土的“解元”(南京举人考试第一名)

齐泰，南京溧水人。最初他不叫齐泰，叫齐德。洪武十七年，明太祖在经过了一系列官僚选拔机制的调整抉择后终于作出决定，确立以科举作为大明帝国官员选拔的主渠道。齐德赶上的也正是时候，那年他从家乡溧水赶往南京城，参加应天乡试，中了“解元”(即乡试第一名)；第二年他又考中了进士。在明初科举刚开的时候，像齐德这样“有才”的人还真是不多。确切地说他是知识型的技术官员，这在小学文凭都没有的皇帝朱元璋面前他着实为当时的知识分子长了脸。朱元璋也很喜欢他，让他先在礼部当主事(可能类似于民政部的副司长)，后来又叫他到兵部去当主事(可能相当于国防部的一个副司长)。干了几年，齐德被升任为兵部郎中(可能相当于国防部的司长)。(《明史·齐泰传》卷141)

齐德做事细致踏实，甚至可以说是一丝不苟，他品德也很好，自从进入大明帝国权力中心以后，尽管他的官职在当时的官场上小得可怜，但他平日里时时坚持自己的道德操守，很得人们的喜欢，就连一辈子苛求完美的朱元璋也找不到他的任何缺点。

有一次，明皇宫前朝三大殿的谨身殿遭受了雷劈，这在现代人看来，那是一件普通得再也不能普通的事情，装个避雷针不就完事了么！可在600年前那是一件十分了不得的事情，雷劈意味着上天对人世间所发生的事情不满，甚至可以说是发怒，而雷劈的地方偏偏又是在明皇宫，这还了得？一生什么都不怕的朱元璋就怕天了，他赶紧行动。按照当时的规制，天怒了，就要到城郊祭祀天地庙。祭就祭吧，我们民间常见的祭祀方法，不就是烧几张玉皇大帝开办的“冥通银行”所发行的纸钱。不，在那时，皇帝级别的祭祀礼仪还特别有讲究，在祭祀之前，主祭者皇帝不仅要吃斋沐浴，而且在这个关键时刻还得保持六根清净，后宫里哪个“妹妹”再需要，朱皇帝也不能去“临幸”，哪怕是活动活动心眼也不行。对于这一切，什么都能忍过来的朱元璋都能做到，最难的是他还得要找在九年内没有犯过任何过错的官员一起陪祭。(《明史·齐泰传》卷141)

洪武中晚期，朱元璋先是死了老婆马皇后、皇长孙朱雄英，后来死了皇太子朱

标、二儿子朱樉、三儿子朱棡，皇帝权力再大也无法解决亲人远逝之痛的问题。这一切终使已经年近古稀的朱元璋常常会大发无名之火，朝中好多做官者都为之莫名其妙地把脑袋给做没了，所以说要找出在九年内没有犯过任何错的大臣还真不是那么容易的一件事。但最终没难倒一辈子细心和善于观察的朱皇帝，他想起了，在兵部的齐德就是这么一个完美无缺的人，朱皇帝叫上齐德等人，一同上南京城郊去祭祀。有这样完美的文臣君子陪同，祭祀活动自然效果极好。朱元璋心里美啊，一时兴来，觉得齐德这个名字果然很好，向古代圣贤之嘉德看齐么，但朱元璋更要使他的大明帝国在齐德这样完美君子的辅助下稳如泰山，于是他下令赐名齐德为齐泰。洪武二十八年朱元璋又将齐泰提升为兵部左侍郎(大概相当于国防部副部长)。(《明史·齐泰传》卷141)

齐泰可是个有修养的人，没有蓝玉之类的武夫那样肤浅，他当到了“国防部的副部长”，算得上在大明朝中有脸面了，但他还是很谦虚，也很好学，虽说自己是文人出身，却干起了管理武夫的事情，这难不倒已经将几万字的“四书五经”背得滚瓜烂熟的“齐解元”、“齐进士”啊，他拿出了当今我们在地铁或公交车上经常见到的、为了考过那该死的“四、六级”而挤出点滴时间死背英语单词的大学生那股好学劲，其做法也绝对不亚于我们现在教育部门所追捧的标准化考试中阅卷老师死盯着标准答案忘我阅卷的认真相。

齐泰的“敬业爱岗”很有成效，有一次，皇帝朱元璋想起了这位“完美”君子，想考察考察他对工作业务的熟悉程度，于是就问他：大明帝国边关都由哪些将军在把守着？齐泰从东说到西，从南说到北，一个也不漏，直把朱元璋听得一愣一愣。朱元璋停了一会儿，又问齐泰有关大明各地的形势状况。没想到齐泰这次不说话了，随身取出一份天下地势图册献给了朱皇帝。该图册详简得当，令人一目了然，这下可把朱元璋惊讶得好长时间嘴都合不上。从此，他就从内心佩服这位“齐解元”、“齐进士”了。

齐进士这么“有才”，朱皇帝那般惊叹，终使洪武晚期在大明中央高端官僚人才青黄不接的关键时刻，已经升任为兵部左侍郎的齐泰成为了从“洪武”转向“建文”的股肱之臣。(《明史·齐泰传》卷141)

朱元璋生命最后时刻和建文初期所重用的大臣中还有一位比“齐解元”更有学问——在类似于今天全国性研究生学位统一考试中得了第一名的书生大臣，他就是黄子澄。

○ 黄子澄——来自江西分宜的“会元”(全国会试第一名)

黄子澄，江西分宜人。与齐泰有着极其相似的经历，黄子澄早年在江西老家苦读，洪武十七年参加地方乡试，他脱颖而出；洪武十八年黄子澄来南京，与后来的难兄难弟齐泰一同参加会试——全国性的举人统一选拔考试，齐泰在乡试时考了南京地区的第一名，而这个黄子澄更是了不得，在洪武十八年的会试中考了个全国第一名，不过古时候的人们不像现在有些人用词汇那么贫乏，老叫什么第一名，黄子澄在会试中考得个第一，人称"会元"。按照中国古代科举的习惯(宋代起形成的惯例)，会试以后就是殿试，但事实上殿试并不难考，有时是过过场，当然绝非是可以作弊的，而是正儿八经地也考一场，然后分一下举子的名次，没有名额淘汰。所以从某种程度来说，会试考好了，就等于殿试十拿九稳，黄子澄就是这么一个"特有才"的幸运儿。

因为在会试中考得好，黄子澄比起齐泰来就更占优势了，皇帝朱元璋对他特欣赏，让他先进大明翰林院当编修，这个翰林院相当于现在中央中枢机构研究院，翰林院编修可能就相当于中央中枢机构研究院的副研究员。后来黄子澄又升官为翰林院修撰，即研究院的研究员，并兼任东宫伴读。东宫伴读是个什么概念？东宫就是皇太子所在的地方，古时候人往往将之代称为皇太子、皇太孙，伴读就是我们民间老挂在嘴边的"陪读"。黄子澄出任东宫伴读，这是官方说的客气话，即让他陪同东宫里的皇太子或皇太孙一同读书，实际上他就是皇太孙朱允炆的老师，皇帝将天下一流顶尖人才收罗到东宫，那么未来的大明之主岂能没学问？(《明史·黄子澄传》卷141)

朱元璋网罗天下给自己的皇位继承人朱允炆找了这么一位优秀的学问家来当老师，问题是学问家不一定是政治家，政治家不一定要有多少知识学问(至少在中国是这样的)，朱元璋就是一个连小学文凭也拿不出的中国历史上杰出的政治家。因此某种程度上来说，搞政治的不一定有多大的学问，不是过去有人说知识越多越反动么！一辈子老辣精明的朱元璋似乎表现出极大的无知，他将知识学问误作为政界的权谋，将书生和学问家当作了大明政治角斗场上的猛士或者说是稳操胜券的智多星。诚然，晚年朱元璋也有构建大明帝国文臣化中枢机构领导班子，以便他的皇位继承人能够顺利地将"洪武"过渡到"建文"的意向，这大概是朱元璋晚年"喜文爱才"的一个极为重要的原因吧(其实，朱元璋骨子里还是右武抑文)。

殊不知，朱元璋如此"喜文爱才"的做法不仅将齐泰和黄子澄两书生送上了不归路，而且还将自己孙儿的帝位搭了进去，一同作为他晚年失误决策的殉葬品。当然，这是后话了。

老皇帝朱元璋为即位的宝贝孙子所配备的领导决策智囊可称得上是"双高"(高学历、高智商)精英了，朱元璋如此"爱才"算得上是爱到家了；殊不知，他的皇位继承人朱允炆比起其乃祖来更是有过之而无不及，爷爷将南京地方乡试的“冠军”和全国统考的“状元”配给了他，可这个孙子还嫌不够，于是在登基即位后没多久朱允炆又将更有学问的“文化名人”、有“天下读书种子”美称的方孝孺请到了明皇宫。

○ 方孝孺——“天下读书种子”

方孝孺，字希直，浙江宁海人，出生在一个书香门第的家庭里，自小天资聪慧，刻苦好学，常常足不出户，几乎到了好学成癖的地步。乡间里坊知之无不啧啧称奇，人们将他称呼为“小韩子”，即小韩愈，就是说他的学问可以与唐代的学问家韩愈相比。

方孝孺的父亲就是明初有名的好官“循吏”方克勤，洪武四年他出任山东济宁知府，为政期间与民休息、轻徭薄赋，大兴教化，使得济宁府“户口增数倍，一郡饶足”。在山东省内官府考绩中，济宁府名列山东各府之首。从此，方克勤的好官名声远扬，就连南京城里的皇帝朱元璋也早就听说了，他十分欢喜。洪武八年方克勤上京师南京觐见，受到了朱皇帝的赞赏和表扬，一向小气抠门的朱元璋还特地赐宴招待了方克勤。（《明史·循吏传·方克勤》卷281）

但没多久，政绩与美名斐然的方克勤却遭到了同僚的暗害，被诬陷谪放到了广东的江浦去服役，干了近一年时间，将要被释放时，一场更大的灾难却又在悄悄地降临了。洪武九年(1376)“空印案”爆发，地方各州府县的主印官和主政官无一幸免均遭株连和杀戮，方克勤就此莫名其妙地被杀了，留下了没爹没妈的方孝闻、方孝孺等兄弟几个。（《明史·循吏传·方克勤》卷281）

父亲方克勤被杀，使得方孝孺原本正常的生活和学业被打乱了。经过痛苦的抉择，方孝孺最终还是打定主意，遵循父亲在狱中的嘱咐，上南京去寻找名士宋濂，拜他为师，继续求学。

虽说方孝孺在南京求学的时间只有一年，但这一年对于方孝孺来说却是至关重要。好多明史研究者都没有注意到这一点，那就是方孝孺后来跟建文帝亦师亦友的关系很大程度上与这一年南京求学生涯有关。因为宋濂既是方孝孺的老师，又是朱标太子的老师，方孝孺与朱标都是温文尔雅的文人后生，同拜一师，关系不错。正因为如此，后来朱允炆一登基就马上召见方孝孺入朝，并委以重任，当然这是后话了。

洪武十年(1377)68岁的宋濂获准退休，回金华老家，方孝孺就跟随老师宋濂来到浙东乡下继续求学。在金华的3年，方孝孺学业“日有所进，而月有所获”，就连宋濂门下的一些学兄们都自叹弗如，甚至像胡翰和苏伯衡之类的学术界的老前辈也感到望尘莫及。宋濂曾十分高兴地说："此生如果再加些岁月苦学的话，我们这些老辈的都要敬畏他了，当然我现在讲这个话可能有人认为我感情用事，但过了20年，人们就会觉得我说的一点也不过头啊！"(《明史·方孝孺传》卷141；参见【明】祝允明：《九朝野记》卷2)

洪武十三年(1380)，方孝孺回乡探亲，就在此时大明朝发生了惊天大案——"胡惟庸谋反案"，皇帝朱元璋穷追其党，好多无辜的人都被牵涉到了里边去。宋濂的长孙宋慎和宋濂的小儿子宋璲都因被指控为"胡党"分子而遭杀，就连泥土快要盖头顶的宋濂也受到了株连，本来要被处死的，但由于朱标太子和马皇后的竭力营救，最终才免于一死，发往四川茂州。消息传到宁海，方孝孺悲痛不已，他赶到了金华，与同门师兄弟及学友相约赶赴四川探望老师，但不巧的是因事未能成行。方孝孺只好借助笔端，写成《吁天文》，祈求上苍缩短自己的寿限来增加恩师之寿命，师生炙热感情跃然纸上。

洪武十五年(1382年)由于吴沉等人的推荐，26岁的方孝孺来到南京，接受皇帝朱元璋的召见。朱皇帝对他进行了策试(当时科举没有正规化)，方孝孺才思泉涌，奋笔疾书。卷子上交时，朱皇帝仔细端详了方孝孺的模样，发现此人举止端庄，言行磊落，便连连称赞，"此乃奇才也"。然后回过头对朱标太子说："此庄士，当老其才。"于是他就叫人准备了礼物送给了方孝孺，并将其遣送回家。可没多久，方孝孺又为仇家所告，被逮到了南京，听候皇帝的发落。朱元璋看到"罪犯"名单上有"方孝孺"的大名，马上叫人把他给放了。从此，方孝孺就一直在宁海老家读书做学问，其间"(方)孝孺顾末视文艺，恒以明王道、致太平为己任。尝卧病，绝粮。家人以告，笑曰：'古人三旬九食，贫岂独我哉'"(《明史·方孝孺传》卷141)。

○ 被人遗忘了的600年前伟大的思想家

就在困顿宁海乡下的十年间，方孝孺最终迸出了许多闪亮的政治理念火花，"民主君客论"或"君职论"和"民本仁政论"等都是在这个时候形成的。

洪武年间大明经济虽然有较大的发展，但社会矛盾还是很尖锐。方孝孺认为，其根本原因就在于"富者益富，贫者益贫，二者皆乱之本也"；"使陈涉、韩信有一之宅，一区之田，不仰于人，则且终身为南亩之民，何暇反乎？"那么怎么来解决社会贫富悬殊问题，方孝孺天真地认为只有恢复先秦时代的井田制，"但使人人有田，田各有公，通力趋事，相救相恤"，才能消除社会动乱的根本。(【明】方孝孺：《逊志斋集·与友人论井田书》卷11，宁波出版社2000年1月版，P347，以下略)

当然，方孝孺以"恢复井田制"来消除贫困和解决社会矛盾的思想在现代人看来是极其可笑的，即使在当时也是行不通的。

方孝孺思想的真正闪光点或言思想火花是他的“民本仁政论”和“民主君客论”或言“君职论”。

方孝孺的“民本仁政论”是在承继中国传统儒家思想的基础上形成的。他极为欣赏儒家理想的君子人格，“修身齐家治国平天下”，怎么修身呢？读圣贤之书，以古圣为自己的楷模。他曾说：“人孰为重？身为重。身孰为大？学为大。”但光学圣人之道是远远不够的，还应将圣人之“道”用于社会实际中去。君子士人读书就是为了探寻治国之良策，即推行仁政。他主张以仁义德礼治天下，坚决反对暴政，主张宽政于民，坚决反对严刑峻法。因此有人认为，方孝孺的“民本仁政论”是对中国儒家孟子学派“民本”思想的发展。

由“民本仁政论”引出了“民主君客论”或言“君职论”。方孝孺的前半生是在朱元璋严刑峻法的非常时代度过的，加上父亲被冤杀，使得方孝孺没有他那个时代腐儒那样一般见识——君权无限，责下无尽。他就当时政治来了个极大的思想“反动”。

明朝开国皇帝朱元璋将君民关系视作为主子与奴才的关系，他说：“食禄之家与庶民贵贱有等，趋事执役以奉上者，庶民之事。若贤人君子既贵其身，而复役其家，则君子野人无所分别，非劝士待贤之道。”(《明太祖实录》卷111)

“为吾民者，当知其分，田赋力役出以供上者，乃其分也，能安其分，则保父母妻子，家昌身裕，斯为仁义忠孝之民，刑罚何由而及哉”(《明太祖实录》卷150)。而方孝孺反其道而行之，认为：“天之立君所以为民，非使其民奉乎君也”，“如使立君而无益于民，则于君也何取哉！”于此他鲜明地提出了“君职”理论：“人君之职，为天养民者也。”(【明】方孝孺：《逊志斋集·君职》卷3，P76)在方孝孺看来，人世间君主的主要职责就在于代天养民；上天之所以要人世间的这个君主，主要是从天下之民的角度考虑问题而给他设立那个位置，绝不是让天下之民去侍奉那个君主。可是后世出来的人君哪是这个样，他们不仅不养民，还无休止地向民索取赋税、肆意征发徭役。如果不从，他们就诛罚相加，以至于礼仪失修、政教不行，这与人君原本之职已经相差十万八千里了。

在谈到君职时，方孝孺还谈了臣职。他认为朝廷百官都有自己的职责，要是他们没有尽职，程度轻一点的则受责罚，重的就要被杀。从表面上看，这似乎没什么错，但要知道，人君之职要远远大于人臣之职。要是人君玩忽职守，臣下是不能也无法诛罚他的，但上天将会“怒而殛绝之”。因此他认为人君最好在代天尽职之前要好好学习古代先王(法先王)，而且要真诚地学，不能“好为聪察”或使用奸诈的手

段揣摩天下人心情，用刑罚来进行统治，否则最终会导致灭亡。(【明】方孝孺:《逊志斋集·君职》卷3)

方孝孺的"民主君客论"或言"君职论"，尝试着给君主的权力与义务进行定位，不要让他有无限的权力和利益而不承担任何的责任。因此，就方孝孺的这种思想理念而言，应该说，还是相当前卫的，它已经有朦胧的君权限制意识，是对朱元璋建立极权专制主义的一种变相抗议。他要是再往前走一步，那就是君权制约思想产生了。但就此并不妨碍我们将他称为600年前的伟大思想家。不幸的是他的思想火花后来被强权政治所淹没了，直到300年后的明清之际出了位大思想家黄宗羲，他从历史的废墟中寻找到了方孝孺的"民主君客"思想，正式提出了"原君论"："古者以天下为主，君为客，凡君之所毕世而经营者，为天下也。今也以君为主，天下为客，凡天下之无地而得安宁者，为君也。"(【清】黄宗羲:《明夷待访录·原君》)可惜啊，传统中国社会中君权限制意识之萌芽被延迟了整整300多年！

现在该是给方孝孺思想以正确定位的时候了，坦率地说，我们决不能以政治的成败来评定历史人物及其思想。大家都知道，君子往往斗不过小人，更不会胜过流氓、魔鬼和强盗。历史的冷酷就在这里，后来魔鬼胜了，朱棣不仅篡改和销毁方孝孺的文章与书籍，而且还肆意地歪曲方孝孺，我们后人应该来还历史的公道。

不过，方孝孺的"君职论"、"民本仁政论"和"恢复井田论"等"反动"思想在当时朱元璋时代还不为人所知，它们静静地"躺"在方孝孺的文稿里，等到建文登基即位后，方孝孺被召入明皇宫，这些闪耀着火花的思想才被建文帝所发现，并引起了共鸣，成为后来"建文新政"极为有益的理论指导，或言"建文新政"的精神灵魂。

○ 来自远方的"建文新政"总设计师——"方正学"

方孝孺思想上获得了超越，但命运之神似乎老跟他过不去。洪武二十五年(1392)初，又由于别人的推荐，久困宁海乡下的方孝孺受到了朱元璋的召见，但由于双方政见或意趣的不合，朱元璋还是没有重用他，只是说："今非用孝孺时。"最终仅给了方孝孺一个无关紧要的官差——陕西汉中府学教授(相当于汉中府学的校长)。由于汉中毗邻蜀郡，蜀郡当时就是朱元璋的那个"孝友慈祥，博综典籍，容止都雅"的11子朱椿的藩地所在，朱椿久闻方孝孺之大名，没想到他会被派到汉中来，真是有点喜出望外，他叫人备了份厚礼到汉中去聘请方孝孺上成都，担任蜀王世子的老师。方孝孺与朱椿意趣相投，每天见面了就要谈古论今，评说道德文章，蜀王朱椿以特殊的礼仪对待方孝孺，将方孝孺的读书之庐命名为"正学"，方孝孺的别名"方正学"由此而来。

正当方孝孺在四川过着平静的教书生活之时，大明帝国出大事了！洪武三十一年(1398)闰五月，老皇帝朱元璋病逝于南京明皇宫，皇太孙朱允炆即位。新皇帝上台没多久就下诏，将方孝孺召到南京，让他担任翰林侍讲，第二年(1399)迁为侍讲学士。

方孝孺早年就有"仁君贤臣"的思想，用他的话来讲就是"使君如唐虞，致身如伊周"，即要仿效伊尹和周公那样的贤臣去辅佐像唐虞那样的君主，但他过去一直是怀才不遇，如今碰到的是以"明王道"、"法先王"为治国理想的书生皇帝朱允炆，真是如鱼得水，因而他就尽其所能，宣传他的思想，竭力辅助好建文帝。建文帝喜欢读书，这跟方孝孺又是情投意合，建文帝一旦遇到一些吃不准的大事就直接向方孝孺咨询或请教，甚至在上朝议事时，群臣上奏请示，建文帝还让方孝孺在御座前直接批答；建文帝要编撰《明太祖实录》，就叫方孝孺担任总裁官，负其全责。后来朱棣发动叛乱，朝廷下达的讨逆诏书或檄文也都出自方孝孺之手。(《明史·方孝孺传》卷141)

从方孝孺在建文朝出任的官职来看，先是翰林侍讲，后迁为侍讲学士，再后来改名为文学博士(建文帝更定官制之时)；这些官位的品秩都不算高，属于皇帝顾问或秘书一类，但重要性相当之大。因为这对君臣完全没有老皇帝朱元璋时代那般君主臣奴模样，从表象来讲，方孝孺是建文帝的臣子和秘书，但实际上建文帝任用孝孺，"绝不是只以其为顾问秘书，为一砥砺德行请益学问的良友而已，而是欲以孝孺的儒学，进行政治的革新"(朱鸿:《明成祖与永乐政治》，台湾师范大学历史研究所专刊〔17〕)。因此，从某种程度上来说，方孝孺的思想简直就成了"建文新政"的灵魂。

○ 建文朝政治角斗场变成了学习"王道政治"的实验基地

从建文朝领导核心和决策层——"三智囊"的整体情况来看，齐泰、黄子澄和方孝孺都是书生，有这么三个书生气十足的饱学之士和道德楷模来辅助年轻皇帝朱允炆进行改革，使得原本文弱又有浓浓书生气的朱允炆总在关键性的"政治考试"中听信了出于一片好心的好人所出的"馊主意"，选择了错误的"政治答案"。

从建文帝自身角度而言，他天性文弱，又过于对不切当时实际的政治理想的追求或言过早的追求，书生皇帝加上三个他所倚重的没有政治实战经验的书生大臣，重重叠叠的书生气，使得大明帝国权力中心由充满血腥的政治角斗场变成了学习"王道政治"的实验基地。

更为令人啼笑皆非的是建文朝书生君臣由于意趣相投，惺惺相惜，建文帝一反皇爷爷的大权独揽的专制做派和规制，倚重甚至更多的是委政于书生大臣；而对于三个书生大臣来说，建文帝越是倚重与委政，他们越是敢于任事，越是敢于进取，尤其是靖难战争爆发以后，他们不断地出错，迂腐地忙于推行有些无关紧要的新政措施，终致于政治时机的丧失，断送了建文朝的政治命运。（朱鸿：《明成祖与永乐政治》，台湾师范大学历史研究所专刊〔17〕）

从建文朝四年的实际情况细细说来，虽然齐泰、黄子澄和方孝孺一同辅助建文帝实施新政，推行削藩，但在更多的层面上，齐、黄致力于解决削藩的问题，而方孝孺却对"建文新政"具有更大的影响力，其"民本仁政论"、"君职论"和"恢复井田论"等思想渗透了"建文新政"之中，甚至某种程度上可以说，方孝孺是"建文新政"的总设计师。

那么建文君臣在短短的四年时间里推行了哪些"新政"？

"建文新政"的内涵

建文帝尽管执政了只有四年，在中国历代帝王史中他是属于在位时间短暂的一个皇帝，但"建文新政"的推行终其四年一直也没有间断，概括起来有"一更三宽"，即更定官制、宽和政治、宽减刑罚、宽免赋税等方面。我们先讲一个方面：更定官制。

◉ 更定官制——完善中枢文职化，提高文臣地位，精减地方官制

"建文新政"实施过程中有一项后来引发很大影响的制度变革，即更定官制，具体地说，包括三个方面：

○ 以品行佳优的文臣循吏充实大明中枢机构，完善其文职化

建文帝一改老皇帝朱元璋的"右武抑文"的做法，以文臣学士作为主要的仕进对象，对大明中枢机构实施文职化。他大开科举，给知识分子创造更多的仕进机会，方孝孺曾说："皇上嗣之，尊右文教，而士兢劝。"（【明】方孝孺：《逊志斋集》卷12，乙卯京闱小录后续，P412）从而使得建文朝廷的整体文化素质达到了相当高的水准，因此有人将建文朝廷称之为"秀才朝廷"，不！确切地说，应该称之为"学士朝

廷”。

其实，建文帝除了注意朝廷中枢的文职化以外，还特别看重朝廷中枢主要官僚的个人品质与政治实践经验，从地方封疆大吏中挑选出品德优良、政绩突出和富有地方治理经验的循吏好官来出任六部尚书和侍郎（即部长和副部长）。他将朱元璋美誉为“天下第一好官”的云南左布政使（就是云南省省长）张纮任命为吏部尚书，把精通儒家经典礼仪的好官云南右布政使（类似于云南省的副省长）陈迪提升为礼部尚书，其用心极为良苦，或许就想借重两个循吏在大明最迟收复的南方省份云南边区创制立范、移风易俗的革新精神与开拓的经验，从而推动自己的“维新之政”的实施，使建文帝的养民之政能收到实效，真正嘉惠百姓；他还让谨慎精干、两袖清风的浙江左布政使（浙江省省长）王纯（本是浙江人）出任户部尚书（财政部部长），这就不仅仅是突破了朱元璋所立的“江浙人不得出任为户部官”的“祖制”戒条，其更深的影响或许还在于，建文帝是要稳固大明京都所在地的社会根基，获取江南人的支持，充分发挥江南人的精明和对经济独特的视角与经营头脑，以此来更好地舒缓洪武严政和激活大明财政经济，惠及百姓，夯实大明的物质根基；建文帝又把为人诚实的地方省级书生干部郑赐提拔为工部尚书（建设部部长），郑赐其人先后在湖广、北平等地任过职，见多识广，忠于职守又能体恤弱势群体，有这样的良吏出任建设部部长，建文的“仁政”、宽政和惠民之举措就不愁不落实；虽然建文朝的刑部尚书暴昭、大理寺卿胡闰及左右御史大夫景清与练子宁等书生文臣大多数时间是在中央任职，但在建文帝即位以前他们已经积累了一定的为政经验，更为重要的是建文朝的这些司法、监察系统的主管领导，要么清正廉明，要么忠贞刚烈，由他们掌握大明的司法与监察，这对整顿大明官场风气，纠正冤假错案都是十分有益的。（《明史·张纮传、王纯传、郑赐传》卷151；《明史·陈迪传、黄魁传、胡闰传、景清传、练子宁传》卷141；《明史·暴昭传》卷142；【明】薛应旂：《宪章录校注》，凤凰出版社2014年9月第1版，P151）

总之，建文帝在中枢任官问题上是以任职者的道德品行、个人素质和政绩声望为基本条件，换句话来说，他要求中枢机构的官僚必须是政治道德上的正人君子和文臣学士，外加拥有一定的治政经验，其宗旨在于推行他的宽政养民、改革制度与裁抑宗藩等重大举措。（朱鸿：《明成祖与永乐政治》，台湾师范大学历史所专刊〔17〕；王熹：《建文皇帝、永乐皇帝（合）传》，吉林文史出版社1996年1月第1版，上册，P77－80）

○ 以提高文臣学士的政治待遇为重心的中央官制改革

建文元年（1399）二月，寿州训导即寿州州学校长刘亨给建文帝上书说：“大凡历史上成功的惯例应该是文武同等对待和使用，这才是治国长久之良策啊！但现在我朝的体制是六部文官品秩反而低于五军都督府武官，这恐怕不有利于并行发展共保大明帝国吧。以小臣之见，就应该将六部与五军同等对待，都定为一品。国子监的校长为天下表率，也不应该将他的品秩定在为皇帝管理马政的太仆之下啊！”(【明】朱鹭：《建文书法拟》正编)

建文帝在接到刘校长的奏章后，把它交给朝中大臣进行讨论，由此揭开了建文朝官制改革的序幕。

诚然，建文帝的官职改革不仅在当时大明政治界引起了轩然大波，而且即使到了600年后的今天还颇受人们争议。但有一点可以肯定，建文帝改定官制的新政措施贯彻了一个基本的精神，那就是提高文臣地位，体现出儒家的仁义礼乐化民的治国理念，这实际上也是对洪武时代“专意右武”政策性错误的矫正。

大家知道，尽管洪武时期丧心病狂地大肆杀戮功臣勋将，但武夫出身的朱元璋有一点牢记于心，那就是对他起家的家底、本钱——军队是极其重视的；而对于军官们呢，只要忠于皇帝，朱元璋对他们还是相当之不错的。相比之下，他对文臣学士及士大夫阶层似乎充满了先天性的偏见与敌视。他创设廷杖制度，在堂堂的大明朝堂上肆意摧残和侮辱大臣，一旦廷杖开启，“血溅玉阶，肉飞金陛”，就实而言，“君之视臣如狗彘”也(陈登原：《国史旧闻》卷45，“明世皇叔”；卷49，“廷杖”)。

更是让人纳闷的是朱元璋在废除宰相制以后，仅将分掌天下各项政务的六部尚书品秩定格为正二品。在帝国的官制中，人们往往以文武并称，但相比于文官，大明的武官地位明显要高于文官，如中央五军都督府的左右都督品秩都定为正一品；更为笑话的是朱元璋将培养大明文官队伍的摇篮——国子监的祭酒(校长)定为正四品，将国子监的监丞(可能相当于学校政教处主任)只定了正八品，而皇帝的一个养马官太仆寺卿却定了从三品。

从长远角度来看，朱元璋的这种“右武抑文”的国策是极不利于大明帝国的长治久安。对此，聪明的建文帝早就看出了这里边的问题，所以在更定官制推行新政的讨论时他就特别留意要提高文官大臣地位。但大臣史仲彬、楼琏为了使建文帝免受“变更祖制”的指摘，从保守的角度反对建文帝推行此项新政，一向脾气温和的建文帝居然十分气愤地说：“此正所谓知其一未知其二者。六卿果可卑于五府耶？祭酒犹可在太仆下耶？假令皇祖而在，当必以更定为是。群臣勿复言。”(【明】赵士喆：《建文年谱》卷上，P36)

根据方孝孺的建议，建文帝于建文二年正月下诏，更定大明官制，“帝登极，升六部尚书正一品，设左右侍中各一人，位侍郎上，诸司去清吏字，改户部为名度支，金帛仓库四司;刑部为详宪,比议职门都官四司,罢左右都御史,设都御史一人,副佥都御史各一人;又改都察院为御史府,设御史大夫正二品,革十三道,置察院一,定御史二十八人,改诸御史为拾遗补缺,改通政司为寺,通政使为通政卿,通政少卿参议寺丞,增置左右补阙、左右拾遗各一人。后大理寺改为司,又改卿为大理卿,左右寺正、都评事、寺副、副都评事、司务、都典簿,太常寺改卿为太常卿,少卿、寺丞分左右。天坛祠祭署为南郊祠祭署,泗州祠祭署为泗滨祠祭署,宿州祠祭署为新丰祠祭署。孝陵置钟山祠祭署及司圃所,增神乐观,知观一人。光禄寺改卿为光禄卿,少卿、寺丞如太常,而升少卿从四品,省署丞二人,增监事二人。太仆寺改卿为太仆卿,增典厩、典牧二署,设十五群,遂生三群,分隶二署。詹事府增少卿、寺丞各一人,宾客二人。又置资德院,设资德一人,资善二人,其属赞礼、赞书、著作郎各二人,掌籍、典簿各一人。国子监升监丞为堂上官,增司业二人,省博士、学正、学录,增助教十七人。鸿胪寺改卿为鸿胪卿,少卿、寺丞如光禄,而并行人司于鸿胪寺。翰林院增学士承旨一人,学士一人,设文学、博士二人,省侍讲、侍读学士,置文翰、文史二馆。文翰馆设侍书,改中书舍人为侍书;文史馆设修撰、编修、检讨,而以方孝孺为文学博士。又改谨身殿为正心殿,设学士一人,罢华盖、文华、武英三殿、文渊、东阁大学士,各设学士一人,待设无定员。文渊阁设典籍一人。六科罢左右给事中。改中东西南北城兵马指挥司为五城兵马司指挥。副指挥为兵马、副兵马。始置京卫武学教授一人,启忠等斋各训导二人。布政司革左右布政使,设布政使一人,堂上官各升品一级,改提刑按察司为十三道肃政按察司,广东盐课司为广东都转运盐使司。罢北平、山东、河南、山西、陕西五省,及江北学校贡士,革五府左右断事官、五军断事司,增亲五官宾辅二人,正三品,伴读、伴讲、伴书各一人,□□一人,左右长史各一人,审理正、典膳正、奉祀正、良医正、典宝正,并去正字,审理副等改为副审理等。郡玉宾友二人,正四品,教授一人,记室二人,直史一人,左右直史各一人。吏目一人,典印、典祠、典礼、典馔、典药。五署典印、典祠、典礼、典馔、典药,各一人,典仪二人,引礼舍人二人,仪仗司吏目一人,宾辅三,伴宾友教授进对侍坐,称名不称臣。见礼如宾师”(【明】吕毖:《明朝小史·建文纪·更定官制》卷3)。

其大体是:将六部尚书由原来的正二品升为正一品,增设左右侍中,其位置在六部侍郎之上;将地方文臣布政使由正三品升为正二品;将都察院改名为御史府,其长官都御史改名为御史大夫;将都察院下属的十二监察道改名为左右两院,左院叫拾遗,右院叫补阙;将通政司改名通政寺,原通政使改称为通政卿;将大理寺改名为大理司,大理寺卿改称大理卿;光禄寺卿改称为光禄卿;在翰林院下重新设立承旨,将侍读学士和侍讲学士改名为文学博士;在詹事府下增设资德院;增设文翰、文史两馆；将殿阁大学士一并改名为殿阁学士，内各设学士 2 人；将明皇宫的谨身殿改名为正心殿，增设正心学士 1 人；增设亲王宾辅；提高太仆寺少卿、鸿胪寺少卿丞和国子监丞等官的品秩，等等。（《明太宗实录》卷 10；【明】姜清：《姜氏外史》卷 2）

建文帝更定中央官制的意义在于：

第一，提高了文臣在大明帝国中的地位，对未来建文朝的文治奠定了很好的基础和起到良好的重文导向作用。

第二，简化机构，提高工作效率。建文二年二月甲子日，朱允炆下诏："若曰顷以诉状繁，易御史台号'都察院'，与刑部分治庶狱。今赖宗庙神灵，断狱颇简，其更都察院仍汉制为御史府。专以纠贪残，举循良，匡政事，宣教化为职。省御史员定为二十八人，务为忠厚，以底治平。"二月戊辰日，他赐御史衣，第二天己巳日，又"以都察院旧署在太平之北，于朝谒为难，命即詹事府为御史府；赐宴于新治，复命文武大臣皆预，以宠绥之"（【明】宋端仪：《立斋闲录・方孝孺奉敕为记》卷 1）。

将都察院更名为御史府，且易址宫中就近办公，重新设定官职和划分职责范围，这对提高工作效率，强化监察与清理刑狱提供了有利的条件。

第三，将明皇宫的谨身殿改名为正心殿，并增设正心学士，这一类改革历来被人们看作是建文君臣迂腐行为的一个铁证，但事实并非完全如此。按照方孝孺的"君职论"的思想，人君之学"必以正心为本"，他们倡导一种"正心"、"正君"、"正臣"的新局面，以礼治国，德教天下，这岂能用迂腐两字来代表的?!（【明】方孝孺：《逊志斋集》卷 7）

诚然，"建文新政"中的"更定官制"并不是白璧无瑕，有些机构改名确实没有意思，如前面讲到的，将大理寺改名为大理司，大理寺卿改称大理卿；光禄寺卿改称为光禄卿，等等，都没有什么实质性意义。进一步说，不仅没有意义，反而至少带来了三大麻烦：

其一，使得一个原本人们熟知的官制现在突然变得陌生了，增加了人们一时工作上的不便。

其二，更为严重的后果，那就是给了政敌予以攻击的口实。靖难战争中，朱棣在致建文朝第二次北伐"总司令"李景隆的书信中就曾这样说道："祖训云，罢丞相，设五府、六部、都察院、通政司、大理寺等衙门，分理天下庶务，彼此颉颃，不敢相压，事皆朝廷总之，所以稳当。以后子孙做皇帝时，不许立丞相。有奏请立者，文武群臣即时劾奏，将犯人凌迟，全家处死。今虽不立丞相，欲将六部官增崇极品，掌天下军马钱粮，总揽庶务，虽不立一丞相，反有六丞相也。"（《奉天靖难记》卷 2；【明】谢贵：《后鉴录》卷下）

其三,建文帝"更定官制"抬高了文官地位,引起了武夫们的不满,更为麻烦的是建文帝"更定官制"选择的时机很不好——建文二年初,那时朱棣公开造反已有半年,不满建文帝"更定官制"的武官们以及"武臣犯法失职者悉奔燕,燕尽复其官",这对建文朝廷是极为不利的。(【清】傅维鳞:《明书·建文皇帝本纪》卷4,丛书集成本)

○ 以"省并州县,裁减冗员"为核心的地方官制改革

如果说建文帝在中央官制改革中尚有些不尽如人意的话,那么他在对地方官制的改革上就相对显得更为稳妥和更受人们赞许。

从洪武三十一年六月即登基即位的第二个月开始,建文帝就下令"省并州县,革冗员",对地方官制实行改革。(《明史·恭闵帝本纪》卷4)

据相关资料来看,在建文帝执政的四年当中,大明总共撤销了9个州、39县、73个巡检司、49个河泊所、15个递运所、48个水马驿、109个税课局、41个税课司和一批县级的官吏,如同知、推官、知事、丞簿等,还精简了一些地方上的茶课司、僧会司、僧纲道纪司、道纪司、道正司、道会司、道会所、盐课局、盐课司、批验盐引所和闸关等大批的税务机关,裁去了府州县学训导104个及其他一些官吏。(【明】屠叔方:《建文朝野汇编》卷4)

建文帝改革地方官制、精简机构的举措中有个最大的特点,那就是撤销的机构大多与税收有关,整个建文四年仅增设了一个河泊所。大量地方机构尤其是税务部门的裁撤,大批冗官冗员的淘汰,减轻了广大人民的负担,也有利于社会经济的发展,所以说,从这个意义上来看,建文帝确实是人们所喜爱的"仁慈之君"。对此,后世的史学家朱鹭曾颇有感慨地说道:"然在后世,民残于多牧,禄糜于冗员,重以中官出使,道路绎骚,则汰官、省邑二事,固亦有足采者。未可谓建文时政,毕竟非也。"(【明】朱鹭:《建文书法拟》前编)

在建文"四年之间,今日省州,明日省县;今日并卫,明日并所;今日更官制,明日更勋阶;宫门殿门,名题日新。虽以干戈倥偬,日不暇给,而曾不少休"(【明】谈迁:《国榷·太祖洪武三十一年》卷11,P788-789)。

换句话来说,建文帝执政四年,搞了四年的"新政",而官制改革贯彻于建文朝的始终。理性而言,从整体来看,"建文新政"中的官制改革基本上没有什么可过多指摘之处,更不能说建文君臣迂腐,他们是有建设性的革新人物,应该予以肯定。但有一点要说的是,建文帝推行这项改革的时机不是太好。"建文新政"开始没多久,他的叔叔朱棣就在北平发动叛乱,在这个非常时刻,建文帝官制改革还在不断

进行，这对建文朝自身统治的稳固极为不利。所以我们看到建文帝在后期被朱棣兵围南京城时，派出了齐泰和黄子澄等人外出“讨救兵”——号召各地勤王，可地方上响应者寥寥，建文帝是个好皇帝，出现这样的尴尬局面，这就很能说明问题了。

◉ 宽和政治——创造比较宽松的政治氛围，初步确立新型的君臣关系

从开国皇帝朱元璋算起，明朝17帝90%以上都十分凶狠，所以人们不是常说：明朝皇帝十个九个凶。可建文帝不像明朝其他的皇帝那样心狠手辣，他天性文弱，是他们老朱家的另类皇帝。

大明初期三十多年时间里的洪武政治往往使人谈之色变，这绝不是后世人对它的抹黑，就是洪武时期的当朝人也是这么说的。洪武晚年，曾经被朱元璋誉为“才子”的解缙在给朱皇帝的上书中就曾这样说道：“国初至今，将二十载，无几时不变之法，无一日无过之人。尝闻陛下震怒，锄根剪蔓，诛其奸逆矣。未闻褒一大善，赏延于世，复及其乡，终始如一者也。……出于吏部者无贤否之分，入于刑部者无枉直之判。天下皆谓陛下任喜怒为生杀，而不知皆臣下之乏忠良也。”（《明史·解缙传》卷14）

这段话的意思是：“从开国到现在已有二十来年了，大明没有多少时间没有不变之法，没有一天没有过错的人。小臣曾经听说，陛下您一旦发怒，就要大肆杀伐，追根刨底，穷及党逆，所以人们也就没有听说过您大大褒扬过某人是好的，进而大张旗鼓地赏赐他一番，甚至恩泽到他的乡间巷里，并一如既往地理性看待他……现在我们大明的事实是，出了吏部的就没有贤愚之别，进了刑部的就没有冤枉与不冤枉之分了。天下人们都在说陛下您以自己的喜怒哀乐任意主宰人们的生命，但他们不晓得您底下缺乏忠良之臣啊。”解缙的这段文字简直是在控诉洪武苛政，最后他来了一句为皇帝开脱从而保全自己的话，难怪朱元璋见了解缙的上书后，不仅没有处罚他，反而不迭地夸赞道：“才子啊，才子！”（《明史·解缙传》卷147）

从解缙的“控诉”和朱元璋的“认账”来看，即使在600年后的今天，当我们读到这样的文字时，也可知晓当年洪武时期的政治的确出了不少问题，用两个字来概括，那就是“严酷”。

好在洪武三十一年闰五月朱元璋归天了，现在是仁弱的书生皇帝朱允炆主政。朱允炆原本在当皇太孙时就曾辅助过皇爷爷处理过一些政事，其贯彻总的精神是“改严为宽”。现在形势令人感到欣喜的是，不仅大明由宽仁文弱的书生朱允炆当

政，而且在他的身边又多了一个“第一高参”方孝孺，他可是儒家理想的忠实信徒，这对君臣在以仁义礼乐进行治国的理念上的一致和默契，促使了建文帝在制定“宽猛之宜”的政治目标以后，在方孝孺的“君职论”和“民本仁政论”等思想指导下，营造起“建文新政”的良好政治生态环境——创造比较宽松的政治氛围，初步确立新型的君臣关系。这主要体现在四个方面：

第一，建文帝改变了朱元璋万机皆亲断的做法，将许多国家政务委派给几个他所倚重的大臣，让他们自行商议处理，放手给臣下做事，尊重他们的地位和人格。

譬如建文朝的削藩事宜主要交由齐泰和黄子澄处理，官制改革主要交由方孝孺掌控，人事选拔主要交由吏部张纨等人负责，等等。建文帝的这种做法改变了朱元璋时代那种独揽大权的专制局面，无形中扩大了臣属的权力范围。

但长期处于极端专制底下的臣民一旦遇到了宽仁之主，有些人还真不认识自己或者说给自己一个正确的定位，于是就出现了历史上不曾多见的“顶级”尴尬。

建文朝有个大臣叫陈性善，浙江山阴人，读书人出身，洪武二十九年在浙江地方乡试中崭露头角；洪武三十年他来南京，参加大明礼部主持的会试，一举中了进士，在唱鸿胪(进士发榜的一种仪式)时，陈性善走过皇帝御座前，朱元璋见到这个陈性善没有其他新中进士那样喜形于色，而是一脸的严肃、平静，举止凝重。朱皇帝看了他好久，然后不由自主地叹道：“此乃君子也。”吏部(组织部)的人个个都是人中之精怪，听到皇帝的赞叹后，他们马上给陈性善授予了一个行人司副司的官职。没多久，陈性善被调到了翰林院任翰林检讨。从此，陈性善与皇帝有了近距离的接触。陈性善的书法特别好，皇帝朱元璋知道后，就召他到皇宫便殿上，抄录诚意伯刘基儿子刘琏进献的刘基遗书。朱元璋本身就比较威严，长相凶悍，几乎与屠夫相近。与陈性善一同进殿誊抄的文人，见了满脸杀气的皇帝没有一个不被吓得魂飞魄散或者大汗淋漓的，更不要说抄写什么字了，而只有陈性善举止端庄，神态安详地坐着，稳稳地拿了毛笔，一笔一画地开始认真地抄着，字迹清晰、漂亮。皇帝朱元璋见了，龙颜大悦，赐酒宴给陈性善，把陈性善喝得找不到回家的路，一直到了天亮酒醒时他才走出了明皇宫。(《明史·陈性善传》卷142)

朱允炆还在东宫当皇太孙时，就熟悉陈性善了。等到即位后，建文帝就提拔他为礼部侍郎。陈性善是个敢作敢为的正人君子，当上礼部侍郎后，他竭力辅助建文帝纠正洪武朝遗留下来的弊政，平反了许多冤假错案。在他的努力和帮助下，曾经“犯了错误”而被编入“流人”罪犯队伍里的薛正言给找了出来，重新安排了官职；曾经因直言犯上而已被编入了谪戍户籍当中的原云南布政使韩宜可也在建文朝给“解放”了出来，最终被任为副都御史(监察部副部长)。

正因为陈性善是个敢于直言的君子文臣，建文帝十分欣赏他。有一天退朝以后，建文帝单独留下了陈性善，且给他赐座，主要是想向他咨询治理好天下的关键所在。陈性善看到建文帝这么谦虚，对待大臣这般厚道，也就被感动了，于是将自己所能想到的全部写了出来，洋洋洒洒有好几千字。写好以后，陈性善将它进献给建文帝。建文帝看了，觉得他提到的这些事情及其解决方案都不错，于是下令，叫有关衙门全部按陈性善所说的去办。但有关部门根本就没执行，将它束之高阁。这时，陈性善不知怎么地也知道这件事，他可不干了。有一次上朝时他向建文帝进谏说："陛下您不嫌弃臣下我不贤，我呢勉强充做了一回顾问，小臣我有幸听到陛下答应小臣一定照着执行。可没多久就停下不做了，做事怎么犹如反掌那样快地反复，这样下去，凭什么取信于天下？"建文帝听到这里，满脸通红，几乎快要哭出来了。(《明史·陈性善传》卷142)

一个大臣因为皇帝没有按照他提的建议去做，居然会在朝堂上顶撞皇帝，且喋喋不休地责问个没完；有关部门居然对皇帝交办的事情顶了回去不办，这恐怕不仅仅用"皇帝无能"四个字说得清楚的，要说建文无能，建文朝新政还是卓有成效的；还有一个，皇帝被手下大臣诘问得哑口无言，几乎快要哭出来了，但他并没有恼羞成怒地杀了这个大臣。所有这些都透露了一个信息：建文朝的政治气氛还是相当之宽松，甚至带有一种专制底下中国式民主的萌芽。这种局面不说在后来的明清帝国再也见不到了，即使上推几百年在相对宽松的唐宋时代也是不多见的。在虚心纳谏方面，唐太宗被人誉为千古一帝，但即使这样的千古一帝，那个被唐太宗视作为镜子的魏征不就是因为多次向唐太宗提意见，弄得一个堂堂的天下之主下不了台。唐太宗曾经发了狠心，要杀了魏征这个乡巴佬。幸有贤德的长孙皇后劝住，才没有上演历史的悲剧。而我们现在讲的建文帝同样是被臣下弄得下不了台，但他还是没有动怒。由此，我们可以看出建文帝的文弱和建文朝政治环境的宽松。

第二，从制度设计上下手建立约束规谏皇帝职能权限的左右拾遗。

长期以来，人们要么受朱棣篡改后的"正史"的影响，要么被后来好大喜功的朱棣的众多"光环"所炫目，说到建文帝实施新政，人们常常就把他说成是一个懦弱的、无能的捡了一大便宜没卖乖的"不孝"的小辈，同时又是一个复古倒退、乱祖制坏国政的坏皇帝。曾经有人跟我争辩，说建文帝擅长作秀，在当皇太孙时他就极有心计、城府很深，朱元璋要处置人，他做老好人出来劝解；父亲病了，他几天几夜伺候在边上；据说在朝堂上被四叔朱棣打了居然还要为叔叔解围，……所以有人就说朱允炆从小就是作秀高手，我们暂且不作无谓的争论，不妨先来看个例子，让事实来说话。

朱元璋在大明监察机制的设计上有所创新，他在历代传统的监督百官机构御史台(明改名为都察院)之外又设计了另外一套监察机制，即六科给事中，老朱皇帝疑心病很重，对百官都不放心，让御史监察百官，让品级很低的给事中去监察包括御史在内的百官，他自己则可乾纲独断了。朱允炆改变了皇爷爷的做法，将六科给事中改为左右拾遗，这不仅仅是改个名，他还对它的功能作了新规定，左右拾遗不再以监察百官为其主要工作范围，而是叫他们专门给皇帝提意见，规谏皇帝，约束皇帝。(【明】赵士喆:《建文年谱》卷上)

如果说过去的朱允炆真是为了赢得皇爷爷的好感、博取美名的话，那么现在身为大明第一人的建文帝没必要作什么秀。试想一下，天底下有几个人会说自己，我活得太自在了，我要叫人管管我，天底下有几个人愿意将自己的权力和欲望受制于人?

第三，宽和对待大臣，虚心纳谏和听取不同意见。

从中国古代帝王史来看，建文帝在这方面做得特别的好，他一反朱元璋那种武夫式的专制、独裁和霸道，谦虚为人，宽和对待臣下，屡屡下诏，虚心纳谏，听取不同的意见。在这个方面，建文帝可称得上是千古一帝了。

有一次建文帝偶感风寒，临朝的时候他迟到了。监察御史尹昌隆马上上疏进谏，批评起了建文帝，他说:“昔高皇帝鸡鸣而起，昧爽而朝，百官戒惧，故能庶绩咸熙，天下乂安。陛下嗣守大业，正宜追绳祖武，兢业万机，未明求衣，日旰忘食，常如不及，斯为庶几。今乃即于晏安，日上数刻，犹未临朝。群臣宿卫，疲于伺候，旷职废业，上下懈弛。臣恐播之天下，传之四夷，非社稷福也。”(《明史·尹昌隆传》卷162。笔者注:明人吕毖:《明朝小史》和薛应旂:《宪章录》中所载与此略有差异)

这个监察御史尹昌隆是这样批评建文帝的:“想当年你家爷爷高皇帝听到鸡叫声就起床，天还没有完全亮就临朝;下午太阳快要下山时又要召集百官上朝。正因为如此勤政，我们大明才会成就斐然，国泰民安。陛下您继承大统，应该多学学你皇爷爷的榜样，兢兢业业，时刻心系国家大事与政务。而今你安于枕边之乐，时辰已经很晚了，你却还没有到大殿上临朝，大臣们都是半夜起床恭候的。如果老是这样下去的话，就会旷职废业，上下懈弛。一旦传了出去，尤其给那些四周的蛮夷知道了，这恐怕不是我们大明江山社稷的福分啊!”

坦率地说，监察御史尹昌隆并不是什么好东西，而是有一点小事就会上纲上线的政治“过敏症”患者。碰到这样的人不要说是同朝任事，就是在一起聊一会儿天，都会觉得闹心。可谁知，听到尹昌隆的这种刻薄又难听的谏言，建文帝不但没有在大殿上对众大臣作出任何的解释，更没有为难尹昌隆，相反，大大地表扬了他，说他说得好，并命令“以昌隆所言切中朕过，礼部可遍行天下，使朕有过，人得而知之”。即说：“尹昌隆指出朕之过失，礼部将此事昭告天下，使天下人人都知道朕有过，朕也可以此来警示自己！”（【明】吕毖：《明朝小史·建文纪·布其过于天下》卷3；【清】傅维鳞：《明书·建文皇帝本纪》卷4，丛书集成本）

知道底细的宫中侍奉者实在看不下去了，事后对建文帝说：“陛下应该跟尹昌隆说明，今天我病了，所以临朝的事也就给耽误了。”可哪知建文帝听了反而说：“我怎么能像你这样说话，像尹昌隆这样直言进谏是很难得的；我要是解释了误朝的原因是我生病了，别的不知情大臣还以为我不喜欢纳谏。如此下去，我将再也听不到大臣们的批评建议了。”

中国古代监察御史有个“闻风奏事”的习惯，就是说，你作为御史，只要听到一点什么可疑之事，不管有没有什么真凭实据，就可立即上奏给皇帝，皇帝也要求这样做，因为他可以始终保持高度的警觉——“明察”到秋毫。而历代还真有不少这样直线性思维、“不食人间烟火”的直谏御史，甚至有时他们还会胡说八道；一般来说，没有什么原则性问题，皇帝是不会治他们的罪的。但有时这些御史还真让人讨厌，简直就是天生一张乌鸦嘴。而这个尹昌隆就是这么一个长了乌鸦嘴的御史。

有一次，尹昌隆看到建文帝经常倚重几个亲信执政大臣去办事，他那根筋又拗不过来了，给建文帝上个奏折，说我们大明朝现在奸臣专权，阴盛阳衰（古时候在君臣关系上往往将君比作阳，臣比作阴）。执政大臣听了气不打一处来，当时朱棣已经在北方起兵造反，打出的旗号就是说建文朝中出了奸臣，他要“清君侧”。这个尹昌隆不是在为朱棣说话么？再说所谓的奸臣本来就是个模糊的概念，并没有确切的定义，但一旦某人被安上了“奸臣”罪名的话，那他就死定了。所以当时执政大臣很火，但他们几个都是正人君子，心也不狠，知道这个尹昌隆就过过嘴瘾罢了。但老让他这样在朝中胡说八道，也会影响“建文新政”的推行，于是他们决定，要将尹昌隆贬谪到远地去。这事给建文帝知道了，他可不乐意，建文帝说：“求直言以直弃之，人将不食吾余。”意思是说：我要求大臣们直言，如今尹昌隆直言了，反遭贬谪，如此下去，朝中还有谁敢直言了。于是他下令，给尹昌隆官复原职。（【明】朱鹭：《建文书法拟》正编）

第四，以自身的人格魅力来感染人，注重礼教与德化。

建文帝是先秦儒家思想的忠实信徒，其“所好读书及古典文章”（【明】朱鹭：《建文书法拟》正编）。先秦儒家要求人们“吾日三省吾身”，即做个自省式的行为与道德的楷模。建文帝以此严于律己，宽以待人，是一个极其内敛的正人君子，一旦遇到什么事情他总是先自己找原因，从人格上来震撼人们的心灵。

有一次明皇宫里有两个宫人打骂了起来，要是当年朱元璋见到了此番情景的话，那么这两个宫人肯定只有死路一条了。可建文帝见到后却采取了使人无法想象的做法，他对两个宫人说："朕宽刑尚德，中外愉愉。尔独犯教，意者朕有乖德欤？行事无礼欤？外仁义而内实多欲欤？"说着说着，他"悱然感愧自责"，弄得两个宫人也不好意思了，她们赶紧叩首谢过。（【明】赵士喆：《建文年谱》卷上，P35）

建文元年三月的一天，博士黄彦清空下来没事在南京街头走走，忽然看见两个小孩在相互推让着吃什么东西，觉得十分好奇，于是就走近找了个地方坐着看看。原来两个孩子在吃枣子，因为枣子不多，没吃一会儿就剩下一个了。只见一个小的小孩拿了枣子要给大的小孩吃，大的小孩子死活都不肯要，这就相互谦让着，最后还是一个大人走了过来，将这最后一个枣子给了小小孩吃了。目击这动人的一幕，黄彦清感慨万分。没想到走了没多久，他又看到了这样的一件事：有个人在大街上捡到了一张大明宝钞，只见他用手弹了弹宝钞上的灰尘，随即将它放在较高位置干净的地方，再找了一块小石头将它压住，然后离之而去。黄博士当即感叹道："何风俗之厚也！"（【明】赵士喆：《建文年谱》卷上，P35）第二天他上明皇宫去，将自己目击的市不拾遗一幕告诉了建文帝，并称赞道："此乃陛下德化！"没想到建文帝听后却这样说："昨宫中二人哗，朕谕之云：'朕宽刑尚德，中外愉愉，尔独犯教，意朕有乖德欤？'两人谢过，因释之。宫内尚未能齐，敢言德化。"（【清】傅维鳞：《明书·建文皇帝本纪》卷4，丛书集成本）

建文帝运用儒家的德礼来进行教化，即所谓的"德化"，如此"建文新政"不仅仅能说成是对洪武严政酷法的纠偏，而是一大"反动"，更是明朝由乱而治最终实现天下大治的一步关键，就像上述《建文年谱》所载的那样，在建文帝治理下的大明帝国出现了中国历史上不常有的天下大治之前兆——"市不拾遗"的景象。"南京故老言：建文己卯、庚辰间，法网疏阔，道不拾遗，有得钞于衢者，辄拂其尘土，置高洁处，以石镇之而去。一时士风朴实，尚义者多，其所渐靡者然也。"（【明】张燧：《千百年眼·革除死难之多》卷12）明代文人祝允明曾记载道："闻之故老言，洪武纪年之末庚辰前后（即为建文年间，笔者注），人间道不拾遗。有见遗钞于涂（途），拾起一视，恐污践，更置阶圯高洁地，直不取也。"（【明】祝允明：《九朝野记》卷2和《前闻记》）

祝允明还记录了这么一件事情：洪武三十四年即建文三年，有个苏州人到嘉定县去当县吏即县衙办事员，他有一个苏州同乡因事牵连而受到了处分，心里觉得很冤枉，就跑到县吏那儿去解释，请求他利用工作之便予以匡正。不料那县吏听完老乡的诉述后不仅没答应，反而这样劝道："如今我建文朝上自郡府，下及县令，人人都廉公奉法，即使我等吏员也当革心戒谨，怎么能私自为人出入公文案牍呐？既然你说你没做错,我想相关衙门肯定会给你一个公正合理的说法,绝不可能冤枉好人的!”同乡于是就听从了县吏的劝告。没多久,他的冤情得到了申雪。为了感谢县吏的指点,那位苏州老乡携带了2石米前往嘉定去酬谢县吏。县吏顿时惊呆了,无论如何也不肯收下这份厚礼,老乡死活一定要给,最后弄得那个县吏实在没办法,只好应对道:“看在你我同乡的情分上,我就收下你一斛的米!”

半年后,县吏回苏州度假,他带上同乡送的那斛米,找到了那同乡的老母亲,跟她说:“这一斛米是您儿子寄放在我那里的,今天我将它带来给您老人家!”(【明】祝允明:《前闻记》)

短短的三年时间,建文朝的社会中下层已经出现礼让成风的局面,这是十分难得的啊!当时“天下欣然,谓太平可立致”(【明】宋端仪:《立斋闲录》卷1)。

因此,我们完全可以这么说,如果不是朱棣的突然打断,大明很有可能迅速地出现中国历史上第二个“贞观之治”——“建文之治”了。

○ 建文宽政问题的另类:唯独对宦官不宽

不过,这里有一个问题要说明的是,尽管“建文新政”中的“宽和政治”所涉及的范围很广,但有例外,即对宦官不宽,这大概是严格遵循祖制的缘故吧。

“寺人祸国,其来久矣。我高皇帝有鉴于是,虽设中贵,止供撒扫。而衔不兼文武,政不侵外廷,衣冠不同臣僚,外之也,故三十年宫府谧如。虽让皇帝(指建文帝,笔者注)纷更祖制,此独尊之加严焉,以故遗恨内臣,密谋通燕。文皇之始,不能不有所私是。故俨保之谮行而抚监岌岌矣,监军之势张而马骐以交趾予敌矣。延至逆振,举万乘之尊轻掷蛮夷,丧中原锐气多矣。而吉祥辈复积骄成怨,积怨成逆。汪直之启衅,缧绁盈朝,积骨盈边,可胜悼哉?正德间,八虎横一豹吼,逆瑾惨烈,祸延宗社,虽幸发自内,然三五狡弁,宁免拒虎进狼之讥耶?继以魏珰,狐豕满朝,忠良膏野,上公称而庙貌祀,窃号窃名,古今惨变……”(【明】曹参芳:《逊国正气集》卷2《何州周恕》,《四库全书存目丛书》本)

从对待什么人都可以“宽仁”的建文帝唯独对宦官不宽的国策实施以及明朝以后宦官乱政的实际情况来看,建文帝是一个中国古代社会里并不多见的、宽厚又有远大眼光的帝王。如果不是朱棣的“靖难”,那么后来的明朝历史可能不是那个样了。

◉ 宽缓刑罚——改轻刑典,宽刑疏法,纠正冤假错案

建文帝天性仁弱,仁弱的人往往十分善良,即使他身不由已地位居权力中心,

手握杀伐大权，但仁弱的天性还时不时地影响他的执政与公务处理。加上建文帝自小熟读儒家经典，儒家的“仁政”理论和以礼治国、礼教天下的思想深刻地影响了建文帝。

早在建文帝当皇太孙时，皇爷爷朱元璋为了使得大明江山能够顺利地交接，就有意识地让皇太孙朱允炆在大明政务实践中得到历练。“时太祖春秋高，中外万机，尝付帝（指建文帝）裁决。时尚严核，帝济以宽大，于刑狱多减省，远近忻忻爱戴”（【清】傅维鳞：《明书·建文皇帝本纪》卷4，丛书集成本）。《明史》也记载说：“初，太祖命太子省决章奏，太子性仁厚，于刑狱多所减省。至是以命太孙，太孙亦复佐以宽大。尝请于太祖，遍考礼经，参之历朝刑法，改定洪武律畸重者七十三条，天下莫不颂德焉”（《明史·恭闵帝本纪》卷4，本纪第4）。即说那时的朱允炆不仅认真查阅、考据《礼经》，比照历代刑法，找出《大明律》中不合理的律条共计73处，奏请皇爷爷朱元璋，将它们一一改过来，（【明】朱鹭：《建文书法拟》前编）而且他还参与到大明司法案件的审理过程中去，运用其所学的知识，纠正了很多的冤假错案，表现出未来天子极大的智慧与过人的机敏（《明史·刑法志一》卷93）。

洪武晚年，常州曾经发生了一起儿子“杀死”亲生父亲的案件，这在当时社会里是轰动一时的。子杀父属于万万不可宽宥的“十恶不赦”大罪之一。地方官审理后已经判定了，要将儿子处死。但这个被指认为杀父的儿子却老是喊冤，像这样的案件是属于明显的疑难案。疑难案件或大案要案一般来说，它们的终审权是在中央，所以最终常州地方官府就将案件移交到了南京。当时皇太孙朱允炆已经参与朝政，受命过问刑狱，他推审常州的“子杀父”案件，最终确认，这是一起冤案。老皇帝朱元璋听说后不信，他要亲自过问一下这个案子，于是就将犯人和家中的奴婢及其乡邻等全部拘拿到南京来，予以一一审理。审下来的结果是，朱允炆的推审完全正确。（参见【明】赵士喆：《建文年谱》卷上，P26）

整个案件的真相是这样的：常州这家人家的父亲是个老病号，生病已经好多年了，不知找了多少郎中来给他看病，都没医好，最后请来了一个，本事可大了，一下子把老病号给医死了。这时家中的继母顿时来了灵感，她常常对老病号丈夫跟前妻所生的那个儿子横挑鼻子竖挑眼，于是就使出了狠毒的一招，找了一些所谓的证据，证明是儿子杀了病号老子。实际上是最后那个庸医误开了药方将人给医死的。审到这里，朱元璋惊讶地说：“竟然会有这样的事情啊！看来这个刑罚还不能不慎。皇太孙，你真聪明，人又仁德，我大明江山今后可有望了！”（【明】赵士喆：《建文年谱》卷上；【明】谈迁：《国榷·洪武三十一年》卷11，P786）

还有一次，巡逻的士兵抓到了一群强盗，刚巧被皇太孙朱允炆知道了，他就审视了这群7人强盗，当场断定其中一人是被冤枉的。后来按照司法程序进行了详审，这一审问就审出个名堂来了。原来这7人中果然有一个如朱允炆看出来的不是强盗，他本是一户地主家的少爷，那6个人原来就是地主家的佃客，他们共同合谋劫持了主人家的少爷，进行偷盗抢劫，然后一起逃跑。这地主家的少爷一路上一直在寻找机会逃离，可还没等到机会逃跑，反倒给官府的人给逮住了。朱允炆的"神探"很快就有人报告给了朱元璋，一生十分要强、什么都要争天下第一的老朱皇帝听后觉得这简直是不可思议的事情。他叫来了皇太孙朱允炆，问道："你怎么知道那个地主家的少爷不是强盗？"朱允炆气定神闲地回答说："先贤经典《周礼》中谈到了'色听'，《尚书》中讲了'惟貌有稽'，其都有一个意思，就是从人的外貌神色来判断人犯罪了没有。我刚看到那7个人的时候，就发现有一个人就是那个地主家的少爷，他两眼炯炯有神，视听认真、端正，从不东张西望，说明他心里不虚啊，所以我推断出他不可能是强盗。"朱元璋听到这里，颇有感慨地说："看来鞠狱断案的司法官员还真不能不读书啊！"（【明】赵士喆：《建文年谱》卷上，P26；【明】谈迁：《国榷·洪武三十一年》卷11，P786；【清】孙承泽：《春明梦余录》卷44）

建文帝登基以后，他诏谕大明帝国的司法官员："《大明律》是皇祖钦定的，当年皇祖曾命朕细细阅读，参照《唐律》，朕发现《大明律》与前代律典相比，处罚往往加重了。当时大明天下甫定，用典不能不重一点，但它不能通行于百世。朕从前所改定的那些律条，皇祖已经命令施行了。但定罪量刑尚可商量议定的还远不止这些。律典所设立的大法，应当礼顺人世间的常理，用刑罚来恐吓百姓使他们不犯罪，这还不如用德礼来教化他们。请你们代朕晓谕天下有司部门，一定要崇尚礼教，赦免那些证据不足定罪的人。做到与朕所'嘉与万方'之义相吻合"（《明史·刑法志一》卷93）。

"建文新政"期间除了上述的改轻刑典、宽刑疏法外，还展开了对洪武年间许多冤假错案的纠正平反工作。有许多被错判、错关、错押、错流放的官员被重新审定赦免，有被错杀的功臣子弟被朝廷录用。建文二年九月，建文帝就曾下诏，"征洪武中功勋废误者子孙录用之"（【明】朱鹭：《建文书法拟》正编下）；"赦流放官员，录用子孙洪武中以过误逮及得罪者，皆征其子孙录用之"（【明】屠叔方：《建文朝野汇编》卷4）。

据《明史》记载，建文元年即建文帝即位后一年的时间里，大明刑部上报的在押囚犯比洪武时减少了3/10；《建文朝野汇编》中也说：建文元年十二月，法司奏报：今年的囚犯比往年少了3/10。而明代中期学者宋端仪说：建文改元后"分遣使者问海内患苦，赏廉平吏，罪至死者多全活之。于是刑部、都察院论囚，视往岁减三之二,人皆重于犯法”,即讲那时的在押罪犯比朱元璋洪武年间减少了 2/3。(【明】宋端仪:《立斋闲录·方孝孺奉敕为记》卷 1)

大量的冤假错案的复审平反和刑典的改轻,宽刑疏法,这对缓和社会矛盾和稳定大明帝国的统治起到了极大的促进作用。

◉ 宽免赋税

“建文新政”在宽免赋税、惠政于民方面也是开展得有声有色,且卓有成效。“皇上(指建文帝,笔者注)嗣位之初,即下明诏,行宽政,赦有罪,蠲逋租钜万计,去事之妨民者。明年,以纪元赐高年米肉絮帛,民鬻子者官为之赎,免田之租税几年”(【明】宋端仪:《立斋闲录·方孝孺奉敕为记》卷 1;《明史·恭闵帝本纪》卷 4)。

总的来看,其包括两个方面:第一,限制僧道占田,减轻广大人民的负担;第二,减赋全国、减赋江南。我们先讲第一个。

○ 限制僧道占田,减轻广大人民的负担

朱元璋早年出家当了和尚,但他尘世缘不仅未绝,而且还大得很。通过大肆的杀伐,他登上了帝国的最高峰,虽说他力主以儒治国,但实际上朱元璋是“杂家”,口头唱的是儒家的曲子,手里拿的是法家的刑具,魂系在佛家因果报应的循环圈里。我们在《大明帝国》系列之 2《洪武帝卷中》里讲到了,朱元璋青少年时代所受到的巨大心理创伤在其后来的人生中投下了很深的阴影,我们现在讲朱元璋对佛教的精神需求就是一个典型的事例。朱元璋没有多少宗教观念,这跟你我普通中国人都一样,但他毕竟投身过佛门,对其教义比你我要熟悉。从后来的事实来看,他似乎对别的佛教教条并不在意,就是对因果报应特别感兴趣。

◎ 朱元璋的一个心结:我也应该受到报应?

洪武年间姚州有个和尚叫玘太璞,他专心致志地研究禅学,藏经就达 5 400 卷,没有不会背诵的。朱元璋听说后,十分感兴趣,下令召见了玘太璞,并十分喜欢这位佛学大师。

有一天,朱元璋问玘太璞:“一个人做和尚没做到底,会得到什么报应?”玘太璞回答说:“做和尚没做到底,那要永远坠落在阿鼻地狱。”朱元璋又问:“出自哪里?”玘太璞说:“出自藏经第×××卷。”都御史詹同目睹这个场景,开始责怪起玘太璞:“你为什么要那样跟皇帝陛下说呢?”玘太璞说:“我是一个佛教徒,不敢违背佛教教

义，也不敢欺骗皇帝陛下。”在听完玘太璞与詹同的那些对话后，朱元璋再次追问玘太璞，玘太璞以实相告。朱元璋脸色都变了，随后又问玘太璞：“照这样说的话，我应该要受到报应了？”玘太璞赶紧磕头说：“皇帝陛下，您是天生圣人，是天下黎民百姓的主宰，哪能同普通人一个样呢？”朱元璋听后，脸上马上多云转晴，并好奇地追问：“你这样的说法又出自藏经的哪一卷？”玘太璞说：“出自藏经第×××卷。”皇帝朱元璋不信，赶紧叫人去取经来查看，结果发现果然如此。于是他龙颜大悦，召集大臣，对他们说：“诸位大臣你们虽然各自都很有才，但不如这个和尚忠诚啊！”

后来玘太璞临终前沐浴更衣，来到明皇宫，想向皇帝朱元璋道别。刚好那天朱元璋有事外出，两人没碰着，玘太璞只好对着皇帝的御座边叩首边说道：“臣跟皇帝您有生缘而无死缘。”拜完后他回去了。后来皇帝朱元璋听人说起了事情的整个经过和玘太璞说过的话，他马上断定：“嗨，玘太璞要死了。”赶紧派人到玘太璞的住处，发现那和尚果然死了。朱元璋再叫人前去祭祀玘太璞，而且还动用了他从不轻易使用的驿路，将和尚玘太璞送回了他的故乡。（【明】许浩：《复斋日记》卷上；笔者按：查《明太祖实录》，詹同只担任过吏部尚书、翰林院学士一类官职，从未出任都御史一职）

尽管上面这段史料有人认为属于非“正史”，不一定可信。但有一个不争的事实是，老年朱元璋对佛教的迷恋似乎越来越厉害，也许正是他对因果报应的恐惧，也许是他到了晚年对自己一生滥杀的内心反思而引发的心灵彷徨，也许是他想弥补一生的缺憾，等等，中晚年的朱元璋对佛教愈发青睐；佛道在此期间有了迅猛发展，它们广占田地，不向政府缴纳赋税，这在无形之中加重了广大人民的负担，最为严重的是洪武晚年江南地区许多膄沃之地被僧院道观占有，个别寺院甚至田连阡陌。

◎ 建文限制僧道占田

建文帝即位以后经过多方调查与论证，最终于建文三年（1401）规定：天下寺院道观，“每僧道一人各存田五亩，免其租税，以供香火费，余田入官，均给平民”（【明】朱鹭：《建文书法拟》正编下）；并且严令全国臣民，禁止私自剃度为僧尼，限制佛道势力的发展。（【清】傅维鳞：《明书·建文皇帝本纪》卷4，丛书集成本）

这项措施的根本出发点就是要减轻广大人民的负担。当然建文帝减轻人民的负担还远不止这些，尤其值得后人称颂的是他减轻江南赋税、减赋全国。

○ 减赋全国、均赋江南，准许江浙人在户部为官

◎ 为什么朱元璋老与江南人过不去？

明代开始，中华大一统帝国的科举策士政策实行得全国“大平均”，照顾方方面面，但出奇的是财税政策却是厚此薄彼。尽管朱元璋嘴上功夫很好，全国子民手心手背都是肉，但不知为什么他就是偏心眼，独重江南赋税。朱元璋当年没说，但不等于当时没人看出来。有个无锡人叫周衡的朝廷言官实在憋不住，向皇帝提意见，结果把自己的小命也“提”掉了。

有一年，朱元璋下诏令免除江南各郡的赋税，但到了秋天他又叫人去收了。右正言周衡向皇帝进言说：“陛下您早已下诏免收今年的赋税，老百姓都高兴极了，可今年夏天您却又叫人去收了，这是向天下人表示您不守信用啊！”皇帝朱元璋回答说：“你说得对！”不久，周衡有事请假回老家无锡，无锡离京师南京很近，皇帝朱元璋跟周衡说好，六天回朝销假。可这个周衡直到第七天才回来，超假了一天。朱元璋十分恼火指着他骂道：“我失信于天下，你失信于我。来人啊，将这个失信的家伙拉出去斩了！”（【明】徐祯卿：《翦胜野闻》）

◎ 建文帝说：重赋江南，用惩一时，岂可为定则？

与朱元璋的毒心肠、偏心眼大相径庭的是建文帝执政后表露出来一代“仁君”的公平心，他对江南人民可好了。当然建文帝的这种“善政”之举并不是“偏爱”，而是建立在对全国民生普遍关爱的基础之上的，也极有可能受方孝孺的“民本仁政思想”影响所导致的。

建文帝一上台就派“暴昭、夏原吉等二十四人充采访使，分巡天下”（《明史·恭闵帝本纪》卷4），了解民间疾苦，免除不急之务，翦除弊政。接着他以“国家有惟正之供，田赋不均，民不得而治”为由，决定对天下百姓实行宽政。洪武三十一年十二月时，他曾下令说：“朕即位以来，大小之狱，务从宽省，独赋税未平，农民受困。其赐明年天下田租之半。”（【明】朱鹭：《建文书法拟》前编；【明】谈迁：《国榷·洪武三十一年》卷11；《明史·恭闵帝本纪》卷4）

建文二年三月即朱棣发动的“靖难之役”进入了第二个年头，尽管建文帝还是当时的大明帝国之主，但朱棣流氓式的游击战已经将大明北方地区搅得鸡鸣狗跳，不得安宁。说实在的，对付这样狡猾又凶残的政治流氓不仅费时、费力，而且还特别费神的，但就在这样的节骨眼上，建文帝再次下诏强调：“国家有惟正之供，江、浙

赋独重，而苏、松官田悉准私税，用惩一时，岂可为定则（以重困一方）。今悉与减免，亩毋踰一斗。苏、松人仍得官户部！”（《明史·恭闵帝本纪》卷4，本纪第4；【明】朱鹭：《建文书法拟》正编；【明】赵士喆：《建文年谱》卷上，P43；【明】薛应旂：《宪章录校注》，凤凰出版社2014年9月第1版，P161）

建文帝诏令规定，从现在起，江南的赋税减免到每亩毋得超过一斗。苏松地区的人不必再像洪武年间那样不得在户部当官任职，而是与其他地方的人一视同仁。

建文帝如此“宽仁”，着实感动了一代人，方孝孺曾称颂建文帝是一个“宁屈国法而不忍以法病民，宁阙储积而不忍以敛妨农”的一个好皇帝。（转引朱鸿：《明成祖与永乐政治》，台湾师范大学历史所专刊〔17〕）

明代人这样说道：“父老尝言，建文四年之中，值太祖朝纪法修明之后，朝廷又一切以惇大行之，治化几等于三代。”“时士大夫崇尚礼义，百姓乐利而重犯法。家给人足，外户不阖，有得遗钞于地置屋檐而去者。及燕师之日，哭声震天，而诸臣或死或遁，几空朝署。盖自古不幸失国之君未有得臣民之心若此者矣”（【明】顾起元：《客座赘语》卷1）。

◎ 为什么建文帝成为历代人们尤其是江南人心目中的偶像？

尽管“建文新政”实际推行时间并不长，但建文帝宽减赋役政策的意义与影响却十分深远。

第一，它是非常时刻推出的非常之举措。在建文二年这个非常时刻，朱允炆毅然决然地推行宽赋于民、均赋江南的措施，就是要向天下人表示他继续推行宽政这一既定方针的决心与信心，它“惠及”全国百姓，收揽全国民心之长效近益；同时还能维护“建文新政”成效和重塑建文帝的个人政治形象，巩固政权统治。

第二，均赋江南，宽政江南。建文帝后来虽然命运不济，下落不明，但他的仁君善主的形象已深深地镌刻在江南人民的心里，尤其是明清以来，大一统帝国的统治者一反建文帝的“宽政江南”的国策，使得江南成为大一统帝国的主要搜刮对象和经济蒙难地，也使得江南人民承受了极其沉重的经济负担，挫伤了生产和发展的积极性，最终延缓了中国最发达地区的经济文化的发展。从这样的角度来看，我们就不难理解，尽管建文帝远离我们已经600多年了。但你若到南方中国的任何一个省份，当地的人民都会告诉你，建文帝当年蒙难以后，就逃到了他们的家乡。建文帝成为江南人民心目中永恒的偶像。

第三，建文帝及其建文文人官僚集团宽赋于民，将他们心目中的理想政治化为社会实际，将个人的人格品德与政治得失紧密地结合起来，注重民心的收拾和努力实现儒家先贤“法先王”的政治理想，尽管带有书生的味道，但建文君臣的这些举措不啻是塑造了仁君贤臣的形象，这是历代中国人所苦苦追寻的。因此说建文帝尽管执政只有四年，但他是古代中国人心目中“贤人政治”和理想君主的偶像。

“建文新政”得失——理想与现实

自从登基起，建文帝就不断地下诏，实施新政。尽管“建文新政”只实行了四年而最终被迫中断了，但它的历史地位绝不可低估。从整体角度来看，“建文新政”涉及的面是相当广的，有政治制度层面的更定官制和宽和政治环境，有法律层面的宽减刑罚，有经济领域的宽赋于民和均赋江南，有文化思想领域的营造宽和的气氛及对先秦儒家理想的追随……因此，如果摒弃朱棣开始对建文帝恶毒的肆意丑化所造成的“既定”概念的话，客观地和理性地看待建文帝和“建文新政”，我们就会发现建文帝是一位有理想、有作为的人格品德高尚的“宽仁”君主，也是中国历史上少有的一个好皇帝。他锐意更弦改制，实行文治，以便达到天下大治。

历史没有忘记建文帝，更没有忘记“建文新政”，以“更定官制、宽和政治、宽减刑罚、宽免赋税”为主要内涵的“建文新政”已永远地镌刻在历史丰碑上。明朝史学家朱鹭曾高度地评价“建文新政”，他说：“四载宽政解严霜。”(【明】朱鹭：《建文书法拟》附编上，“过金陵吊方正学诸臣”)这恐怕是对“建文新政”最为合适的历史定位吧。

然而，透过层层的历史表象，我们还应看到：所有的“建文新政”举措都有这样一个基调，那就是以先儒的“法先王”和“托古改制”作为指导。建文帝的这种治政思想与他的老师黄子澄和“建文新政”决策的总设计师方孝孺等人的政治理想是分不开的。不仅如此，建文君臣的这种对“明君主”和“理想政治”的不懈追求，执著到了几乎入迷或者说是走火入魔的地步。但历史的无情就在这里，“建文新政”最终失败了，失败的原因有两个方面：外部原因就是朱棣“靖难”造反的成功，打断了“建文新政”的实施进程；内部原因至少有四个：

第一，“建文新政”太过于理想化。或许受方孝孺的“君职论”的影响，或许是沉溺于对中国先秦儒家“法先王”、“王道政治”理想的追求，“建文新政”中的“宽和政治”有失之过于宽松之嫌。例如像对待监察御史尹昌隆，建文帝一味地为了当个兼听则明的明主而任由其胡说八道，混淆视听，甚至到了他明目张胆地为政敌朱棣张本时，“好脾气”的建文帝居然还放任这条疯狗狂吠；朱棣几次“犯上”，建文帝为了维护儒家“亲亲之礼”而对其迟迟不下手，一次次地坐失良机，终酿大祸。因此说，建文帝的"宽仁"是太过于理想化的"宽",是无原则的"宽",是典型的书呆子气使然。

第二,"建文新政"操之过急、求成太切。建文帝一上台既要推行他的新政,又要削藩,新政中"更定官职"、精简地方行政机构等不少举措的实施,"侵犯"了大明帝国官场上许多官僚及其关系人的既得利益,造成了建文朝内在的不稳;削藩又与新政同时并举,一下子激化了中央与地方藩王之间的矛盾,使得建文朝廷顿时陷于内外交困的被动局面。这一切都是求成太甚之心理所"害"的。于是出现了这样的历史一幕:在朱棣起兵造反危及建文政权统治的关键时刻,朱允炆这个书生皇帝还在气定神闲地"日与方孝孺辈论周官法度"(【明】朱鹭:《建文书法拟》前编)。这实在是令人啼笑皆非。

第三,"建文新政"实施过程中用人不当、选择时机不佳。我们不妨将建文朝领导决策层三"智囊"的人生轨迹与社会阅历做了大致的概括,那就是从学校、考场到大明帝国权力中心,他们都缺乏前期官场政治的历练,缺乏政务的实际经验,处事亦不够练达果断,统御与领导管理能力不足,而且充满了书生气。他们所拥有的是从书本上搬来的历史经验,因而谈起事情来头头是道,但就是不懂得社会的复杂、人性的丑陋与政界的凶险,尽管带着满腔的热血与崇高的理想,敢说敢为,但这个"敢说"只不过是纸上谈兵的敢说,这叫好人好心出了馊主意、馊点子;"敢为"充其量是将"建文新政"的实施当做其崇高理想的"政治试验",最终产出了"误国误君误己"的苦果来,这叫好心办坏事。

最为典型的例子是,齐泰、黄子澄都是文化考试明星,建文帝让他们负责削藩,实在是牛头不对马嘴。事实上这两位仁兄只会照搬一些历史典故,如西汉平定七国之乱,来个依葫芦画瓢,结果激化了矛盾;相比之下,卓敬和高巍的高明策略却被弃之不用,实在让人为之扼腕叹息;而"建文新政"的总设计师方孝孺虽然有着闪闪发光的思想火花——君职论等,并为当政者建文帝所欣赏和采纳,但它毕竟很前卫,一旦实施起来,政治环境、社会机制是否能一下子"消受"得了,这还是问题;同时方孝孺的治政思想中又带有较为浓烈的理想主义色彩,其不识时务的迂腐在客观上是妨碍了"建文新政"的推行。

第四,"建文新政"中复古色彩太浓,其最明显地反映在厘正田制上。建文帝为了改变当时贫富不均的不合理社会现实,竟然采纳方孝孺的不合时宜的建议,想在大明帝国恢复近两千年前西周时代据说实行过的井田制(也有学者认为根本没有井田制这回事,是孟子等先秦儒家吹出来的漂亮肥皂泡),由此遭到了一些务实的和明智的人士的反对,就连一向支持"建文新政"的方孝孺好友王叔英也对此决策极为不满。

◉ 好朋友之间的政见分歧折射出大问题

王叔英，浙江黄岩人，与方孝孺同属于浙江老乡。洪武年间，他与杨大中、叶见泰、方孝孺等人一同被举荐到了南京，接受皇帝的召见，但不知为何，王叔英最终不干了，一定要回家去。洪武二十年他再次被人举荐，出任仙居训导（仙居县学校长），后来调为德安教授（德安州学校长）。因为工作成绩不错，王叔英后来被提升为汉阳知县。在汉阳出任地方父母官时，王叔英体察民情，实行惠民之政。有一年，汉阳发生了大旱，王叔英心急如焚，但又无计可施，最终他以自己绝食的方式向上苍求雨。说来也很奇怪，他的一片爱民之心还真的感动了上苍。不久天上就下起了大雨，汉阳的旱灾顿时得到了缓解。

朱允炆未当皇帝时就已经耳闻了王叔英的好官名声，登基以后将他召到了南京，任命他为翰林修撰。王叔英明白建文帝实施新政的一片苦心，他积极地支持，给建文帝上了《资治八策》，即从八个方面谈了他对“建文新政”的建议：务问学、谨好恶、辨邪正、纳谏诤、审才否、慎刑罚、明利害、定法制。所有这些都是王叔英考察古今而得出的具有可行性的措施。他跟建文帝说：“太祖皇帝铲除奸佞，剔出污秽，抑制富强豪民，就如同医生给病人治病，农民给庄稼除草，治病治得太急了会伤及病人的身体，除草除得太猛了会影响到庄稼的生长。病去了就应该调理血气，草除了就应该在庄稼上培壅厚土啊！”王叔英是借喻告诉建文帝应该在承继太祖皇帝大统以后，实行宽政，我们臣下的就翘首以待了。这对于天性聪慧的建文帝来说，他岂会不懂！于是十分高兴地夸奖了王叔英，并采纳了他的建议。

应该确切地说，王叔英不仅是“建文新政”的支持者，而且也是“建文新政”的建议者；再者，王叔英与方孝孺私人关系相当不错，他们是同道的君子，以儒家的道义相互激励。但王叔英与方孝孺之间毕竟有着一定的差异，尤其是个人阅历方面，方孝孺是从书本到书本，从学校最终到明皇宫担当建文帝的智囊；而王叔英先前也是一介书生，但后来毕竟当过七品芝麻官，因此他的社会阅历面要远远宽广于方孝孺，对社会与时代的了解也要比方孝孺透彻。于是，当方孝孺给建文帝出招，要恢复所谓的历史上真的存在过的井田制时，王叔英按捺不住了，也顾不上伤不伤朋友的情分，修书一封，送给了方孝孺。王叔英是这样说的：

“大凡人有才能要发挥出来是一件难事，而要有人发现并用好他的才能，那更是不容易啊！当年张良投奔了汉高祖刘邦，刘邦就充分发挥了张良的才干；而贾谊碰上了汉文帝，文帝就无法用好贾谊的才能。这两大才子的境遇之所以有这样的巨大差异，关键就在于张良能细心地观察到刘邦能做的事情。张良讲了，结果刘邦采纳了他的建议，一时间就能得到实惠和收益。即使像樊哙、郦食其一类的刘邦亲信之人，像陈平、周勃那样的高祖刘邦最为信任之人，像萧何、曹参那类刘邦所重用之人，都没有一个能离间张良与刘邦之间的关系；而贾谊却没有看清形势就开口讲话了，而且讲得也太过头了，所以他就给周勃、灌婴之流找到了攻击的把柄。如今正值明君贤臣际会的千年难得的一个好时候，我们都应好好地珍惜。世上有些事情在古时候通行的，在现在社会里也照常可行，譬如古时的冠冕就是现在人们还戴着；而有些事情在古时实行过，但到了现在社会就没法实行，井田制与分封制就是这一类事。可行的事情就实行，人们照着做就方便，老百姓乐意，从中得到实惠和收益。不可行的事情硬要去做，人们照着做起来也难啊，老百姓还要深受其害。”(《明史·王叔英传》卷143；焦竑：《玉堂丛话》卷7)

王叔英毕竟是地方父母官出身，他对社会的了解程度可要比方孝孺深刻得多，他的建议也很有见地，可是方孝孺就是没有听进去。从方孝孺的角度来看，对于《周礼》的理解，他是很理性的，目的也很明确，无非是想通过对《周礼》的潜在价值的挖掘和重新应用，阐发周文王、周武王和周公的遗法及微言大义，以此指导建文朝改革，所以他就说：“君以身任之而不夺于流言，臣以道揆之而不泥于近利，三年而成，十年而安。继乎其后者，能推而守之，武王周公之治可几也。”(【明】方孝孺：《逊志斋集·杂著·周官二首》卷4，P95)

正因为出于这样的认知，方孝孺就竭力敦促建文帝依照《周礼》来实行大明官职更定。此时，大明政治中书生之气代替了原本应有的务实和理性，维新改革自然就会遇到“阻力”。在方孝孺力图推行井田制时，遭到了许多人的反对，最终只得放弃实施。(【明】方孝孺：《逊志斋集·与友人论井田书、官职》卷11，P346)

当然改革中出些问题也纯属正常，问题如果出在平常时期也就没有什么大不了的，从头再来吧。但这些问题偏偏出在关键时期——那就是与建文帝实施“新政”中另一项重大举措——削藩密切相关，建文削藩遇到了最大的劲敌，那就是朱棣。朱棣本来就要千方百计地寻找由头，起兵造反，夺取帝位，但他一直苦于没有合适的时机，这下可让他“逮着”了。于是，建文帝“变更祖制”最终成为燕王朱棣以维护“祖制”名义起兵“靖难”的借口。

从严格意义上来讲，建文削藩应该属于“建文新政”相关的一个重要内容。那么建文削藩。

第四章 建文削藩与帝国大难

朱元璋大封诸子，给自己的皇位继承人留下了一个烫手山芋。历史的经验是：汉代削藩，天下大治；晋朝不削藩，天下大乱（“八王之乱”）。建文君臣们对藩王的危害早有洞察，削藩是其政策的必然选择。但是，采取什么方式削藩呢？

削藩是建文帝朱允炆的一块心病，前面我们已经讲过，朱允炆在当皇太孙的时候，就对虎视眈眈的藩王叔叔保持着高度的警惕和担忧，他也曾经请教过一生什么难事都没难倒的皇爷爷朱元璋，可没想到朱元璋却被这个难题彻底地给难住了。祖孙俩尽管谈了一阵不着边际的空话，什么“以德怀之，以礼制之”，但最后还是说到了要害——武力削藩，以兵讨之。朱元璋最终也肯定了皇太孙的主张，所以说削藩并不是后来如朱棣所指摘的那样——违背“祖制”，而是“祖上”所认可的。对于这一点，建文帝比谁都清楚，所以他觉得这件大事一定要做。

朱允炆从小就是在宫廷里长大，即使是在皇爷爷晚年见习理政了一段时间，但他学到的政治经验毕竟有限，加上自身天性“至孝文弱”，所以他对如何消除诸藩对大明皇权的威胁还充满了犹豫，为此他要向可以信任的人请教。

建文削藩之先声——明故宫东角门师生对话

其实生在帝王家的人有时还真无奈，因为政治场上表面看来风平浪静，但实际上隐藏着不知有多少凶险的暗礁与杀机，一旦说错了一句话或交了一个不可靠的政治场上的朋友，说不定就能把自己送进坟墓。对于目睹洪武年间爆发了那么多大案要案的朱允炆来说，即使再文弱他也不会不知道这个理。但是，对于生活在深宫里，个人朋友圈子十分狭小的朱允炆来说，又该向谁去讨教呢？

黄子澄！

黄子澄在洪武十八年全国举人统考中考了第一名——“会元”，他可有才了，否则怎么会考全国第一的呢！更为主要的是，当时黄子澄还是东宫伴读，这是古称，实际上是东宫皇太子或皇太孙的老师。在中国历代王朝当中，东宫伴读可是个十分紧要的位置，一旦未来帝国大位让东宫里主人给继承的话，那么这个东宫伴读很有可能就会位居一人之下万人之上了。所以东宫里的主人与东宫伴读或侍讲之间的关系往往是极其亲密的，有时甚至是莫逆之交，即使年纪悬殊一点，也并不妨碍他们之间的密切关系。当时的黄子澄与朱允炆就是这么一种非同一般的关系。所以朱允炆有了“难题”了，自然首先想到的就是去请教黄子澄。

这一天，朱允炆坐在明皇宫的东角门，脸上布满了忧愁的神色，看到老师黄子澄走近时，就轻声地问：“现在各地的那些藩王叔叔们拥兵自重，他们中好多人都有不法之事，先生，你说怎么办？”黄子澄环视周围，观察到没人，就回答说：“您的那些藩王叔叔所拥有的王府护卫兵力，只够他们自守，不用您过分焦虑；倘若他们真的发动叛乱，我们中央朝廷将掌控的全国军队开赴过去，看还有谁能抵挡得了？”接着，黄子澄又给朱允炆讲了汉朝平定吴楚七国之乱的故事，最后他总结道：“汉朝叛乱七国的实力不是不强，但最终它们都灭亡了。中央与地方藩王之间虽然有实力大小、强弱的差异，但最终鹿死谁手就在于顺理还是逆理，中央讨伐地方藩王，理顺得很，那就必然会胜利；而地方藩王反叛朝廷，这个理是不顺的，他们必定要失败！”皇太孙朱允炆听后连连点头称是，心中默默地笑了（《明史·黄子澄传》卷141；《明太宗实录》卷1）。

建文朝“削藩”三派

东角门师生密谈，使得本来心里没底的朱允炆拿定了削藩的主意。但具体怎么去削藩呢？朱允炆还没有当权，当然就无法找人公开地讨论和研究实施方案了。但老皇帝朱元璋的驾崩和燕王南下奔丧等一系列突发事件都给这位年轻皇帝发出了这样一个“信息”：该到了着手解决藩王问题的时候了。

可怎么解决？朱允炆现在刚刚登基，就以老师黄子澄的主张，用汉景帝的武力削藩方式，会不会被人指摘：皇祖死骨未寒，做孙子的就这样对待皇祖的亲生骨肉、自己的亲叔叔，这岂不是将自己陷于不义不孝的境地呢？但如果不去考虑藩王问题的解决，维持现状，这些藩王叔叔个个都拥兵自重，骄纵不法，甚至还有人说他们图谋不轨。虽说现在没有真凭实据，但真要到了有真凭实据的时候，恐怕一切都晚矣，弄不好自己成为历史上的第二个晋惠帝。因此，建文帝尽管文弱又没有政治斗争经验，但他天性聪慧，熟读历史，对于自己即位时所面临的严峻局势还是十分清楚的，故而他一即位就开始将削夺藩王的问题提到了议事日程上来，作为他的“建文新政”的重要举措。

对于建文帝所面临的困惑和难题，朝中许多有识之士都有同感。但缘于各自看问题的视角不同或各自认知程度的差异或政治倾向的差别，建文朝的大臣们对于削藩有着三种不同的意见或主张。

◉ 第一种是武力削藩派

这一派以兵部尚书齐泰、太常寺卿兼翰林学士黄子澄和建文朝新近召进的翰林侍讲方孝孺为首。

前面我们讲过，齐泰是个做事极其谨慎、细致踏实的人，深得老皇帝的信任与重用，朱元璋临终时他就在场。老皇帝遗诏中说：让诸子藩王在各自的王国里遥祭，不要上南京来奔丧，各王国的军队与百姓一律听从朝廷的节制。但各藩王接听遗诏时都不相信，认为要么是自己的耳朵出了问题，要么是有人矫诏。他们认为这个矫诏的人就是皇帝身边的齐泰，并且说他离间皇家骨肉，大家都对他恨死了。齐泰就此莫名其妙地与包括燕王朱棣在内的各个藩王结下了冤，本是十分谨慎小心的他也由此“踏上”了削藩之路。

而对于建文帝来说，齐泰的为人和目前身陷藩王攻击的困境，他还是知道得一清二楚的，所以也就放心地与齐泰密议削藩大计（《明史·齐泰传》卷141）。

至于黄子澄，那就更不用说，他是建文朝武力削藩派的骨干与“主将”。

相对于齐、黄，方孝孺则是较晚地加入到武力削藩派的行列，但他也是武力削藩派的重量级的人物，建文帝的削藩与“讨逆”诏檄大都出自方孝孺之手。

武力削藩派的这些骨干们个个聪明，深知藩王的危害，从大明帝国的长治久安的角度出发，力主武力削藩，予以彻底解决。但这几个建文帝所极为信任和倚重的削藩决策者与实施者都有一个共同的弱点，他们都是文人出身，都没有军事经历或背景，要让他们背诵一段“四书五经”或历史典故什么的，或许个个都能得满分，但对所要运用削藩的武力——军事他们却一窍不通；加上建文帝本人性格文弱，处事优柔寡断，所以在武力削藩开始时，建文朝的削藩举措就显得拖泥带水，处置失当，贻误战机，其最终结果就可想而知了。

◉ 第二种是曲线削藩派

这一派与前面讲的“武力削藩派”有相同点，即都主张削藩，但在削藩的形式和方法上有所不同。武力削藩派主张用军事武力干脆利索地解决问题，缺点就在于它来势很猛，要下手的这些对象个个都是老皇帝的亲骨肉、当今皇上的叔叔，如果处置不当，不仅使得新皇帝背上恶名，而且还会引发大范围的骨肉亲族之间的相残战争，甚至还会导致政权的危机；而“曲线削藩派”的主张刚好弥补了“武力削藩派”的这些缺陷，他们建议用比较温和的方式，如效仿西汉武帝采纳主父偃的“推恩”法，或者将藩王挪个窝，于情于理于法都讲得通，无形中或者说暗中削弱了藩王的势力。这一派的代表人物有户部侍郎卓敬和在吏部任事的高巍。

○ 高巍“推恩削藩法”

高巍，辽州人，很有气节，擅长文章，有孝行。在老家时，母亲得了一种痼疾，高巍侍奉在她周围，从不埋怨和懈怠，一直将她侍奉到老。母亲死后，高巍就在她的墓边上搭了一间简陋的房子住下了，吃斋食素守了三年的孝。洪武中期，高巍因孝义嘉行而被旌表，由国子监太学生的身份到大明帝国前军都督府去“实习”，后被留在了前军都督府，任左断事之职。他目睹洪武晚年的局势，不无担忧地给皇帝朱元璋上疏，提出了开垦河南、山东、北平等地的荒田，要皇帝注意加强中央皇室的力量，抑制地方藩王势力，注意科举选拔官吏等好多有益的建议。朱元璋见了高巍的奏疏后，说他说得好，大大地表扬了一番。但不久，高巍“犯事”了，原因是有人说他在处理政务时不能与中央朝廷保持高度的一致，这就犯下了“欺君之罪”，说重了就要被处死。但后来有人提出异议，最终皇帝朱元璋开恩，将高巍的死罪改为谪戍，发配到贵州关索岭服役，特许他的兄弟或侄儿等人代役，并说：“这是为了表彰高巍孝子的嘉行而格外开恩的。”(《明史·高巍传》卷143)

建文帝登基后不久，对官场已经没有多少眷恋的高巍上疏给朝廷，乞求归隐老家，建文帝应允了。但他回家没有多久，辽州知州王钦就接到建文帝要求各地举荐人才的诏书，王知州考察了一大圈子，觉得只有已经提前内退的高巍最吻合人才的标准，于是就将高巍推荐给了朝廷。高巍接到朝廷的任用通知后，来到了大明帝国的吏部任职。(《明史·高巍传》卷143)

这时建文帝已经任用齐泰与黄子澄等人着手削藩，高巍看到这般形势，心里堵得慌，就给建文帝上书，谈了自己的想法与建议。他说：“高皇帝(指朱元璋)分封诸子为藩王，这是中国自古以来就有的古制。但高皇帝他老人家做得过头了，那些地方藩王又多骄奢淫逸，横行不法，根本就没把朝廷的命令与规制当回事。如果不搞削藩，那么朝廷的纲纪就没办法维系；如果搞了削藩，那么就要伤及‘亲亲’之情。西汉时的文臣贾谊曾说过：‘要使天下长治久安的话，最好的办法莫若让各诸侯藩王的子孙全能继承藩王的产业，这样就分散了藩王的力量。’现在我们要从贾谊的策略当中好好地学些东西，不要再用西汉晁错所用的武力削藩的方法，应该仿效西汉主父偃的‘推恩’策略。将北方诸藩王的子弟分封到南方，将南方诸藩王的子弟分封到北方去。如果能做到这样，那么藩王的权势不用你去削，他就自己减弱了。老臣我愿意为您皇帝陛下弘扬儒家的‘亲亲之礼’，随时恭候您召唤和调用。对于那些藩王中品行比较好的子孙，皇帝陛下您就应该下诏褒扬他们、奖赏他们；对于那些骄逸不法者，就要予以不同的对待：初犯的，痛斥一番，让他们去改；再犯的，批评一阵，就放了他们；如果第三次再犯，且不思悔改的，那您就该到太庙里，在列祖列宗面前将他们的藩王名号和待遇全部取消，这样，天底下哪里还有不服的人啊！”高巍奏疏上呈到建文帝那里，建文帝看了以后，什么也没有说，就把奏疏放在了一边。（《明史·高巍传》卷143；参见【明】吕毖：《明朝小史·建文纪》卷3；【明】薛应旂：《宪章录校注》，凤凰出版社2014年9月第1版，P151－152）

○ 高巍曲线削藩主张的两大亮点

高巍的曲线削藩的主张很好，其中有两大亮点：

第一大亮点，仿效西汉武帝时主父偃提出的“推恩”做法，朝廷发布“推恩令”，命令地方诸侯藩王将朝廷的恩赐推及诸侯藩王的子孙身上，这一措施实行以后，至少可以获取四个方面的收效：

第一，朝廷不用掏一分钱，也不费一兵一卒，顺水推舟地做个“好人”，让你诸侯藩王将自己的封地分给你的子孙们，受惠的藩王的子孙们当然会说朝廷好。

第二，原来诸侯藩王实行的是嫡长子继承制，其他子孙没份，这就造成了藩王的势力不仅不会削弱，反而随着时间的推移会越来越强。而实行“推恩令”后，一个藩国分给好几个子孙，诸侯藩王的势力就会大为减弱。传统中国有身份的男人一般都是一夫多妻，生了一大堆的儿孙，所以“推恩令”一出，藩王势力就会自行衰减，中央就不用再为此操心和担忧了。

第三，“推恩令”的实施也吻合国法人情。自古以来中国人一再主张以孝为本，如果朝廷硬要用武力将祖上给地方藩王的藩地给削了，那么你朝廷就要被安上“破坏祖制”的“不孝”罪名，从而在舆论与人心上失去优势。而实行“推恩令”则意味着将祖上的恩赐惠及每个子孙，这就吻合了“国法人情”。中国传统社会很早就确立了家庭财产诸子均分法，唯独这个分封制实行的是嫡长子继承制，其他诸子岂不都倒霉了！而实行“推恩”法，诸子也可得到自己应得的一份，这又合乎中国传统社会的民情与国情。

第四，要是地方诸侯藩王不理睬中央的“推恩令”，不仅给中央多了一个征讨他的罪名，而且诸侯藩王内部父子之间、兄弟之间也易起内讧，到那时他们的势力不仅不会壮大，反而自身先乱了阵脚，你朝廷不就可以高枕无忧了。

第二大亮点，高巍不仅主张推恩，而且还主张徙地而封，即将北方藩王的子孙分封到南方去，将南方藩王的子孙分封到北方去，让他们到完全一个陌生的地方，两眼一抹黑，再怎么“雄才大略”也会感到“无处下手”。

因此说，高巍的这个曲线削藩方案是一出极其高超的政治权谋。但建文帝没有采纳，有人说建文帝懦弱、无能，甚至认为他昏聩，这就冤枉了建文帝。其实建文帝很聪明，高巍的曲线削藩方案好是好，几乎没什么缺点，但不适合当时大明帝国严峻的局势，高巍的方案真正实施起来要有较长一段时间，建文帝可能是当时皇家年龄最长的孙子，才 21 岁，其他藩王的儿子即建文帝的堂兄弟都在 20 岁以下，有很多还是娃娃，一旦“推恩令”下达，藩王们完全可以以儿子年龄小作为借口进行拖延。病急要用猛药，高巍开的方子不合适，所以聪明的建文帝没有采纳(《明史·高巍传》卷 143)。

不过曲线削藩派中还有一个人，他倒是开出一个能解除急病的猛药方子，这人就是当时建文朝的户部侍郎卓敬。

○ 卓敬“徙地削藩法”

卓敬，浙江瑞安人，从小就聪明过人，悟性极好，天赋甚高，读书的时候一目十行，过目不忘。洪武二十年卓敬参加浙江乡试，一举就考中了举人。第二年来南京参加全国举人统考即会试，又中贡士，接着他上明皇宫接受皇帝朱元璋的殿试，中了进士，被授予户科给事中，品级与县令差不多，但他的监察权力相当之广。卓敬秉性耿直，凡事他认为要讲的，从不考虑有没有什么忌讳或回避的，经常向皇帝直言进谏。

当时，大明有些规章制度尚不完备，譬如像当时的诸子藩王的服饰、车马与太子的规制很相似。卓敬见了就不乐意，他找了个机会向皇帝朱元璋进谏说：“皇家言行，天下往往将之作为仿效的榜样。陛下您将诸子藩王与皇太子的服饰、车马弄成一个规格，人们无法辨别哪个是皇太子，哪个是藩王。嫡庶相混，尊卑不分，怎么能号令天下人？”朱元璋说：“你讲得太对了，朕还真没有想到这些。”于是他就对卓敬更加器重了,后来,不断地提拔他,直到洪武晚年,卓敬已经被提升为户部侍郎,即财政部的副部长。朱元璋严禁江浙人出任户部官,这个卓敬能当上户部侍郎,大概算是皇帝老爷格外的开恩吧。可见卓敬这个人的才识非同一般,深得老皇帝朱元璋的喜爱,要想得到苛求完美的老朱皇帝的喜爱,那可不是一件容易的事啊。(《明史·卓敬传》卷141)

转眼到了建文朝,眼光敏锐、天性耿介的卓敬并没有因为自己没被建文帝升官(他还是户部侍郎)而坐视国家大事不管。建文帝登基后就开始找他的几个心腹智囊密议削藩之事,但即使再保密,同在朝中上班的卓敬出于为国分忧的高度责任感,他给建文帝上疏,提出了将藩王中实力最强的燕王迁徙到南昌去,来个曲线削藩。(《明史·卓敬传》卷141)卓敬是这么说的:

"燕王智虑绝伦,雄才大略,酷似高皇帝朱元璋。现在他盘踞于藩地北平,北平地势险要,兵马强壮,燕王府原本又是辽金元的皇宫,墙高院深,这种局势已经相当危险啊。皇上您就应该将他迁徙到南昌去,燕王一迁徙,问题就容易解决了;万一他要是作乱,朝廷也就容易控制住他了。世上有这样的事情,将要萌发而没有显现动静的,这叫征兆;等到适当的时间可以行动了,叫时机。时机没到很成熟的时候,往往一般人没法判断,征兆没到了明显的时候,是不被人们所觉察到的。"(《明史·卓敬传》卷141)

建文帝读到卓敬的奏疏以后,吓出了一身的冷汗,他知道诸王当中最难对付的就是朱棣,现在卓敬直接提到要修理他,可将生性文弱的建文帝难坏了。他连忙将卓敬的奏疏装入自己的袖中,呆坐了好一会儿,然后才回到后宫里去。

第二天,建文帝急忙召见卓敬,君臣之间就削藩问题交换了意见,卓敬叩首说:"臣所说的是天下的至计良策,恳请陛下明察!"但最终建文帝也没采纳卓敬的建议。(《明史·卓敬传》卷141;【明】祝允明:《九朝野记》卷2)

从曲线削藩派所提的削藩主张来看,确实都比较高明,相比之下,卓敬的方案更符合当时的实际,既然当时人们都意识到了藩王之中危险与祸害最大的是燕王朱棣,从他身上下手是最为恰当的,打蛇打七寸,擒贼先擒王;而且手段也很巧妙,将他从北方迁徙到南方,既维护了"亲亲"之义,不伤"情面",又把朱棣挪了个窝,让他到新地方,一下子造不起反来,这不失为当时的一种最佳的选择,一般人还真是不太会意识到它的威力,就连一直自吹自己类于皇父朱元璋、具有雄才大略的朱棣也一直被这样的方案蒙在了鼓里。"靖难之役"后,朱棣大杀建文朝臣,唯独他想对卓敬网开一面。朱棣曾跟他的军师姚广孝说:"建文朝的奸臣都想害我,唯独卓敬还算不错,他奏请将我徙封到南昌去,我觉得他尚可宽恕。"但姚广孝却是这样回答朱棣的:“陛下您看走眼了,南昌地处下游,一旦南京发兵往南昌,其势就如囊中取物,要是当年建文帝采纳了卓敬的方案,陛下哪有今天之天下啊!”(【明】赵士喆:《建文年谱》卷上,何炳松主编:《中国史学丛书》,商务印书馆 1934 年版,P12,以下略)

看到这里,读者朋友肯定要问,既然卓敬这个方案这么好,那为什么建文帝没有采纳?

这里就涉及一个政治家的胆识问题。严格意义上来说,建文帝不适宜参入到政治场上去的,他个性文弱,甚至可以说是懦弱、怕事,尤其对阴险又有军事能耐和威望的四皇叔朱棣有着说不清道不明的恐惧:万一迁徙燕王他不走,就地造反,那怎么办?建文帝心里没谱,削藩的事宜全交给满脑子都是学问的“削藩大臣”齐泰、黄子澄了,所以卓敬的方案也只能束之高阁了。

◉ 第三种是睦亲护藩派

与上述两种削藩派意见完全不同的是以礼部侍郎兼翰林学士董伦、行人司右司副杨砥和御史韩郁等人为代表的睦亲护藩派。

礼部侍郎兼翰林学士董伦是洪武十五年开始出现在大明政坛上的,那年董伦被人举荐出仕,皇帝朱元璋授予他为赞善大夫,任懿文太子朱标的侍读。董伦性格直率,所论世事切中时弊,老皇帝朱元璋多次赞扬他,后来将他晋升为左春坊大学士。

洪武二十五年,朱标太子薨世后,董伦被外放到河南去当左参议(可能相当于河南省长助理),在此期间他向朝廷推荐了一些贤才,后来朱元璋提拔他到陕西省去当参政。洪武三十年因事受连坐,被贬谪到云南去当教官。那时云南刚开始办学,董伦身体力行大办教育,言传身教作示范。因此说,他对云南地方教育作出了很大的贡献。

从董伦的经历来看,他与大明开国文臣宋濂同列,担任朱标太子的实际上的老师,“性仁孝”的朱允炆极为看重他父亲的同门师兄弟方孝孺,那么对于父亲的老师更是刮目相看了。

建文初年,董伦被召回南京,拜为礼部侍郎兼翰林学士,与方孝孺同为建文帝的侍讲经筵(即为建文帝的老师)。他与建文帝的个人关系相当好,建文帝将亲自书写的“怡老堂”匾额,还有髹几、玉鸠杖等一同赐给了董伦,以示皇帝对老臣董伦的宠信。大才子解缙因罪被贬到了河州,幸亏董伦的劝说和调解才得以召回。

因此说董伦是个个性敦厚率直的人，资历老，威望高。建文帝削藩，他曾规劝建文帝睦亲藩王，但建文帝也没有听取他的建议。(《明史·董伦传》卷152)

话得讲回来，尽管建文帝没有听从董伦的建议，但董伦的一派说辞还是多少对建文帝产生了影响。因为董伦的身份与地位很特殊，他是属于老前辈人物，建文帝多多少少要掂量掂量他说话的分量。更有行人司右司副杨砥也出来跟建文帝说："帝尧之德始于亲九族。今宜惇睦诸藩，无自剪枝叶。"(《明史·杨砥传》卷150)

后来还有御史韩郁更是肆无忌惮地跳出来竭力抨击建文帝的削藩政策。

从睦亲护藩派的主张来看，几乎是一文不值，尤其是后来的韩郁上疏中提到建文帝削藩时，他是这样装腔作势地说："臣每念至此，未尝不流涕也。"(《明史·高巍传附韩郁传》卷143)

皇帝自己家族里打起来，大臣每想到了这个事情就要流泪，这曲高调唱得实在是出色，这跟国人经常挂在嘴边的"国可不能一日无君"的奴才论调实在是有着异曲同工之妙，也跟时下国人连吃饭也要选个桌长来管管自己是具有相似的祖上基因。

不过，透过这个现象我们看到，当时建文朝廷与藩王之间的冲突已经到了极其尖锐的地步，这些睦亲护藩派尽管动机与倾向各不相同(至少说董伦是没有坏的意念)，但他们唱出的这番"白笔画在白墙上"的论调折射出他们对朝廷倾向齐、黄所主张的武力削藩即将带来的不可预料后果的一种恐惧；同时也反映出当时建文帝所将要进行的削藩不仅面临着巨大的外界威胁——主要是藩王们有可能的军事武力反叛，而且还深受朝廷上下对削藩问题不同态度的巨大压力。外患与内忧交相袭来，使得本来就文弱的建文帝及其铁杆的追随者即将面临着前所未有的斗争风浪与政治考验。

○ 建文帝纳闷：是谁泄露了国家最高级别的机密？

建文帝想解决藩王问题，但又不想引起不必要的麻烦，所以他在极小范围内秘密地进行削藩问题的讨论，没想到引来朝中政治嗅觉灵敏大臣的"浓厚兴趣"和"极度关注"，由此也就形成了上述的削藩三派。洪武三十一年六月，"曲线削藩派"代表人物卓敬的奏疏上送建文帝，建文帝看完后马上就将它藏在袖子里。但不知怎么的，建文帝削藩的政治谋划这等最高机密却还是被外泄到了诸藩王那里(这里说明一下，卓敬绝对是个正人君子，即使他的至极良策没被采纳，但他依然对建文帝忠心耿耿，最终为建文帝不屈而死。因此笔者怀疑是宫中宦官干的)，引起了藩王们极度的不安与警觉，他们恃仗军事武力，蠢蠢欲动，向朝廷施压，同时又散布流言蜚语，将矛头对准武力削藩派的"主将"齐泰和黄子澄，其潜在的攻击对象就是建文帝。(【清】谷应泰:《明史纪事本末·削夺诸藩》卷15)

当时建文帝也挺纳闷:到底是谁泄露了国家最高级别的机密？当然这个问题比起削藩大计来说，那就显得不太紧要，眼下最为主要的是迅速采取措施，坚决控制事态的恶化，打击藩王们的嚣张气焰。建文帝别无选择，只有走近原本就与自己削藩主张十分接近的武力削藩派。

削藩国策的出台

◉ 建文帝问大臣黄子澄:"先生忆昔东角门之言乎?"

有一天，朝毕以后，建文帝叫住了黄子澄，开口就问道:"先生，您还记得当年在东角门说过的话?"黄子澄马上叩首回答:"臣实不敢忘!"

黄子澄尽管是个书生，但在宫廷里待了这么多年看也看够了，他当然明白当今形势下皇帝问话的含义，皇帝曾命他与兵部尚书齐泰同参国政。什么叫同参国政?就是共同商议国家大事。现在皇帝重提当年东角门密议削藩之事，他就马上明白应该怎么做了。

黄子澄赶紧出外去找齐泰，跟他说:"齐尚书，当今皇上年少，治国没什么经验，可他的那些叔叔们却手握重兵，多行不法，照此发展下去，恐怕大明朝就有危险了。你我都曾受先皇之重托，承蒙当今皇上之厚恩，理应为国分忧啊!"齐泰是何等聪明人，当然听懂黄子澄说话的意思，马上回答说:"为子则孝，为臣则忠，你我如今都是大明股肱之臣，理应要报效国家。只是眼下这削藩之事关系重大，一旦处置不当，后患无穷。"黄子澄说:"正因为这样，所以今天皇上跟我一说，我就马上来找你啊。最近我也在反复思量，如果能找准突破口下手，那么，削藩大业指日可成矣"(《明太宗实录》卷1;《明史·黄子澄传》卷141)。

◉ 齐泰:就从朱棣身上下手;黄子澄:从燕王弟弟周王身上下手

齐泰认为:"擒贼先擒王，诸藩之中燕王朱棣势力最强，年龄最长，危险也最大，理应从他这儿先下手;燕王一除，其影响就会威慑到其他诸藩，这叫杀鸡给猴看，那些实力与智谋都比不上燕王的藩王们就会乖乖地就范。”可黄子澄不这么看，他认为：燕王为人阴险，城府很深，凡事从不轻易露于人，要想先从他身上找到突破口很难；再说，燕王这个人在他的藩地北平已经待了近20年，树大根深。他跟蒙古人打了这么多年的仗，作战经验很丰富，如果朝廷从他身上下手，万一胜不了，或打了个平局，这朝廷的脸面不知搁到哪里去？弄不好其他藩王就会乘机作乱，那时天下之局面就无法收拾了。所以说与其这样，倒不如先从其他弱一点并有很多违法越轨行为的藩王身上入手。老百姓不是有一句话叫做：“老太太吃柿子专挑软的捏。我们现在就该学一回老太太吃柿子了。”齐泰说：“那以你之见就是除燕王以外找任何一个藩王下手都可以？”黄子澄说：“周、齐、湘、代、岷这几个藩王都可以，因为先帝在时，他们就有很多的劣迹和不法行为，如今他们又在燕王暗中煽风点火下蠢蠢欲动，从这些藩王身上下手就能师出有名了。而要在这些藩王当中再选择一个最佳的下手对象，那就是周王朱橚。他可是燕王朱棣的同母兄弟，换句话来说，朱棣最亲的兄弟只有这个周王了，其他所谓的兄弟都隔了一层——同父异母。而周王从小就不学好，到了开封藩邸后又不好好地待着，偷偷地回老家凤阳溜达溜达，曾被先帝处罚过了，坏名声在外啊。现在又有人讲他在燕王的唆使下暗中图谋不轨，因此说，削藩从他这里下手是再合适不过了。而朝廷一旦对周王采取了行动，这就等于把燕王的手足给翦除了，朱棣肯定会有所反应。要是燕王出兵来救，你想，他救的是谁？谋反之人啊！那朱棣自己也就成了谋反者的同谋了；如果他不出兵而是出面为周王求情，为谁说情都可以，就是不能为谋反者说情，说了，就是同谋。所以无论他怎么做，我们朝廷都有收拾燕王的理由了，削藩大业不愁不成。”齐泰听了黄子澄的分析，觉得似乎是无懈可击，两人就这样谋划好了，第二天上朝趁着合适的机会上奏给皇帝朱允炆。朱允炆觉得这个方案不错，就让他们照此实施。（《奉天靖难记》卷1；《明太宗实录》卷1；《明史·黄子澄传》卷141）

十月内连削“五王”

◉ 首削周王

○ 儿子告老子谋反，这为哪般？

黄子澄跟齐泰谋划好了削藩策略以后，就等待合适的机会下手。要说这个合适机会，你还真别说，要有就有了。不知怎么的，朝廷要对周王下手的策略刚定好没多久，周王府里就有人出来告密了，说周王朱橚在密谋造反。这个罪名可大得不能再大了，它是"十恶不赦"大罪中的第一号罪名，一般人犯下这样的罪行或被钉上这样的罪名，不仅要被满门抄斩，而且还要被灭九族。那么周王府里谁有那么大的冤仇要将周王朱橚置身于如此险恶的境地？

说来大家还真不能相信，这个告变之人不是别人，正是周王朱橚的亲生儿子朱有爋。亲生儿子告老子谋反，这为哪般？

原来，这个周王自小就不是什么好东西，三天不打上房揭瓦。他的母亲是朱元璋的硕妃，因为朱元璋怀疑她给自己戴了"绿帽子"，所以这个细皮嫩肉的"小妹妹"最后在朱皇帝的一声命令下被迫穿上了"铁裙"，早早而去了。这样，朱橚和哥哥朱棣就由马皇后来收养，马皇后对朱橚的管教可严了，临到朱橚就藩开封时还派了江贵妃代她到开封监管周王朱橚，所以马皇后活着的时候，朱橚还是挺守规矩的，但马皇后一死，他就如脱缰的野马，任意乱来了。曾经因为自己"乱跑"回老家凤阳，被老爸朱元璋关了好一段时间，但他劣性未改。老皇帝朱元璋死后，侄儿朱允炆当政，周王朱橚可来精神了，他是这么想的：要说现在藩王当中，就数我哥哥燕王朱棣和我年龄最长，资历也老，我们俩是亲兄弟，怕谁啊？他越想越不知道自己是谁了，因为他也常常听到自己的亲哥哥燕王跟他说，当今皇上是什么东西？还不是个乳臭未干的娃娃，凭什么他能当皇帝，让咱们做叔叔的在外为他拼死拼活地打啊杀啊，我们也是高皇帝的血脉，凭什么我们就不能当皇上呢？亲兄弟之间的关系要比其他的兄弟关系亲一层，朱橚与朱棣之间几乎是无话不说的。有朱棣的撑腰，朱橚的胆子也就越来越大了，他也在做皇帝梦。

为了能圆皇帝梦，朱橚在暗中做起了准备，打算找个时机造那个侄儿皇帝的反。（《明史·诸王一·周定王传》卷116）

朱橚的暗中不法行为尽管十分隐秘，但还是被人知道了。周王府的长史王翰是朝廷的命官，又是个正人君子，他对周王的"异谋不轨"行为极为担忧，几次三番劝谏周王：你千万不能干出这种"大逆不道"的事情来。可朱橚呢，压根儿就听不进，王翰反复提醒，他觉得挺烦人的，一怒之下，他就把王翰捆起来，痛打了一通。王翰到了欲哭无泪的境地，他也害怕，一旦周王谋反事情败露，按照大明规制与惯例，周王的藩王之位被废，作为周王府长史的自己就得被处死，他越想越害怕，怎么办？经过几天的冥思苦想，他想到了只有一条路可走，那就是装疯。唉，这王翰一"疯"就"疯"得不轻，胡言乱语，蓬头垢面，这下可把周王府的面子给丢大了，周王也懒得理他。不久王翰不见了——他走了。（《明史·诸王一·周定王传》卷116；【明】沈德符：《万历野获编·周定王异志》卷4）

王翰装疯走了，周王朱橚的心静多了，现在没人老跟他过不去了，他可以全身心地投入自己梦寐以求的“造反大业”了。

可世界上的事情还真那么奇怪，周王本以为王翰走了，自己可以迅速地走上帝王之路。可他万万没想到一场大灾难正在等着他，那就是他自己的亲儿子朱有爋告他谋反。

朱有爋是朱橚的二儿子，朱橚的长子叫朱有燉，这个朱有燉还算是个有能耐的人。想当年他那个荒唐父亲到老家凤阳去“溜溜”，却被皇爷爷朱元璋关了起来，周王府里的事全由这小小年纪的朱有燉一手打理，后来父亲被放回来了，朱有燉当然就省心多了。父亲朱橚的行为再荒诞但他的智力绝对没问题，按照大明的规制，朱有燉本为周王的嫡长子，且已被立为世子，也就是未来周王府惟一合法的继承人，加上周王被关期间皇爷爷有嘱托，让朱有燉料理周王府事宜，因此无论从哪个角度来说，周王长子朱有燉继承周王是板子上钉钉子的事。

这事本来就没什么可说的了，但有人就不乐意了，谁？就是周王的次子朱有爋。这个朱有爋可不是什么好鸟，他野心勃勃，老觉得自己才是应该袭封周王藩号的。但眼下他的哥哥朱有燉的世子位子稳稳的，动摇不了啊，于是他就绞尽脑汁地想，忽然来了灵感：他听人说了，最近建文朝廷正准备对尾大不掉的诸藩王下手了，自己何不乘机去上告，将父亲周王朱橚的不轨谋反行为全部讲给朝廷听。谋反罪是个大罪名，一般罪名在法律上有“相隐”的规定，即儿子不能告老子，奴仆不能告主子，但谋反等类的“十恶不赦”大罪是不受此限制，而且朝廷还不牵连首告者，这叫一箭双雕，既可除掉兄长及其支持者父亲周王，自己又能被朝廷宽宥，稳稳地坐上周王府第一主人的位置，至于是不是伤天害理，他可管不了这么多。这就应了一句老话“有其父必有其子”么。(《明史·诸王一·周定王传》卷116；【明】沈德符：《万历野获编·周定王异志》卷4)

○ 周王朱橚被废——建文削藩首战告捷

周王次子朱有爋上告周王谋反，建文朝廷听说后喜出望外，这样的事情来得太及时了。建文帝命令齐泰和黄子澄迅速着手处理周王谋反的案件，这还有假吗？绝对是真的——从常理上讲，要是父亲没做这类大逆不道的事情，做儿子的岂会这般恶毒呢？再说，人证也有了，就是周王的二儿子朱有爋。整个案件明朗了，接下来就是朝廷赶紧要采取措施，将谋反者迅速逮捕归案。那么怎么样才能将谋反者抓起来？对于一般案件来说，抓谁都方便，派几个精干的锦衣卫特务走一趟，不就成了。但目前这个要被逮捕的人是个握有很大兵权的藩王，要是派去逮他的人吃不住他，可就麻烦了！到底派谁去逮呢？

建文君臣经过反复商议，决定派曹国公李文忠的儿子李景隆带兵北上，采取声东击西的策略，给周王朱橚来个突然袭击，确保削藩首战能够胜利。

洪武三十一年八月，建文朝廷放出风声来，说是接到北方密报，蒙古地区的一些北元残余势力最近有南向的迹象，为加强北方防务，防止北元的南侵，今朝廷决定派李景隆为大将军，率军北上。

建文君臣的这出戏唱得还真不错，李景隆军队一路向北，周王朱橚没有什么疑心，因而也就没有做好负隅顽抗的准备。但当李景隆的军队经过开封，快要走过时，他们突然转向，迅速包围了周王府。当时周王朱橚一下子傻眼了，乖乖地束手就擒。李景隆马上取出皇帝朱允炆的诏书，当众宣读。接着就将周王府一行人押往京师南京，周王及其诸子都被废为庶人，流放到荒远的云南蒙化并被关押起来，“妻子异处，穴墙以通饮食，备极困辱”（《明太宗实录》卷1；《奉天靖难记》卷1；《明史·诸王一·周定王传》卷116）。

堂堂一个王爷落到了这个地步，不知此时周王有何感想？但后来建文帝可能是受“睦亲护藩派”御史韩郁上疏的影响，又下令将周王从云南押回，禁锢在京师南京（《明史·诸王一·周定王传》卷116）。

周王被废，建文朝削藩首战告捷，它给当时建文朝的政治带来了很大的积极影响，同时也表明了建文帝是一个很有抱负、很有作为的帝王。

○ 亲弟弟被抓，“雄才大略”的朱棣为什么袖手旁观？

建文帝废了周王，马上就将周王所犯的罪行写成敕书，然后颁给诸王，让他们一起来给周王议罪。这一举措至少有三个影响：第一，遵守祖制，藩王有罪，皇上主持，诸王集体议定；第二，将周王罪行公开，让大家知道我建文朝廷做事光明磊落，公正不偏，同时隐含给诸王发出警告：你们给我小心点，要是不老实，周王就是“榜样”；第三，“引蛇出洞”，按照黄子澄与齐泰的事先分析，亲弟弟被抓，必然会触及燕王朱棣。现在首战告捷了，就等着看朱棣的反应了。

朱棣这个建文朝最大、最危险的敌人，他可不是什么令人省心的“祖宗”了。自从朱允炆登基以后，他可一百个不痛快，怎么会让一个能力和水平都不如我的小辈给我当领导？这也太不合理了，至少也来个竞争上岗啊。但没办法，谁叫我投胎的地方不是正宫！但朱棣并没就此打住，民间有句俗话，叫没有条件创造条件也要上。朱棣一直在暗中准备和等待机会，可他没有想到的是，看似文弱的“半边月亮”还真行，不露声色，上台两三个月就将我的亲弟弟给收拾了。回想起三个月前父皇刚死时，那个文弱的“半边月亮”戒备森严，就连我们这些藩王叔叔回去奔丧都不让带军队，谁知道那份所谓的遗嘱是不是“老爸”钦定的。但从中也可看出，朝廷对我们藩王很警惕、很感冒；现在不仅周王被收拾了，他们又给我们下了周王“罪行告白书”，这明显是冲我燕王来着，周王是我的亲弟弟，我难道能见死不救吗？救，要有充分军事准备，可事情来得太快了，我还没有做好准备。第二，如果要与朝廷摊牌，除了军事武力以外，还要有合适借口或者说名堂，不是有句话讲，名不正则言不顺，出师要有合适的理由和名目，否则我就成了千夫所指的乱臣贼子，从道义上就会失去优势，这仗还怎么能打赢呢？第三，自从“老爸”驾崩以后，我的那三个宝贝儿子在南京为他们的皇爷爷守孝已经几个月了，还没有回来，大家都在说，“半边月亮”对他的堂兄弟很好，舍不得让他们走，这岂不是将我的宝贝儿子扣作为人质吗？说实在的，我还真不能硬来。硬来了，我这辈子可能永远也见不到我的宝贝儿子了；再说我也不好开口向南京那个侄儿皇帝直接要儿子呀，否则岂不是告诉他们我有想法啊，我要起兵了！

所以综合起来，朱棣认为，起兵的“火候”还没到，至于眼下的这些事，只能一个字“忍”，小不忍则乱大谋。

○ 朱棣为周王辩白——建文帝与朱棣的第一次交锋

但再忍的话也不能不做些事，尤其人家已经将周王的“罪行告白书”送到北平来，叫我与其他藩王一起“议罪”，我总不能说我不知道，别人可以推说不知道，我是周王最亲的人了，我说不知道，无论怎么也说不过去，弄不好反而暴露了自己；那么我就依着朝廷给周王的“定性”——反动透顶，颠覆政权？这就不仅将亲弟弟推向了地狱，而且也将自己无形之中置身于尴尬的境地了；为亲弟弟辩白？他犯的可是谋反罪，我做哥哥的这么做，不仅无济于事，反而给朝廷一个整我的借口——说我心怀不满，早已兄弟之间密谋好，这样我岂不成了谋反的同案犯，所以要极其谨慎地对待朝廷的敕书，不能予人任何把柄。朱棣想了很长时间，找来心腹谋士商议，最后给建文帝的敕书作了这样的回答：“若周王朱橚所为，形迹暧昧，幸念至亲，曲垂宽贷，以全骨肉之恩。如其迹显著，《祖训》且在，臣何敢他议？臣之愚议，惟望陛下体祖宗之心，廓日月之明，施天地之德。”（《明太宗实录》卷1；《奉天靖难记》卷1）

朱棣的这个回答简直是滴水不漏，天衣无缝。这里隐含几个信息：

第一，将周王定罪这个球踢回给建文帝，朱棣不愿为此惹什么麻烦。什么“如果周王所作所为形迹暧昧不明显，希望皇上您能念及我们都是至亲的份上，就饶恕了他吧，成全骨肉之恩；如果周王所做的事情违法犯罪的形迹已经十分明显，反正有《皇明祖训》在，我等做臣子还敢多讲什么呢？”

第二，朱棣的“回音”表面上很是柔和、恭顺，但骨子里充满了火药味。整段约70个文字，朱棣两次提到祖宗和《皇明祖训》。他一方面在说，希望建文帝“幸念至亲，曲垂宽贷，以全骨肉之恩”和“臣之愚议，惟望陛下……”，但仔细品味一下，它充满了杀气，你要是不尊重我们藩王的意见，那么我们就要以《皇明祖训》来办。大家知道，传统中国是个尊老同时也是一个“卖老”的社会，在解释祖宗遗训的问题上，谁最有权威？就是家族里最为年长的。现在朱家谁最长？就是他朱棣，你朱允炆是小辈，你要是与我过不去，有你好看的！

第三，朱棣抓住中国社会的特有的国情——伦理。什么“幸念至亲”和“以全骨肉之恩”及“廓日月之明，施天地之德”，等等。这里讲的是中国人始终剪不断理还乱的血缘亲情、家族伦理与国法之间的关系。在一般情况下，国法高于家族伦理与社会伦理，但在皇帝家里或特殊情况下，就要“特殊对待”。怎么个“特殊对待”法，就看谁有实力说话，谁的“嘴巴大”，所以这里边本身也隐含了杀机与舆论道德上优劣势问题。

正因为朱棣的回答软中带刚、绵里藏针，既有血缘亲情的“呼唤”，又有霸气与杀气，所以建文帝“览书恻然，谓事宜且止”（《明史·黄子澄传》卷141）。

建文帝在看了朱棣的上书以后，居然怅然若失，并说削藩的事情到此为止了。朱允炆的文弱个性暴露无遗，就像没有意志力的小孩子遇到了困难就哭了，说不干了。要知道当时的政治斗争已经到了相当尖锐的地步，只是对立双方还没有完全撕破脸皮而已，所以说，一旦停下来，后果不堪设想。在这个问题上，黄子澄和齐泰还是深明大义的，他们反复地规劝建文帝：事态发展到如此地步，再怎么也不能算了；他们还极其委婉地指出，建文帝的想法是“妇人之见”，并多次提醒建文帝：当断不断反受其乱。（《明太宗实录》卷1）

当天，齐、黄没有劝成建文帝，接下来几天上朝他们找机会再劝，力陈削藩半途而废的巨大危害。这下建文帝又逐渐坚定起来，继续削除不法藩王。（【清】夏燮：《明通鉴》卷11，太祖洪武三十一年八月，“考异”）

◉ 再削“四王”

建文朝廷公开削藩，鼓励人们告发诸藩王的不法阴事。于是大明帝国上下呈现出高度的“政治热情”，人们踊跃“参政议政”，纷纷出来检举和揭发那些“坏蛋”藩王。

之所以出现这样的"热闹"场面，主要是由于明初这些地方藩王大多数都不是什么好东西。他们横行不法，巧取豪夺，滥杀无辜，但基本上都没被真正"修理"过。因为朱元璋祖制规定，亲王地位比皇帝和皇太子低一等，明显比文武百官地位要高，这就造成这样的局面：百官都怕藩王，那普通百姓就更不用说了。因此在建文帝削藩之前，即使人们见证了藩王们所做的不法之事，可又有谁不想活了，去给藩王"找刺"呢？而现在情况不同了，建文帝为大家撑腰，人们就纷纷出来检举和揭发其罪行。

建文元年四月，有人告发湘王朱柏"伪造(宝)钞及擅杀人"，建文帝"降敕切责，仍遣使以兵迫执之。湘王曰：'吾闻前代大臣下吏，多自引决。身高皇帝之子，南面为王，岂能辱仆隶手求生活乎！'遂阖宫自焚死"。没多久，又有人出来告发齐王朱榑所犯的不法之事，建文帝下诏，将齐王朱榑召到南京，削除了他的藩号，废为庶人，将他与周王关在一起；与齐王被废差不多同时，代王朱桂因图谋不轨、胡作非为而被人告发，建文朝廷派使者到代王藩邸山西大同，宣布将代王朱桂就地"免职"，废为庶人；六月西平侯沐英之子沐晟上告岷王朱楩所犯之罪行，建文帝下诏，削夺岷王府护卫军士，诛杀伙同岷王朱楩一起作恶的指挥宗麟，将岷王废为庶人，徙往漳州。(《明史·恭闵帝本纪》卷4;【清】谷应泰:《明史纪事本末·削夺诸藩》卷15;《明史·诸王一、二、三》卷116—118)

○ 建文削藩的三大失误

从建文帝上台后的第三个月削夺周王开始到建文元年六月岷王朱楩被废，在10个月不到的时间内建文帝连削5王，其成果是相当大的。从表面来看，形势喜人，但在这表面喜悦的背后，建文政权的一些致命毛病也开始暴露出来了。

第一，作为建文政权的最高核心人物建文帝如果他是身处太平盛世，那么他极有可能成为中国历史上出类拔萃的一代贤君，特别是"建文新政"的推行与君权下放理念的长期贯彻或许对中国传统社会政治经济和思想文化有些改观，或者说近世中国极端专制主义与臣民奴性不至于进一步地恶化。但历史就是这么无情，建文帝却偏偏生于特殊的社会转型时期，这时帝国社会所需要的是心狠手辣的铁腕人物，显然建文帝不具备这样的人格特质。他本性文弱，处事优柔寡断，心不黑，手不辣，婆婆妈妈。这对于那种瞬息万变的政治局势显然是不能适应，以至多次当断不断，给政敌以喘息的机会，使原本的优势逐渐地转变为劣势。

第二，建文朝决策智囊集团成员虽然个个都是高学历、高智商，这样的人事结构要是在和平年代或没有军事风浪的情况下，很可能迎来了文化或科技的大发展。

但处在由“洪武”转为“建文”的特殊时期，这样的高层决策人事搭配显然是很成问题的。无论是齐泰、黄子澄，还是后来的方孝孺，他们在南京城里进行最高决策，用的是兵，但没有一个人有军事背景，所以他们用兵最多只能是纸上谈兵。加上那个皇帝还是一个文弱的年轻书生，四个书生合在一起，怎么着还是“书生”。他们对云谲波诡的政治场与权力斗争不娴其道，最终只能是由别人牵着他们的鼻子走。

第三，由于建文帝的软弱及其智囊决策层书生大臣的偏激，在削藩一开始的方案选择上就犯了错。面对多项选择，无论是建文帝还是他的决策智囊都缺少真正理性、智慧的判断，抛弃了非核心智囊层人士卓敬进献的最佳应急解决方案，这样就使得建文朝廷在错综复杂的形势下将自己原本主动的优势逐渐地往着相反方向发展。武力削藩行动前，存在着从谁身上先下手的问题，理性而言，齐泰的主张是正确的，但最终建文君臣都认同了留下巨大后患的黄子澄方案——吃柿子专挑软的捏，首削最大敌人——燕王的弟弟，给凶敌发出了一颗信号弹，似乎是在告诉朱棣，你准备好了吗？我们接下来就要对你动手！而后又没马上对朱棣动手，拖泥带水，给予敌人以喘息的机会，终至灾难降临。

这是建文朝削藩开始时所犯的三个最大的失误。

建文君臣怕朱棣，但又没办法绕过这道坎，一次次削夺朱棣的兄弟藩王，一次次地打草惊蛇；毒蛇在草丛里蛰伏着，也在暗中涌动着，建文帝与蛰伏的朱棣接着就要开始更多的较量了。

建文削藩攻坚战

◉ 建文帝说：以什么罪名能削废了燕王呢？

后人在谈到建文帝和朱棣之间的政治较量时，要么说建文帝无能、无才，捡了便宜（指皇位）还不卖个乖，搞什么削藩；要么说朱棣有着非凡的本领，但由于建文君臣书生气十足，光注意削那些“小藩”而忽视了朱棣这个“大藩”，终致养虎为患。这等说法还有许多，但实际上都不够正确。

其实在连续削废五藩时，建文帝和他的智囊们一直在密切注意着他们的最大的政敌——燕王朱棣。当燕王朱棣对周王议罪书的“回答”上书送达南京明皇宫时，建文帝君臣还为此热烈地讨论了一番。依照齐、黄的意思，建文帝赶紧对朱棣下手，否则这个最为凶险的敌人越来越危险，越来越难对付。建文帝不是笨人，他当然知道这一点，但文弱的天性和书生的呆板性束缚了他的手脚，他的思维就像儒家老古董那样，认为做事应该要有充分的依据，否则就不要去“惊动”燕王朱棣。而齐、黄毕竟年长于建文帝，社会阅历也相对丰富，所以他们不停地催促建文帝早早动手。建文帝被催急了，无可奈何地直白道：“彼罪状无迹可寻，何以发之？”即说：“我一直叫人密切注意北平燕王的动态，可实在是一无所获啊，以什么罪名能削废了他呢？”（《明太宗实录》卷1；《奉天靖难记》卷1）

要说这姜还是老的辣，齐、黄认为，只要认真找，总是找得到的。就拿燕王对周王议罪书的“回答”来做文章，虽说朱棣写得滴水不漏，但总的基调还不是为周王求情？！我们就以“连谋”的罪名将燕王给废了。

说实在的，在传统的专制社会里，对与错、正确与谬误、正义与邪恶等之间的“甄别”权、话语权往往是掌控在权位高势者的手中。我们不说别的，就讲建文帝最大的政敌朱棣后来起兵造反打出的最“鲜艳”的旗子——恢复“祖制”，“祖制”具体有什么内容？当时的一般人都不曾读过，朱棣就来了个断章取义，从北京打到南京，似乎也没人向他要“祖制”的原件，以此来进行比对一番。换句话来说，朱棣造建文帝的反，所打的旗号实际上就是瞒天过海，这是政治场上惯用的伎俩，先声夺人，置人于死地，谁的嘴巴大、谁的拳头硬，“真理”的话语权就在他那里。因此说齐、黄的主张是很有道理的，但在这个问题上朱允炆又迂了，当齐、黄说出要从燕王对周王议罪书的“回答”中想办法找出罪名时，建文帝竟然这样说道：“朕即位未久，连黜诸王，若又削燕，何以自解于天下？”（《明史·黄子澄传》卷141；《明太宗实录》卷1）

◉ 不忘“关心”北平城

碰到建文帝这样“仁柔少断”的“领袖”，再好的取胜机遇也会丧失。事实上当时齐、黄的建议如果被建文帝立即采纳的话，局势对建文朝廷还是很有利的。因为那时朱棣正在“养病”，实际上他还没有做好起兵造反的准备而采取了韬光养晦的策略，所以建文朝此时动手正好打得朱棣措手不及。但当齐、黄跟建文帝建议：“今所虑者独燕王耳，宜因其称病袭之”时，建文帝却这样回答的：“燕王智勇善用兵，虽病，恐猝难图。”这话翻成现代白话文就是说，燕王智勇双全，善于用兵，即使他现在在生病，恐怕我们朝廷也难以一下子收拾他。（《明史·黄子澄传》卷141；《明太宗实录》卷1）

由此看来，建文帝简直是得了一种“恐燕症”。但就此而言，说建文帝是个软蛋，这似乎又失之偏颇。就在建文帝对五个藩王连连下手得逞的同时，建文帝接受黄子澄、齐泰等人的建议，开始了对燕王大本营北平进行一系列防范性的布防。

第一，重新调整北平高层领导，加强对北平城的控制。洪武三十一年十一月，"（建文帝调）工部侍郎张昺为北平布政使，谢贵、张信掌北平都指挥使司，察燕阴事"（《明史·恭闵帝本纪》卷4；参见《明太宗实录》卷1；《奉天靖难记》卷1）。

第二，以北方军事告急为名，抽空燕王府内的军事力量。洪武三十一年十一月，建文帝召齐泰问计："今欲图燕，燕王素善用兵，北卒又劲，奈何？"齐泰说："今北边有寇警，以边防为名，遣将戍开平。悉调燕藩护卫兵出塞，去其羽翼，乃可图也。"建文帝听后，觉得齐泰的主意不错，可他没有马上行动，一直拖到建文元年三月，才"命都督宋忠调缘边官军屯开平，选燕府护卫精壮隶忠麾下，召护卫胡骑指挥关童等入京，以弱燕。"（《明太宗实录》卷1；《奉天靖难记》卷1；【清】谷应泰：《明史纪事本末·燕王起兵》卷16；《明史·黄子澄传》卷141）

第三，在北平外围调兵遣将，对北平城四周重重设防。建文元年三月，建文帝"复调北平永清左、右卫官军分驻彰德、顺德，都督徐凯练兵临清，耿练兵山海关，以控制北平"（《明史·黄子澄传》卷141，列传第29；参见《明太宗实录》卷1；《奉天靖难记》卷1）。

第四，派出得力高级别御史领导监察北平，暗中调查燕王的不法阴事。建文元年三月，建文帝派都御史景清署理北平布政司参议，名为加强北平地方司法监察建设，实为监察燕王府。（《明史·景清传》卷141；【清】谷应泰：《明史纪事本末·燕王起兵》卷16）

从表象来看，建文君臣在对燕王朱棣的防备上已经做到了万无一失，整个北平城里三层外三层都被朝廷控制得牢牢的，确实这里边不乏好多有利之处，如将朱棣的燕王府兵力抽调出去防蒙古，一来真像朝廷所讲的那样，增强北边防务；二来燕王府的兵力经过这次大抽调以后，原来雄踞北方的燕王顿时被架空了，三四个月以后，朱棣起兵时手中只有800名士兵。

但实际效果未必好，当时建文帝新任命的张昺、谢贵和张信三位封疆大吏中前两位无能，最后一个张信是叛徒，建文帝对他并不太了解，是听信大臣的推荐才用的。张信这人原来在地方军队里当领导，似乎也没有什么真本领，他靠出卖建文帝才在朱棣那里站住了脚跟，后来在"靖难"战争中他也没怎么打，能力一般甚至可以说不佳。可见建文帝的治政经验还是很有问题的，将一个别人推荐出来的而自己并不太了解的人用到了这么紧要的地方，暴露了朱允炆政治上的幼稚。后来朱棣造反成功，原因很多，但张信当叛徒是一个不可忽视的因素。（《明史·张信传》卷146）

除此之外，还有个特别重大的问题，就是建文君臣对于军队简直如瞎子。他们中没有一个人有军事背景，但又极度的自信，以当时朱元璋大杀功臣以后的情况来看，留下的侯爷老将只有耿炳文和郭英，尤其后者还是朱元璋临终有嘱托的大臣。耿、郭两人一生戎马生涯，能在洪武年间的血雨腥风中存活下来，可见他们是极其可靠的。如果建文智囊决策层能在军事的人士安排与布防上多请教两位侯爷，也许后来就不可能上演那出让人无法想象的“滑稽戏”：尽管朱棣起兵时只有 800 人，可他一打出旗号，已经被朝廷调拨给别人指挥的原先他的部下纷纷阵前倒戈，燕军一下子由 800 人发展到了几万。这个奥妙就在于，军队中长期上下级隶属关系所积淀的“效应”，绝非是一时军队人事调动所能解决的。所以说，最终的结果是，上述这些北平布防实际上是等于在向朱棣下宣战书。

◉ 朱棣：我在燕王府里养鹅鸭

再说朱棣，见到建文帝对北平城进行层层布防的架势后，一开始不免心中有所恐慌，但他身边云集了一批给他指点与鼓气的“高人”。要说这些“高人”，他们的身份还真不起眼，和尚道衍（俗名姚广孝），算命先生袁珙、金忠等（有关朱棣的这些谋士的详细情况我们将在《大明帝国·朱棣卷》里详讲），一个堂堂王爷交的朋友尽是一些下里巴人，给别人的印象是朱棣这个人没什么品位，实际上他在这些超级谋士的指点下，正积蓄力量，做造反的准备。

当时北平城的局势确实对朱棣不利，经过建文元年初的大调整后，除了燕王府，北平城内城外全在朝廷的掌控之中，朱棣的一举一动说不准都有人在暗中盯着，怎么办？就此不反了？其结果很可能是被逮到南京去，与他的亲弟弟关在一起，因为朝廷最怕的就是他，所以一旦朝廷要真下手了，其结果肯定好不了。要是反呢？目前准备工作还没有做好，而要做准备，在这满大街说不定都有朝廷密探的北平城里，一点点的风吹草动都会招来大麻烦。朱棣苦恼过，他想豁出去，但不知怎么干。主子的苦恼，和尚道衍等谋士看得一清二楚，他们给他出高招，“忽悠”建文帝。对外公开继续装得规规矩矩，不去触犯朝廷的法纪规制，暗地里招兵买马，训练军士，赶造武器，开始为起兵造反做实质性的准备。

首先朱棣以勾补逃亡军士为名，招徕和网罗天下奇人神勇，暗中发展自己的军事队伍。燕王“遂简壮士为护卫，以勾逃军为名，异人术士多就之”（【清】谷应泰：《明史纪事本末·燕王起兵》卷 16）。

其次在燕王府内进行军事训练与武器准备。军事训练与武器准备无非包括练兵、打造兵器等活动,但这些活动哪一个都是大动作,不可能没有一点动静。尽管燕王府袭用故元皇宫,墙高院深,一般情况下,院子里有点小动作,外面是没法知道的,但要进行练兵的话,几百号人在一起集训,能不发出声音吗?不可能!还有打造兵器也要发出声响,这可怎么办?

道衍和尚给朱棣出招:在燕王府内养一大群的鹅鸭,鹅鸭多了,叫声也大。这还真管用,它们的叫声"压过"了燕王府内的军事操练声和制造兵器声。通过这种瞒天过海的手段朱棣还真把建文朝廷的耳目给欺骗了。(《明史·姚广孝传》卷145)

◉ 大舅子告密了

尽管朱棣在北平燕王府内所进行的起兵造反准备工作十分隐秘,就连当时活动在北平城里的建文朝廷的耳目也给"忽悠"过去了。但没有多久,在南京城里的建文帝还是知道了朱棣的一些不轨阴事。这究竟是怎么一回事?

原来燕王朱棣娶的第一妻子是明朝开国大将魏国公徐达的大女儿,徐达的大儿子叫徐辉祖,他是家中的老大,因此朱棣应喊徐辉祖为大舅子。虽然朱棣被分封在北平,远离了南京,但徐达的这个大儿子徐辉祖不仅承袭了父亲的爵位,而且也遗传了父亲的良好品性,他为人正派厚道。父亲徐达不在了,他这个长兄就承担起父兄的责任,一有空就要去北平,探望一下远嫁到那里的王妃妹妹。徐辉祖前后去了几次,发现他的妹夫燕王朱棣最近很诡秘,且整个燕王府上下都神秘兮兮的。徐辉祖也不好多问,住了些日子,他要回南京了,但对燕王府的秘密到底是什么?徐辉祖尽管不是很清楚,但八九不离十地猜到了。因为都是自己家里人,朱棣他们老是神神秘秘,躲躲闪闪,肯定不是什么正派的或放得到桌面上的事。既然燕王府上下都不说,估计这是件大事,联想到最近一段时间内朝廷与藩王尤其与燕王之间的暗中较劲与外间的风传——朝廷要削夺燕王,徐辉祖马上想出答案来了,他那个妹婿肯定是在密谋造反。这可是杀头和株连九族的勾当,徐辉祖想到这些,顿时一身冷汗,他可是规矩人,忠君本分,现在自己的亲族即将大祸临头,他可不能不管!要管,但怎么管?自己又没有亲眼所见,再说朱棣再坏也是自己的妹夫。反复思量着,他最终打定主意,去跟新皇帝打个"招呼",也算我们老徐家对得起死去的高皇帝与当今的皇上,万一妹妹家真出大事了,新皇帝要是念我忠君直臣的分上,至少还可以挽救一些人。想到这些徐辉祖就上明皇宫去,将他所掌握的一些有关燕王朱棣的阴事告诉了建文帝,并提醒建文帝多加小心。

不过《明通鉴》是这么记载的：周王朱橚被逮后，燕王朱棣"大简壮士为护卫"。洪武三十一年八月，建文帝任"命徐辉祖练兵山东。时燕王多招异术，辉祖密奏之"（【清】傅维鳞：《明书·建文皇帝本纪》卷4，P50）。

再说建文帝知道徐辉祖为人方正，也明白他来"告密"的目的，在皇帝与妹夫之间，魏国公选择了皇帝，不容易啊！一句话，忠君啊！这是他们老徐家的光荣传统，作为皇帝应该要好好地嘉奖这样的忠君直臣，于是建文帝就授予徐辉祖为太子太傅的头衔，与曹国公李景隆一起管理大明六军的事情，协谋图燕事宜。（《明史·徐达传附徐辉祖传》卷125，列传第13；【清】谷应泰：《明史纪事本末·燕王起兵》卷16）

◉ 谍报工作做到燕王府里了

自从徐辉祖将自己在妹夫朱棣府上呆的那些日子里的所见所闻秘密上后，文弱的年轻皇帝朱允炆着实倒抽了一口冷气，心想：尽管自己已经采取了一些措施来防范燕王，但一直苦于拿不到燕王违法乱纪的真凭实据，所以朝廷也就一直没有对燕王下手。有时建文帝也在反问自我：会不会搞错了，人们都冤枉了四叔朱棣？而现在燕王朱棣的大舅子徐辉祖却主动地到明皇宫来"告密"，就凭他老徐家的优良品格和徐辉祖的为人，建文帝感到如今的局势是越来越严峻了。怎么办呢？在燕王府外的北平城里城外，该做的都做了，莫非往燕王府内直接派出亲信或马仔？这太显眼了，还有，朝廷直接派人到燕王府去，人们肯定会说我这个做侄儿的皇帝"不孝"，对叔叔不厚道，这样就使得我首先在舆论上会失去优势。再说燕王也不是傻子，朝廷派人到燕王府上了，朱棣的那些阴事就会暴露了么？不可能！人家在大舅子面前都遮遮盖盖，裹得严严实实，所以派人去燕府那是极不合适。唯独的好办法就是从燕王府内部攻破，问题是怎么攻法？找哪个人下手？个性文弱的建文帝此时感到自己特别孤独，他祈求上苍给予一点帮助。

说来也巧，正当建文帝祈求上苍帮助时，上苍还真的第二次主动伸出了手（第一次就是徐辉祖"告密"）。建文元年（1399）正月，燕王府长史葛诚来南京奏事，用今天话来说，燕王府的办公室主任葛诚来南京汇报工作。葛诚，《明史》上记载他个人信息不多，就说他是洪武晚年出任燕王府的长史，也就是说他是老皇帝朱元璋认可的人。朱元璋很残忍，这是众所周知的，但老朱皇帝也有优点，譬如，他看人的眼光很准，这个葛诚就是这么一个典型例子。建文帝见了葛诚来南京汇报工作，就在大殿上公事公办。结束的时候，他就给葛诚打了个招呼，然后带他到了明皇宫的密室里。建文帝详细地询问了燕王府的动态,葛诚一五一十地讲了。谈话临结束时,建文帝嘱咐葛诚:你像是没有发生什么事似地回燕王府去,继续干你的工作,暗中做好我们朝廷的内应。(《明史·葛诚传》卷142;【明】姜清:《姜氏秘史》卷2;《明太宗实录》卷1;【明】黄佐:《革除遗事·葛诚》卷1)

葛诚回去以后,建文帝开始进一步加强对北平和燕王府的侦察、监视等类的谍报工作,燕王府内部已有葛诚做朝廷的内应,外面呢,建文元年三月,建文帝命刑部侍郎暴昭、夏原吉等人充采访使,分巡天下。"都御史暴昭采访北平","得燕不法状,密以闻,请预为备"(《明史·暴昭传》卷142,列传第30;【明】赵士喆:《建文年谱》卷上,P34-35;【清】谷应泰:《明史纪事本末·燕王起兵》卷16)。

◉ 秘密统战工作第一个重点发展对象——刘伯温的儿子刘璟

就在葛诚回燕王府、暴昭任"采访使"巡视北平之际,燕王朱棣对于建文朝廷的监视与谍报活动还是有所感觉的,只要他一走出燕王府,就有人在暗中盯着。燕王在南京城里也不乏"眼线",但这是后话了。朱棣可不是什么省油的灯,针对建文帝的攻势,他来了个以牙还牙。他是这么想的:你小皇帝给叔叔来这一手,还嫩了点,你看我来做做你们阵营里的"统战"工作吧。于是在当时的北平和南京城里一场没有硝烟的战斗已经打响——谍战与"统战"。

朱棣要发展的"统战"重点对象是大明朝第一号大神人刘伯温的二儿子刘璟。这刘璟从小就是神童,小小年纪就能背诵儒家经籍,很受老皇帝朱元璋的喜欢。晚年朱元璋经常会想起刘基,于是他每年都要召见以刘基为首的"浙东四先生"的儿子刘璟等人,一般来说,这种召见都在便殿上,朱元璋与刘璟他们说起话来就像与家里人一样。洪武二十三年,皇帝朱元璋打算让刘璟继承他父亲刘伯温的爵位,但刘璟说:"万万不可,家兄刘琏虽然为胡惟庸党人害死了,但我的侄儿已经长大,理应让他来继承。"朱元璋一想,刘璟的话有道理,就依了他,任命刘基的长孙刘廌(刘琏之子)袭封,以刘璟为门使,朱元璋还跟刘璟说:"考察宋制,门使就是仪礼司,朕任命你出任这样的官职,就想叫你能天天侍候朕,朕也不给你办什么特别的授职仪式,就这样宣布算数了。"皇帝朱元璋临朝时,刘璟就在朝中站立伺候着,百官奏事要是有什么缺失与疏漏,刘璟马上予以纠正。御史袁泰奏车牛事失实,朱元璋说可以宽宥他了,而袁泰却忘了谢恩。刘璟立即出来纠劾,袁泰表示服罪。皇帝朱元璋给刘璟的诏谕说:"凡是像这类事情,就可当面纠劾。朕虽然没有将他治罪,但主要的宗旨还是要大家懂得遵守朝廷纲纪。"不久以后,刘璟受命与法司官员一起审理

司法案件，纠正冤假错案。谷王朱橞就藩时，刘璟被任命为谷王府左长史。(《明史·刘璟传》卷128)

刘璟口才很好，相当健谈，尤其喜欢谈论军事。当年温州一带发生了叶丁香叛乱，延安侯唐胜宗率兵讨伐，刘璟为他出谋划策，没多久就将叛乱给平定了。明军凯旋时，唐胜宗不停地夸奖刘璟为奇才。朱元璋听说后高兴地称赞道："刘璟真不愧为伯温先生的儿子啊！"

建文初年，刘璟受到了新皇帝朱允炆的重用，与暴昭等人充任"采访使"，来到北平，巡视民情。燕王朱棣早就知道这事，他十分清楚现在的形势，燕王府上的长史葛诚自南京回来后就十分异样，可见朝廷的间谍工作已经深入到了我燕王府内。既然皇帝朱允炆在用间谍侦查和监视我，我何不采取反间谍与反侦查的方法，开展"统战"工作?！燕王府长史葛诚可能已经被"收买"了，我就从府外入手，现在北平城里不是来了"采访使"吗。什么"采访使"？说白了就是监察特使啊，我也要好好地利用他们一下。朱棣反复琢磨，在暴昭等人的"采访使"中别的人似乎都不值得去"争取"，倒是有个叫刘璟的人，他可是大神人刘伯温的儿子，据说他曾得到父亲的真传，本领大得很，要是能把他争取过来，为我所用，不愁我的宏伟帝业不成。

朱棣打定主意，乘着"采访使"造访时，尤其慷慨热情地招待刘璟，还时不时地邀他下棋娱乐。有一次朱棣在与刘璟下棋时，试探性地说道："你不能稍微让着我一点耶?"哪知刘璟一脸严肃地回答："可让处则让，不可让者不敢让也。"刘璟话的潜台词是：我这个人很讲原则(这是他们老刘家的传统)，无关紧要的事情我可以通融，事关原则的地方我一点也不会让步，典型的一个活脱脱的刘伯温再世。听完刘璟的回答，朱棣沉默了好久。(《明史·刘璟传》卷128；【明】赵士喆：《建文年谱》卷上，P37)

◉ 煮熟的鸭子飞了

朱棣本想将"统战"工作重点发展对象锁定在刘伯温儿子身上，没想到碰了一鼻子的灰。不过自己毕竟是40岁左右的人了，人到中年经历的事情多，见识也广，这样投石问路的事情不成，也算不上什么的。经过观察，朱棣注意到，建文朝大臣尽管个个都是文绉绉的书生，但你还真别说，他们几乎全是正人君子，要在他们身上找到突破口还非得要多动动脑筋。朱棣想了好久，忽然想起了一个人，他就是朝廷刚刚任命的北平按察使(相当于北平省法院院长)陈瑛。

陈瑛，安徽滁州人，洪武年间，被地方上选拔到南京国子监来读书，毕业以后就在大明朝廷中任御史，即从事纪检和监察工作。洪武晚期出任山东按察使（相当于山东省法院院长）。因为朱允炆自身就是书生，所以继任大统以后他就大量任用他所情投意合的文人学士，对他们委以重职、要职。但建文帝朱允炆没有用辩证的眼光来看待问题和他的臣僚，像陈瑛这样的文人败类，建文帝不仅没有看出他是个大坏蛋，反而予以重用，将他派到北平来，掌管北平的司法和监察大权。

朱棣打定主意后就备了一份厚礼，叫底下的人偷偷地给陈瑛送去。送礼的人很快就回来了，他跟朱棣说，陈瑛不曾推让，就将礼物收下了。朱棣听后马上明白，这个陈瑛是个地地道道的贪官，而且胃口还特别大，胆子也大，现在我能发展他为"盟友"，我就不愁办不成大事。你建文帝搞谍报战，我也陪你玩，看谁玩过谁？

朱棣心里美了没多久，陈瑛就出事了，什么事呢？

原来北平省法院自陈瑛这个大坏蛋、大贪污犯当上了一把手以后，整个法院系统开始腐烂。朱棣不愧为燕王爷，见多识广，能办事，他在给陈瑛行贿时，还没忘了"意思一下"陈瑛手下的几个喽啰，副使张琏和右布政曹昱都曾"受燕王府金钱，有异谋"。这样的丑事没多久被陈瑛的一个下属佥事（可能相当于北平法院内的一个局长）名叫汤宗的人给知道了。建文元年三月，汤宗向建文朝廷揭发了陈瑛等人收受巨额贿赂的犯罪事实。建文帝知道了后十分恼火，朝议结果，将陈瑛逮谪广西。（《明史·陈瑛传》卷308；【明】姜清：《姜氏外史》卷2；【清】夏燮：《明通鉴·惠帝建文元年》卷12）

◉ 第三招臭棋

贪官陈瑛被逮，尽管朝廷没有处理行贿人燕王朱棣，但它给了他不小的惊吓，回想起建文元年二三月以来，自己连连出招，可下的那两招都是臭棋。刘璟好像是外星人，整个"滴水不进"；陈瑛那边快要把事办成了，可转眼之间，这"煮熟的鸭子"又飞了。不想则已，一想起来，这心里就堵得慌，好险啊！严峻的形势告诉朱棣，现在必须得更加小心。

再说建文朝廷对于燕王朱棣所做的一系列阴事都有所掌握，削藩到此已经进入了攻坚战阶段，朝廷深信不疑地将削藩重点锁定在朱棣身上，那肯定是没错的，但问题是现在掌握朱棣谋反的确切证据实在是不多；对于朱允炆来讲，朱棣是他目前最长的叔叔，没有充分的证据就把燕王朱棣给逮了，天下人会说我朱允炆"不孝、不敬"，皇爷爷尸骨未寒，孙儿这般"无端迫害"叔叔，自己要背上恶名的。但朱棣确实不是什么好东西，诸藩还不是仗着他的势力敢于同中央叫板，所以燕王不除，国无宁日，这一点建文帝是认准了的。问题关键在于没有真凭实据啊，怎么办？等！只有等，看谁能耗得起。建文君臣一致认为：进一步加强对燕王的侦察与监视，等待合适的机会削夺他。

这是一场紧张又激烈的政治场上的心理战和谍报战，谁将取得最后的胜利就完全取决于双方的心理素质、个人性格和时间等诸多因素。

对于朱棣来说，建文元年初他连下了两招臭棋，心理可不是滋味，但终究没有大碍。当然朱棣心里清楚，尽管朝廷对他没有采取行动，但并不表明自己就没有危险。每天他看到北平大街上的人，就感觉到有人在盯他，而且盯他的人似乎越来越多，朝廷的“沉默”就是要用时间来“换”证据。我可不能让他们牵着鼻子走，得争取主动。

朱棣想了好久，终于想到，要到南京去探探风向。但怎么去？按照“祖制”规定，地方藩王没有皇帝的允许是不能随便离开自己藩地的；就连老皇帝驾鹤西去时，藩王们也不能前去送送父亲，因为老皇帝朱元璋遗嘱中有规定“诸王临国中，无得至京”（《明史·太祖本纪三》卷3）。因此说，要上南京去可谓比上西天取经还难，怎么办？朱棣正愁着，忽然想到最近南京送来的侄儿皇帝的诏书：“诸王毋得节制文武吏士”（《明史·恭闵帝本纪》卷4）。对了，现在是建文元年，今年年初南京城里的小皇帝正式改元，听说各地藩王都曾遣使上京师去朝贺那个“半边月亮”，自己何不乘着这个机会也去“朝贺朝贺”，顺便探探究竟?!

当朱棣刚说出自己的想法，就遭到了所有亲信与谋士的反对。他们一致认为，朝廷现在要搞的就是你燕王，你到南京去，不是自投罗网？朱棣可不这么认为，他说，现在大家都知道建文朝廷与我们藩王之间已经到了水火不相容的地步。可大家别忘了，我和朱允炆不仅是君臣关系，而且还是叔侄关系。我到南京去朝贺他，看看他，他就能把我抓起来？要抓现在在北平也可抓啊，可他没有动手啊！所以我要利用叔侄这层温情脉脉的血亲关系来闯一下南京城，探探朝中的虚实、人心的向背；同时也可给我那书生侄儿皇帝看看我四叔没有异谋，心也不虚，还来看看你小辈，这样也就堵住了那些要整我的削藩大臣们的嘴巴。众人再劝也无用，朱棣铁了心。

建文元年（1399）三月，燕王朱棣来到京师南京，明皇宫上下都知道了，从北平来的四皇叔要来觐见朝贺侄儿皇帝，人们交口称赞：这个四叔就是不错，朱家就他最长了，别的叔叔都会瞎来，就这老四还真有贤臣样。对于人们的赞赏，朱棣在到明皇宫的路上都听到了，他心里美啊，现在我们老朱家就我最长，老子在北方打了那么多年的仗，这大明帝国功勋第一人舍我其谁？就连皇宫里的皇帝，我的那个侄儿，一个书生气十足的娃娃，见了我不仅要喊四叔，还要好好地犒劳我这个边关勋将。想到这里，朱棣撇了嘴，趾高气扬地由洪武门直接走上了皇帝专用的御道（即今天南京的御道街），穿过午门，直抵明皇宫的正殿——奉天殿。

朱棣来到奉天殿时，他的侄儿——现今皇帝朱允炆已经在殿上等候多时了。叔侄相见，朱棣傲慢地站着殿陛上，向着御座上的侄儿皇帝拱了拱手，作为见面的礼节，然后双方就开始寒暄起来。没多久，朱允炆就引了朱棣回到了皇宫里去。（【清】傅维鳞：《明书·建文皇帝本纪》卷4，丛书集成本，P51）

在大殿上的众臣目睹了这一切，大家都觉得不可思议。监察御史曾凤韶向建文帝上呈奏疏，说燕王朱棣犯有"大不敬"之罪，理应受到惩治。接着，曾凤韶数落起朱棣犯下的罪行来了：燕王此次来京觐见，自恃叔父之尊，狂妄自大，目无君皇，自从洪武门进入起就昂首阔步地走在皇帝陛下专用的御道上，这哪像是一个臣子的所作所为；更为嚣张的是，燕王到了大殿，站着殿陛上，见到皇帝陛下也不行叩拜之礼，这哪像个臣子！分明是一介狂徒，是可忍孰不可忍！我大明高皇帝祖训规定：亲王来朝在大殿之上要行君臣之礼，回到皇宫里才行长幼尊卑之礼，而今燕王目无君皇，违反祖制，如此下去，国将不国。为严整我大明纲纪，小臣奏请皇帝陛下速治燕王以"大不敬"之罪。（【明】姜清：《姜氏秘史》卷2；【清】夏燮：《明通鉴·惠帝建文元年》卷12；【明】薛应旂：《宪章录校注》，凤凰出版社2014年9月第1版，P154）

"大不敬"是历代王朝中最为严重的"十恶"大罪之一，一旦罪名成立，必死无疑，甚至亲族都要被抄斩。就朱棣这次南京觐见的整个过程来看，他所犯下的罪行事实，监察御史曾凤韶全"点"到位了，满朝文武官员都是目击证人，此时除去燕王真是再合适不过了。

可使人万万没想到的是，建文帝在接到曾凤韶对燕王的弹劾奏疏后，居然这么说道："燕王是我的至亲，就不必深究了！"当时在场的建文朝官员个个都惊讶得目瞪口呆，包括建文帝的重臣齐泰、黄子澄和方孝孺在内。

监察御史曾凤韶满腔热情为国分忧，没想到遇到这么一个君主，心中之郁闷自然不消说了。不过，当时在场的还有一个聪明绝顶（至少在政治智慧方面是如此）的户部侍郎卓敬可不这么看待建文帝，他在琢磨建文帝今天对四叔朱棣格外开恩的缘由，想了半天终于想到了，建文帝本身就文弱，"性纯孝"，但他心里还是清楚，最为危险的政敌就是今天来觐见的四叔燕王。之所以建文帝今天法外宽宥，主要是他拉不下脸面，但冷静下来后他会那么做的。想到这里，卓敬就给皇帝朱允炆上了一个密奏，提醒皇帝赶紧逮住这个千载难逢的机会，将燕王从他长期盘踞的北平迁走，迁徙到南昌去。卓敬的密奏是这样说的："燕王智虑绝伦，雄才大略，酷类高帝。北平形胜地，士马精强，金、元所由兴。今宜徙封南昌，万一有变，亦易控制。'夫将萌而未动者，几也；量时而可为者，势也。势非至刚莫能断，几非至明莫能察'。"(《明史·卓敬传》卷141；【明】赵士喆：《建文年谱》卷上，P12；【清】谷应泰：《明史纪事本末·燕王起兵》卷16)

卓敬密奏的这个方案优点在于：第一，避免以"大不敬"罪名整治燕王所带来的难堪——让人说闲话，因为叔叔一不小心，侄儿就翻脸不认人，做小辈哪能这样？第二，免除建文帝背上破坏"祖制"、迫害叔叔的恶名；第三，将燕王从北平迁往南昌，燕王之患自然消除。说实在的，这是个绝对完美的削藩方案，可谁也没有想到的是，建文帝看了密奏后，却对卓敬说："四叔燕王是朕的至亲，怎么能这样做呢？"卓敬听后心里也急，规劝道："陛下与燕王是叔侄关系，这叔侄关系总比不上父子关系吧。可陛下你想过没有，隋朝皇帝杨坚与杨广之间是那么亲的父子关系，据说杨坚年老的时候，有人跟他说，您的皇太子杨广在调戏你的爱妃，杨坚就动了杀杨广的念头。但他还没有来得及动手，杨广已经获悉了这个信息，先下手为强，将亲生父亲杨坚给杀了。陛下，父子之间的关系尚且靠不住，更何况你与燕王之间是叔侄关系啊！"建文帝听后"默然良久"，最终冒出一句话："卿休矣！"就这样，一个铲除燕王削藩到底的绝佳机会给白白地错过了。(【明】姜清：《姜氏秘史》卷2；【清】谷应泰：《明史纪事本末·燕王起兵》卷16)

朱棣来京觐见这着棋下得实在是臭，没想到接招的建文帝水平更臭。建文帝的个性弱点在这个事件中暴露无遗，什么"骨肉至亲"，完全是他中了儒家迂腐说教之毒太深了，优柔寡断的建文帝真是养痈遗患，愚蠢透顶！

◉ 建文帝不会做的选择题

再说朱棣的这次觐见侄儿皇帝，虽有朝中大臣要求就此把他解决了，但文弱的建文帝放了他一马，使他侥幸逃脱了，所以史学家谈迁在说及燕王觐见事件时是这样评价的："(它)不过伺间释嫌，徼幸万一耳。"(【明】谈迁：《国榷·建文元年二月己巳》卷11)

不过对于这场建文君臣意见之争，当时的朱棣并不知晓，但他绝不敢久留于南京，因为他也怕随时都会发生意想不到的变故，所以这次来京连头带尾朱棣只待了9天就回去了。临走前，建文帝总要"送送"叔叔，虽然自己贵为天子，但在朱棣面前自己是小辈，叔叔要回藩地，侄儿总要表表意思。建文帝不仅将叔叔送了一程，还送了礼物和人，这礼物是孝敬叔叔与婶婶的，这送的人叫潘安，名义上很好听，叫潘安去当燕王的随从，伺候好燕王。朱棣也不笨，侄儿小子将他的人明目张胆地直接安插到我的身边，但话说得多漂亮啊，朱棣也不好拒绝，只好带了潘安等人回了北平。（【明】姜清：《姜氏秘史》卷 2）

朱棣回北平后，侄儿建文帝似乎有点后悔了，他也清楚这个四叔朱棣不是什么好东西，于是就不断地增派官员到北平去“采访”、巡视民情，实为侦查燕王动态。

对于这些形势的微妙变化，老奸巨猾的朱棣早就觉察出来了，怎么办呢？自己还完全没做好造反的准备，一旦稍微不慎，后果不堪设想。朱棣想到这些，又开始“生病”了。燕王“病”了，底下的心腹们更加忙了，他们得加紧进行造反的准备，不过外界是绝对不会知晓的，就连北平燕王府里的一般人都只晓得燕王朱棣去了一次南京，回来没多久就病了，且病得还不轻。

这消息很快就传到南京明皇宫里，建文帝君臣都知道了。有一天上朝，有人向建文帝上奏说，北平燕王府里来人了，说是他们的燕王爷病重，恳求皇上恩准他的三个儿子回去见上一面，或许还能作个后事交代。读到这里，读者朋友可能要问了：这燕王的三个儿子不在燕王府好好地待着，跑到父亲的政敌这里干吗？

事情的原委是这样的：自从南京回去以后朱棣就“病”了一二个月，转眼间就到了建文元年的五月，也就是朱元璋逝世一周年，那时人称之为“小祥”。父母“小祥”，做子女的要到场祭祀，以示孝道，如果子女因事到不了场，那么孙辈必须得去。但当时的形势很紧张，燕王与他的心腹们讨论了这件事：到底要不要让三个儿子一起上南京去参加老皇帝的“小祥”，大家争论过，谋士们认为，在这个时候让燕王府的三个王子一起去南京很危险，很可能被建文君臣扣押住。但朱棣认为这不大可能，再说自己不亲自去南京祭祀，还不让儿子们去参加他们爷爷的周年祭祀，这也于情于理都说不过去。于是，最终的结果是朱棣长子朱高炽带了两个弟弟全上南京祭祀来了。（【清】谷应泰：《明史纪事本末·燕王起兵》卷 16）

儿子们走后没多久，朱棣就后悔了，每天看到北平大街上来往穿梭的人群，他就感觉到这里边就有南京派来的密探。更有自己的燕王府长史葛诚似乎在秘密地发展护卫指挥卢振为他们的“组织团伙成员”，其形迹诡秘，让人不寒而栗。朱棣想到这些，心里说不出有多害怕。要说他“病重”，其实就是心里“病重”。“时燕王忧惧，以三子皆在京师，称病笃，乞三子归”（《明史·黄子澄传》卷 141）。

另有说法，朱元璋临终有遗言：让孙儿们在南京为他服完 3 年孝之后归藩。“太祖之崩也，诸王世子及郡王皆在京师，遗命三年丧毕遣还，燕世子及朱高煦、高燧预焉”（【清】夏燮：《明通鉴·惠帝建文元年》卷 12）。

朱棣声称病重，请求朝廷恩准他的三个儿子回府探视。这个请求合情合理，实在是个高招，一来可以弥补朱棣先前决策的失误；二来投石问路，要是朝廷扣押了他的儿子们，至少说朝廷失去了舆论的优势，天底下哪有父亲病重不让儿子回家探望之理？这样就将对方置身于被动的境地；如果朝廷放了人，那就达到了自己的目的，接下来就可以放心造反了。

也正如朱棣及其谋士所担心的那样，朱高炽三兄弟到了南京后不久，朱棣乞子回藩探病的奏书也送到了明皇宫。建文帝拿了朱棣的奏书找心腹大臣齐泰和黄子澄商议。齐泰主张将朱高炽三人扣下来，留作人质，以此来挟制住燕王；退一万步来说，即使朱棣不顾血缘亲情真的反了起来，朱高炽兄弟三人这张底牌握在建文帝手中，建文帝也就掌握了主动权。但黄子澄可不这么认为，他说："如果真的将朱高炽三兄弟给扣了，反而授予燕王把柄，他就以此为借口，真的发难，我们就失去了舆论上的优势，倒不如放他们回去，这样至少可以表明我们朝廷对他燕王没有什么怀疑，而我们正可以乘其懈怠不备之时发起袭击。"（《明太宗实录》卷1；《明史·黄子澄传》卷141；【清】谷应泰：《明史纪事本末·燕王起兵》卷16）

坦率而言，建文帝碰到的这道政治选择题并不难做，在齐泰与黄子澄帮助建文帝给出的两个绝对相反的答案中，齐泰的观点还是极有道理的。相比之下，黄子澄的主张迂腐透顶。要知道无论是对建文帝还是朱棣来说，当时谁都心知肚明，双方的矛盾与斗争已经到了剑拔弩张的地步，只等合适的时机就要对对方出手了，还有什么"可疑"、"不疑"的。所以说黄子澄的观点说到底是掩耳盗铃，愚蠢之至。可悲的是建文帝在这两个答案的选择上居然又选择错了，他赞成黄子澄的观点，竟然同意将朱高炽三兄弟放回北平去。（《明史·黄子澄传》卷141；《明太宗实录》卷1）

◉ 一个是燕王的大舅子，一个是燕王的小舅子，我该相信谁？

再说，朱高炽兄弟三人来南京，作为舅舅的徐达大儿子徐辉祖早就知道了，这本来也没什么值得注意的事情，不就是孙子来祭祀爷爷，再普通不过了。但后来徐辉祖听说妹夫朱棣上书乞子回藩，联想起自己在燕王府的所见所闻，觉得事情背后必有蹊跷，于是他就急急忙忙地直奔明皇宫，向皇帝朱允炆直接禀告了自己对事情的看法。他说：朱棣老谋深算，善于伪装，如今他在生病还上书，其间必有阴谋，至于这个阴谋到底是什么？他也说不上来，但他希望皇上千万要认真对待；接着徐辉祖又说，据他对三个外甥的观察与分析，觉到老二朱高煦尤其不是东西，他"怀有异志"，"勇悍无赖"，将来必定是不仁不孝，不要说是不会忠诚于朝廷，还会背叛他父亲，简直就是一颗祸星。如今燕王上书请求皇上您恩准他们三兄弟回藩探病，您要是准了，就好比是放虎归山，日后必有大患！

建文帝听了大臣徐辉祖的一席话后顿感一头雾水，人们常说舅舅就是半个父亲，哪有这样的舅舅，大讲特讲自己外甥的不好；还有前阵子他来明皇宫里大讲自己妹夫如何不好，会不会他们老徐家跟妹夫朱棣家有什么过节？抑或别的什么事情？建文帝想到这儿，就找来了老徐家的老四徐增寿（徐达有四子：长子即徐辉祖、二子徐添福、三子徐膺绪、四子徐增寿，见《明史·徐达传》卷125，列传第13）和怀庆公主驸马王宁，问问他们看，对四叔燕王家的三个堂兄弟的事情该怎么处理。要说这个徐增寿还真熟悉燕王府的事，他曾受命跟随朱棣一起出塞征战，郎舅关系好着喽。所以当建文帝询问起有关朱棣家事情的时候，他一口一个"好"字。

这下建文帝更犯糊涂了：一个是燕王的大舅子，一个是燕王的小舅子，我该相信谁？他想了好半天，突然回想起黄子澄的话："不予对方把柄，然后找机会再削夺燕王！"想到这里，他终于明白老徐家的两兄弟还是老小徐增寿讲得对，于是决定让朱高炽三兄弟都回北平去。（【清】谷应泰：《明史纪事本末·燕王起兵》卷16；【明】郑晓：《吾学编·徐增寿传》；《明太宗实录》卷1）

◉ 燕王是您亲叔叔，他怎么会造您的反？

朱高炽三兄弟回到北平，朱棣的"病"顿时全好了，眼下紧要的事情是抓紧时间做好造反的准备。

或许是朱棣谋反过于急切的心态所导致的疏忽大意，或许是建文帝长期的谍报工作应该有所收获吧，建文元年（1399）六月，燕山护卫有个小军官百户倪琼偷偷地给建文帝上奏，告发燕王朱棣属下的两个官校于琼和周铎在暗中为朱棣招兵买马，图谋不轨。建文帝立即下令将于琼和周铎火速逮捕，并押送到京师南京来进行审讯。审讯结果，两个官校吐出了不少燕王朱棣的不轨阴事，朝廷自此比较确切地掌握了朱棣对外装病暗中秣马厉兵的一些罪证。

这个时候最为妥当的做法是，以掌握了的燕王的罪证为借口，火速袭击燕王府，保不准能将朱棣打得措手不及。可是这个建文皇帝老在大是大非问题上东张张西望望，犹豫不决，要做就做出些让人感到莫名其妙的事情，他下令将燕王朱棣谋反的两条走狗于琼和周铎给杀了（"帮助"了敌人，将"证人"给搞没了），然后又去找人咨询咨询，燕王朱棣真的会谋反吗？滑稽的是，每当要问关键的事情时，建文帝总会问错人，这一次为了"求证"燕王朱棣是否真的会谋反，他去问左都督徐增寿。前面讲过徐增寿是徐达的小儿子，即为朱棣的小舅子，又是朱棣的铁哥儿们，在建文朝他可是个地地道道的吃里爬外的内奸。所以建文帝这一问，比不问还要坏。徐增寿在听建文帝讲已经有人供出朱棣密谋造反的事实以后，竟然巧舌如簧地说："燕王先帝同气，富贵已极，何故反？臣以一家保不反。"[燕王与先帝（指朱标，朱允炆登基以后，将父亲朱标追尊为兴宗孝康皇帝）是亲兄弟，他贵为亲王，已经富贵之极，又是你的亲叔叔，怎么可能还会起来造您的反呢！你别听那些小人瞎说，小臣以全家性命作担保！]（【明】姜清：《姜氏外史》卷2；《明史·成祖本纪一》卷5，本纪第5五；《明史·徐达传附徐增寿传》卷125；【清】谷应泰：《明史纪事本末·燕王起兵》卷16）

当然建文帝毕竟不是晋惠帝，尽管个性文弱，胆小怕事，但他人还不笨，最终并没有完全相信徐增寿的胡说八道，而是下了一道"不痛不痒"的诏令，将燕王朱棣严责一通，就是最为关键的事情不做——废黜燕王，武力削藩。这样，又一次白白地错失了良机。

◉ 燕王朱棣"疯"了？

朱棣接到建文帝的诏令，心里也慌了，两员得力的"干将"被杀，朝廷又下令严责，情况不妙，估计朝廷已经掌握了许多不利于自己的证据，如果现在就动手公开反叛朝廷，自己准备还不够充分，眼下北平城内城外都是朝廷的兵马，骤然起兵，以卵击石，必将一败涂地，前功尽弃。想到这里，朱棣又使出自己惯用的伎俩——装病，以此来迷惑朝廷。（《明史·成祖本纪一》卷5，本纪第5）

不过朱棣这次"病"得还真不轻，疯疯癫癫地在北平街头到处乱跑，蓬头垢面，有时倒地便睡，一睡就好几个小时；有时胡言乱语，大呼小叫，见到别人在吃东西，他就伸手去抢（【明】高岱：《鸿猷录·靖难师起》卷7），甚至有的书上还描写说，他对着妇女小便，等等，整个一个地地道道的疯子。

燕王朱棣疯了！消息像长了翅膀似地迅速传遍了整个北平，也传到了北平地方最高军政长官那儿。肩负朝廷特殊使命的北平布政使（相当于北平省省长）张昺和都指挥使（相当于北平省军区司令）谢贵听说了，原来体壮如牛、驰骋疆场的堂堂燕王现在居然成了一个疯子，不可思议，人们老说他要造反，这下可好，"反"没造成，自己倒先疯掉了。不过好多人都在说，燕王这个人狡诈无比，会不会装疯？张昺和谢贵决定亲自到燕王府去一探究竟。

建文元年六月的一天，张昺和谢贵冒着酷暑，来到燕王府，府上有人引他们入内。再看燕王府内的朱棣，哪有昔日燕王爷的影子，只见他披头散发，穿了一件破布袄，围着一只火炉正在烤火，嘴里还不停地念叨："真冷啊！真冷啊！"朱棣见到有客人来，故意装作不认识，只是勉勉强强地支撑起自己的身体，拄着拐杖想走几步，不料又跌倒了。

张昺和谢贵看到朱棣这副模样，心想：时值盛夏六月，人们都觉得酷热难忍，这个昔日神气活现的燕王现在却病成这般模样，连走路都走不了，很可能就不久于人世了。于是这两位北平地方最高领导将自己所见之状报告给了朝廷。(【明】姜清：《姜氏秘史》卷2；【清】谷应泰：《明史纪事本末·燕王起兵》卷16；【明】高岱：《鸿猷录·靖难师起》卷7)

◉ 奇怪，"疯子"居然还会晓得叫人来汇报工作？

燕王疯了，现在不仅北平城满大街的人都知道，就连南京建文朝廷也有人相信。可是狐狸再狡猾有时也会有失误。建文帝的谍报工作事实上一直在秘密地进行着。前面讲过的那个燕王府的长史葛诚实际上是忠于朝廷的"线人"，尽管朱棣竭力伪装和掩盖自己，但燕王府里葛诚的那双机警的眼睛却在暗中时刻盯着他。葛诚观察到了一些隐秘，他就偷偷地提醒张昺和谢贵："燕王朱棣压根儿就没病，你们看到的都是他装出来的，他很快就要举兵谋反了，所以还请两公对他多提防着，千万不能有半点懈怠。"葛诚密告完后，觉得事情还没有做圆满，于是就赶写了一份密疏，上奏给南京的建文帝。(《明史·葛诚传》卷142)

对于燕王府长史葛诚偷偷告密的事情，装疯中的朱棣似乎还不知，他在按照自己的计划进行着，为了探探南京城里侄儿皇帝对自己的最近态度及其朝廷的整体反应，朱棣秘密地派了护卫百户邓庸到南京，名为奏事即汇报工作，实为观察朝廷风向。朱棣本以为自己做得天衣无缝，没想到聪明反被聪明误。邓庸一到南京就被建文帝抓了起来，这是为什么？

原来邓庸来南京本身就是一大破绽，但一般人都没想到，而聪明的兵部尚书齐泰却想到了，他跟建文帝说："皇上您想，燕王不是说他病了，而且还说病得不轻啊，是不是？"建文帝说："对，是这么说的，还有的人说他快要不行了。"齐泰又说："皇上想过没有，燕王得了什么病？"建文帝说："都在说燕王得了疯病，痴呆得不像话。"齐泰说："既然燕王得的是疯病，精神病人还晓得要叫人向皇帝汇报工作？"建文帝顿时如梦初醒："原来燕王朱棣在装病！"齐泰说："陛下您赶紧叫人将燕王派来的那个护卫百户邓庸抓起来审讯，一问一个准。"

按照齐泰的指点，建文帝派人审讯了邓庸，邓庸熬不住刑具带来的疼痛，只好一五一十地将朱棣装疯和要举兵谋反的事全都说了出来，这时的建文帝才真正清晰地意识到，他的四叔是地地道道的大灰狼、乱臣贼子和最为阴险与凶恶的敌人。于是就发出密敕，派人送往北平，令张昺、谢贵迅速逮捕燕王府官属，“使约葛诚及指挥卢振为内应”；同时密令北平都指挥佥事张信捉拿燕王朱棣本人。（【明】高岱：《鸿猷录·靖难师起》卷七；【清】夏燮：《明通鉴·惠帝建文元年》卷12；【清】傅维鳞：《明书·建文皇帝本纪》卷4；【清】谷应泰：《明史纪事本末·燕王起兵》卷16；《明史·张信传》卷146；参见《明太宗实录》卷1）

这是一道看似严密却实为令人哭笑不得的敕令，要知道燕王朱棣是一个在北方边疆与蒙古人交手了十来年的能征善战、足智多谋的猛将，他要是不同意逮走燕王府官属的话，情势就会迅速恶化。所以说，就凭北平那几个平庸的朝廷大员能不能将燕王府官属擒住本身就是一个问题，还要将他们押出北平城又是一个问题，在押送到南京的路上会不会有什么“意外”，这些都是问题的问题了。可见建文帝这个书生，文弱的个性使他实在是不堪胜任危难之中所必备的雄主“特质”，时不时地表露出其迂腐的致命弱点，从而影响了他的国策实施与大明帝国的命运。

◉ 墙头草张信

再说建文帝重用和信任的北平那三位最高领导，张昺、谢贵两人是忠实于建文朝廷的正派官员，第三个人物即北平都指挥佥事（可能相当于北京市军区参谋）张信是墙头草，不过当时建文帝没有意识到这一点，问题后来就首先出在张信身上。张信接到朝廷密令之后，整日愁眉苦脸，忧心忡忡，即使回到家里还是像掉了魂似的。张信的母亲看出了儿子的反常行为，就问张信：“到底出了什么事?”张信这个不讲“政治”、不讲“原则”、不讲“大局”的大明要员就向他的母亲透露了建文帝密令的内容，没想到张母听后大为吃惊地说：“不可。汝父每言王气在燕。汝无妄举，灭家族。”（儿子啊，你可不能这么干，以前你父亲在世时每谈起皇帝家的事，总是说帝王之气应该在燕王这边。你千万不要瞎来，违背天意是要被灭族的）（《明史·张信传》卷146；【明】高岱：《鸿猷录·靖难师起》卷7）。

张信听了母亲的一番话以后，就更加愁眉不展了。这时朝廷的敕使又在不停地催促张信赶紧动手，逮捕燕王。张信也没好声好气地回答道：“你们为什么要逼我啊!”史书上没有直接记载：为什么在朱棣处于绝对劣势的情况下张信会那么害怕去完成一项皇帝秘密指派的任务？翻阅《明史·张信传》，我们发现，张信这个人没什么才能，他是靠父荫出来当官的，说白了他是个老干部的后代。既然自己没有多少才能，现在工作上出现了新挑战，他也只能当回“大忽悠”了，不过这回被他忽悠的人可是拥有天下的大明新天子朱允炆。张信想了又想：叫他去逮捕燕王朱棣，就凭他张信的本领那不是去送死。既然逮不住，倒不如倒戈，万一燕王起兵真的赢了，自己还有享不完的荣华富贵，至于当不当乱臣贼子，他可管不了那么多。

主意拿定，张信就偷偷地去燕王府，想向朱棣告密，但去了两次，人家燕王府的人告诉张信，燕王重病在身，谁也接待不了。第三次张信改变了方法，他乘了一顶妇女轿子，让人抬着，直抵燕王府门前，就说有事要见燕王。但看门的还是不让他进，后来张信急了，说自己有急事，无论如何要见上燕王一面。

大门前的争执被人报告给了朱棣，朱棣下令给手下人，让张信进去。张信见到燕王朱棣时，朱棣还装模作样地躺在床上，心想，这可又是个朝廷命官来“探秘”的，于是他就眯着双眼，一声不吭地躺着，装得还真像病重似的。张信走到床前行礼拜见，诚诚恳恳地对朱棣说：“殿下不要这样，你有什么难事跟我说吧？”朱棣回答说：“我的的确确是有病，没有装。”不过张信不信朱棣的话，继续说：“殿下你为什么还不告诉我实情啊？我坦率地告诉你，皇上已经下令，将您拿下，如果没有他意，那就接受皇命吧；如果有他意，就赶紧告诉我！”朱棣听到这里，几乎从床上蹦下来，赶紧向张信行了个大礼，带着哭腔说道：“生我一家者，子也！”（《明史·张信传》卷146；【明】高岱：《鸿猷录·靖难师起》卷7；【清】谷应泰：《明史纪事本末·燕王起兵》卷16；【明】李贽：《续藏书·靖难功臣·张信》卷9；参见《明太宗实录》卷2）

张信的叛变，使得原本拖沓已久但尚未见分晓的削藩攻坚战在最关键时刻发生了戏剧性的变化，正人君子常常会受到小人的出卖与暗算，历史就是这么无情！

◉ 风吹屋瓦，和尚说：这是天意啊！

朱棣送走了告密者张信以后，他既喜又惊，喜的是今天张信告密使他获得了新生，惊的是没想到一向优柔寡断的侄儿皇帝现在终于下决心要动手了。怎么办？该做什么？从何下手？朱棣心中一团乱麻，他想起了自己的高参道衍和尚，命人马上叫他过来。

道衍来到朱棣跟前，朱棣原原本本地将张信告密的经过给他说了一遍。道衍说，殿下现在只有马上起兵了，否则后果不堪设想。朱棣问：那我应该怎么做？道衍如此这般地说了。正当两人商议如何举兵造反时，突然间天上乌云密集，雷电交加，狂风大作，暴雨倾盆。大风拼命地吹着，吹落了燕王府屋檐上的瓦片，随之重重地摔在地上，顿时粉碎。朱棣见此情景，脸上顿时布满了愁云，道衍和尚马上明白：中国人最讲究开门红，这"门"正要开时就遇到了这等事情，燕王岂能高兴？要说这个道衍不仅是个出家人，而且还是一个"精通"术数的大师，他马上给朱棣解释道："殿下，恭贺您，大吉大利啊！"朱棣正在火头上，碰到今天这样触霉头事情够晦气的，谁想到这个高参反而恭贺我的倒霉，于是就破口大骂："你这个狂僧，信口雌黄，一派胡言，哪来什么吉祥！"道衍被朱棣骂了没生气，他继续解释道："殿下听过这样的说法吗？叫'飞龙在天，以从风雨'，今天，燕王府原来的屋瓦被吹落了，殿下马上要换黄瓦金屋(指皇宫)了，这是天意啊！"听到能言诡辩的术数大师这么一说，朱棣马上转怒为喜了。于是两人商定，立刻起兵，反叛朝廷。(《明史·姚广孝传》卷145；【明】高岱：《鸿猷录·靖难师起》卷7；【清】谷应泰：《明史纪事本末·燕王起兵》卷16)

◉ 奇怪，朝廷的密令还没实施却连街头的老婆婆都知道了

在张信背叛建文帝进入燕王府告密和朱棣同道衍和尚密谋起兵之时，建文朝廷北平方面的最高军政长官张昺与谢贵也在紧锣密鼓地进行军事部署。他们把北平城里的七卫士兵与屯田军调集起来，将整个燕王府团团围住，架起了木栅栏，切断了燕王府的端礼门与外界的联系，同时还赶写了一份奏疏，派人火速送往南京，报告北平城里急剧变化的形势。

就在北平这个双方剑拔弩张的前沿阵地上，事态的发展已经到了一触即发的地步，这种情形下任何一方出错都会导致全局性的失败，可偏偏在这个节骨眼上，朝廷在北平的最高权力衙门里却又出了这样一档子怪事——建文帝给张昺和谢贵的密诏被人偷了。

说来也挺滑稽的，偷密诏的人还不是什么人们常说的江湖大盗，而是并不起眼的家贼，一个是北平布政司吏奈亨，另一个是北平按察司吏李友直。两个内贼偷偷地瞧准了机会，将官府衙门里的国家最高机密窃得到手后，赶紧去卖主求荣。他们潜入燕王府，将密诏交给了燕王朱棣。朱棣见到是官府里来的人，他一开始还十分怀疑，以为他们是诱探，于是就命令手下人，将李友直和奈亨往外撵。谁知这两个官府里来的"内贼"铁了心就是不走，并说除非把他们两个给杀了。如等情势使得朱棣不得不相信这两个"内贼"送来的密诏是真的，朝廷对他要动真格了。(【明】高岱：《鸿猷录·靖难师起》卷7；【明】姜清：《姜氏外史》卷卷1；【清】夏燮：《明通鉴·惠帝建文元年》卷12)

每当读到这段历史时，人们常常会觉得实在是不可思议：堂堂的朝廷密令居然被衙门里的小吏轻而易举地窃得，并送给了敌人。由此可见，建文帝在北平这个风口浪尖地带安排的张昺与谢贵这两个封疆大吏的管理水平与能力实在令人不敢恭维。有关这两位仁兄的历史记载并不多，《明史》只说张昺是洪武年间被人举荐入仕的，朱元璋临终时，张昺官居工部右侍郎（相当于建设部的副部长）；而谢贵呢，《明史》说不知他如何出身，建文即位前他任河南卫指挥佥事（可能相当于河南省军区参谋一类）。从两人的阅历、能力和威望来看，他们都不适宜被安排在北平这么一个紧要、多事的地方，但历史的事实是他俩在建文帝即位后没多久就被分别任命为北平省省长和北平省军区司令，我想惟一解释建文帝这样做的原因可能就是这两个人对建文帝很忠心。（《明史·张昺传》卷142；《明史·谢贵传》卷142）

据说当时有一个朝廷军队里的士兵，他喝得醉醺醺的，踉踉跄跄地走在大街上，到处在找磨刀铺要磨刀。刚巧有个老婆婆看到了，就问他："你磨刀要干什么？"那个士兵得意洋洋地说："朝廷已经下了密令，要杀燕王府的人。"此话在当时讲出来是吓死人的，因为大明帝国规制：亲王地位比天子与皇太子低一等，高于百官。而现在这个士兵居然在大街上讲要杀那贵近天子的藩王，老太太听说后吓了一大跳，但不愧为曾经"首都"的老百姓，政治觉悟就是高。据说，老婆婆赶紧找人，将自己所见所闻通过关系转告给了燕王朱棣。（《明太宗实录》卷2）

◉ 致命的西瓜宴

我们现在无法考证到这件事的真假，但有两点值得我们注意：第一，建文朝廷在北平的政治阵营已经松懈并开始瓦解了，否则国家天字一号的机密怎么会满大街在传播？第二，当时北平街头的气氛十分紧张，对垒双方谁都不清楚对方到底何时才翻出底牌来？

但朱棣知道，如果马上动手的话，他是处于绝对的劣势，因为燕王府的兵力基本上都给朝廷抽调走了，要起兵得有得力的干将和相当的兵力啊！朱棣想到这里，立即下令给他的两个心腹、绝对的哥儿们——燕山左护卫指挥佥事张玉和燕山护卫千户朱能，要他们立即率领仅有的护卫兵800人迅速来护卫燕王府。（《明太宗实录》卷2）

与此同时，张昺和谢贵为了忠实地执行建文帝的密令，且不伤害朱棣和他的家眷，他俩先下令给军中将士，把燕王府围得水泄不通，做好进攻的准备，然后又叫人将建文帝的诏令搭在弓箭上射入燕王府，其上面写着朝廷要逮治的燕王府官属。

看到这里，我们后人很可能会不理解：明明是燕王朱棣谋逆，为什么朝廷不逮主犯而要先抓“从犯”呢？

这是因为自朱元璋起明朝就形成了这样的规制：一旦亲王犯事，就要惩治他王府的官属。按照朱元璋的强盗逻辑，他的儿子没学好完全是王府里官属没有正确引导和辅助好的缘故，所以治罪要先治王府的官属。朱允炆忠实地执行这一祖制，这才有张昺与谢贵射箭“劝降”之举。

再说此时燕王府内的朱棣着实也被朝廷的这种攻势吓着了，他知道整个北平城已全在张昺和谢贵他们控制之下，自己现在是插翅难飞，危在旦夕，如果以自己现有的力量与朝廷的军队硬拼无疑是以卵击石，但总不能坐以待毙啊，怎么办？怎么办？就在朱棣急得像热锅上的蚂蚁似地团团转时，他的两位心腹得力干将朱能和张玉都赶到了。朱棣就问他们：“现在我们北平全城都是朝廷的军队，敌强我弱，怎么办？”朱能首先想到了一招，他说：“从建文帝的敕令来看，朝廷是要抓燕王府的官属，但建文帝又强调不能伤害燕王及其世子，我们就利用朝廷的这个顾忌，马上通知张昺和谢贵，让他们进燕王府来收捕王府官员。只要张、谢两人进了王府，我们就立马将他们杀了，这两个朝廷最高命官一旦被杀，整个北平城的官军就会群龙无首，其余的人就不难对付了。”这时在场的道衍和尚也献计道：“这个方案太妙了，我们将朝廷要捉拿的人一一开列好名单，然后派人将它送过去，让张、谢进来清点，以我之见，这两人必定会来，我们就在端礼门内埋伏好壮士，到时伺机而发。”朱棣听到这里，觉得这个主意实在是太好了，于是就下令予以实施。（【清】夏燮：《明通鉴·惠帝建文元年》卷12；【明】高岱：《鸿猷录·靖难师起》卷7；参见《明太宗实录》卷2）

建文元年七月初五，朱棣突然对外宣称他的病好了，燕王府上下忙碌起来，朱棣要接受内外百官的祝贺。在此之前，他已经派人将自己病愈的“喜讯”通报给张昺与谢贵，并告诉他们，朝廷要缉拿的“案犯”已经全部被逮好了，请两位朝廷大员前去燕王府拿人。张昺和谢贵最初怕这里面有诈，不肯去。朱棣又派中使到张、谢官衙去，向他们出示了朝廷要缉拿的燕王府属员名单，并告诉他们说：“案犯全绑好了，只等两位朝廷大员前去清点。”此时，张、谢开始动摇了，最终还是跟着朱棣的来使走了。

当张昺和谢贵来到燕王府门口时又开始犹豫了，燕王府的兵丁见到此状，赶紧“迎接”，还十分“热情”地邀请两位封疆大吏进入燕王府内去清点。张、谢两人还是半信半疑不肯进，燕王府兵丁指着院子里就说：“人犯已经绑好了，全部集中在那儿！”张、谢站在大门口隐隐约约地看见府中内院里果然有一群被绑的人，他俩信了，于是就要带着他们的卫士直接进入燕王府，但大门口的燕王兵丁却以燕王大病初愈不宜过多打扰为名，将张、谢的卫士们全都挡在了大门外。张、谢当时也想过，现在全城都是朝廷的军队，你燕王插翅也难飞，能把我们两个朝廷要员怎么样？想到这里，他们就大摇大摆地跨入了燕王府的大门，直接走到了第二道门；就在这时，守护在第二道大门的燕王府兵士突然出来挡住了张、谢去路，大声喊道："燕王殿下在上，闲人不准入内！"这是官场上的套话，其潜台词是提醒来者，你们得给我放明白一点，眼下要见的是尊贵的燕王。张、谢当然懂官场上的这一套，他们相互看看，然后继续往里走。

这时，院里的朱棣见到张昺和谢贵进来了，他笑容可掬地拄着拐杖，慢悠悠地站了起来。双方互行官场之礼后，朱棣说道："近闻朝廷要捉拿我燕王府案犯，有劳两位。本王大病初愈，未能远迎，还望两位朝廷大员多多恕罪！来人啊，盛宴款待两位朝廷重臣！"

张昺、谢贵见到朱棣一副颤巍巍的模样，态度又相当"诚恳"，所以他们也就放松了点警惕，坐了下来。朱棣叫人给他们敬酒，但张、谢以公务在身无法喝酒为名，执意不肯接受。于是朱棣又说了："刚才有人献来新鲜西瓜，在这酷暑难熬的六七月份，吃点西瓜解解渴，总不会误了两位的公事吧？我听人说这种西瓜的味道还挺不错，请两位务必尝尝味道！"朱棣边说边拿起西瓜啃了起来，脸上渐渐地露出了狰狞的面目。张昺和谢贵发现了情势不对，连忙起身告辞："燕王殿下，下官今天君命在身，不能久留。恭请亲王殿下立马出宫，把府上其他官属交由下官一起带走！"朱棣听到这里，发出了一阵冷笑，随即将手中的西瓜往地上一扔，破口大骂道："普通老百姓的兄弟叔侄之间尚且还知道相互体恤，而我大明皇家居然到了今天这步田地，我燕王身为高皇帝的亲骨肉、当今天子的尊属，却被搞得朝不保夕，惶惶不安。是可忍，孰不可忍？来人呐，给我将这两个朝廷的走狗拉出去砍了！"（【明】高岱：《鸿猷录·靖难师起》卷 7；【明】姜清：《姜氏秘史》卷 2；【清】夏燮：《明通鉴·惠帝建文元年》卷 12）

朱棣话音刚落，埋伏在端礼门内的刀斧手们就冲了上来，其实他们一直等候燕王事先跟他们约好的暗号，见到朱棣把西瓜扔地，他们就一拥而上，迅速把张昺和谢贵给捆住了。这时又有燕王府的护卫将葛诚和卢振也押了上来。原来葛诚和卢振这两位忠于朝廷的燕王府"内奸"早已被觉察出来了，朱棣却一直装作浑然不知，就等着一起收拾。

此时燕王府内大殿上，朱棣又发出了令人恐怖的奸笑，并说道："我哪有什么病啊，都是被你们朝中奸臣逼得没办法，装的。武士们，赶紧下手！"

朱棣命令刚下，张昺和谢贵两个人头就滚落在台阶下。可怜两位建文朝的重臣、北平军政要员还没完全弄明白究竟是怎么一回事，就已经命赴黄泉了。

杀了张昺、谢贵，接着又把屠刀指向了葛诚、卢振等人，朱棣尚不解恨，此时他兽性大发，尤其是对葛诚和卢振两个"内奸"恨之入骨，于是就下令将葛诚、卢振两家给灭族。(【明】高岱:《鸿猷录·靖难师起》卷7;参见《明太宗实录》卷2;【明】姜清:《姜氏秘史》卷2;《明史·明成祖本纪一》卷5;《明史·张昺、谢贵传》卷142;【清】谷应泰:《明史纪事本末·燕王起兵》卷16)

◉ 北平城里的"多米诺骨牌"

在专制社会里，"伟大的"政治家往往是踩着别人的尸骨而登上那万人景仰的宝座，朱棣就是这么一个杰出的政治家。杀了一个又一个，正在兴头上，他意犹未尽，于是就下令杀向燕王府外面去。

再说燕王府外那些奉命包围燕王府的官军，和那些随同张昺、谢贵一起来到燕王府前的护卫兵士，他们一直在外等候着张、谢两位大员下达命令，压根儿就不知道燕王府内所发生的一切。他们等啊等，等到了太阳西下时，还不见张昺、谢贵出来，一些心急的兵士就开始偷偷地溜了，一些留下来的兵士好不容易等到这一刻，突然间看见燕王府的城头上有人挑着两个血淋淋的人头出来喊话了:"张昺、谢贵假传皇上圣旨，谋害燕王。今已被燕王斩首示众！将士们，你们千万不要再受蒙蔽了，大家都没事了，赶快回去，燕王就赦你们无罪;如果有人胆敢抗令不遵，燕王说了，要灭他的九族!"

一副杀气腾腾的样子，一下子将燕王府外的朝廷官军全给怔住了，有反应快的兵士赶紧逃命，也有的放下了武器，剩下一些想抵抗但还没来得及抵抗的，一刹那间全成了朱棣亲兵的刀下之鬼。

北平都指挥使彭二得悉朱棣公然举兵反叛的消息后，马上披上铠甲，跨上战马，奔驰在北平的街头，大声高喊:"燕贼谋反了，跟我杀贼者，有赏!"这一喊很快聚集了1 000来号朝廷官兵，他们在彭二的带领下，向燕王府的端礼门发起了进攻，但因为都是临时凑合起来的，组织性差，很快就被朱棣的亲兵们打垮了。(《明史·张昺、谢贵传后附彭二传》卷142)

此时天色已暗了，尽管张昺与谢贵这两位北平最高朝廷命官被杀了，但整个北平城还是掌控在建文朝廷官军的手中，尤其是北平城的那九个门都被守得严严实实的，如果不把它们一口气拿下来，以往所有的努力都会徒劳。朱棣与手下主要干将张玉、朱能等人商议决定，乘着黑夜给九门守军发动了突然袭击，一夜之间整个北平城的八个城门就像多米诺骨牌一样一个接一个地“倒了”，到天亮时只剩下一个西直门还在朝廷官军手里。朱棣派出一个资深的老将唐云前往西直门传递燕王的手谕，说：“张昺、谢贵假传圣旨谋反，已经被燕王杀了，现在朝廷已经交由燕王自制一方，将士们，整个北平就剩下你们西直门守军了，你们固守下去，只能死路一条，燕王命令你们赶紧投降，否则格杀勿论！”西直门守军一看，喊话传谕的是一向以谨信闻名的唐云，他们也就信了，赶紧扔下武器，一下子散去。(《明太宗实录》卷2;【明】高岱:《鸿猷录·靖难师起》卷7;【清】谷应泰:《明史纪事本末·燕王起兵》卷16;【明】姜清:《姜氏秘史》卷2)

至此，整个北平全部被朱棣占据，一夜之间，建文朝廷在浑然不觉中丢了北方一座至关重要的军事重镇。

从洪武三十一年(1398)八月废夺周王，建文削藩开始，到建文元年(1399)七月初燕王朱棣公然反叛，经过历时一年的惊心动魄的削藩与反削藩之后，大明步入了你死我活的皇位争夺大战——“靖难之役”，帝国大难由此开始！

大明帝国皇帝世系表

（18 帝，1368—1645 年，共计 277 年）

						①明太祖	朱元璋	洪武三十一年	戊申	1368 年
懿文太子	朱　标				↙	③明太宗（明成祖）	朱　棣	永乐二十二年	癸未	1403 年
②明惠帝	朱允炆	建文四年	己卯	1399 年		④明仁宗	朱高炽	洪熙一年	乙巳	1425 年
						⑤明宣宗	朱瞻基	宣德十年	丙午	1426 年
⑥明英宗	朱祁镇	正统十四年	丙辰	1436 年	→	⑦明代宗	朱祁钰	景泰八年	庚午	1450 年
						⑧明英宗	朱祁镇	天顺八年	丁丑	1457 年
						⑨明宪宗	朱见深	成化二十三年	乙酉	1465 年
						⑩明孝宗	朱祐樘	弘治十八年	戊申	1488 年
⑪明武宗	朱厚照	正德十六年	丙寅	1506 年	→	⑫明世宗	朱厚熜	嘉靖四十五年	壬午	1522 年
						⑬明穆宗	朱载垕	隆庆六年	丁卯	1567 年
						⑭明神宗	朱翊钧	万历四十八年	癸酉	1573 年
						⑮明光宗	朱常洛	泰昌一年	庚申	1620 年
⑯明熹宗	朱由校	天启七年	辛酉	1621 年	→	⑰明思宗	朱由检	崇祯十七年	戊辰	1628 年
					(	⑱明安宗	朱由崧	弘光一年	乙酉	1645 年

注释：

①明朝第二位皇帝是朱元璋的皇太孙朱允炆，建文四年时，他不仅被“好”叔叔朱棣从皇位上撵走，而且还被“革除”了建文年号，改为洪武三十五年。

②明朝开国于南京，从正宗角度来讲，很难说迁都是朱元璋的遗愿。因此，大明的覆灭应该以国本南京的沦陷作为标志，弘光帝又是大明皇帝的子孙，他称帝于南京，应该被列入大明帝国皇帝世系表中。

③上表中↓↙↘表示皇位父子或祖孙相传，→（表示皇位兄弟相传。

④明安宗朱由崧是老福王朱常洵的庶长子，明神宗万历皇帝朱翊钧之孙，也是明熹宗朱由校、明思宗朱由检的堂兄弟。

后 记

2013 年 12 月平安夜的钟声敲响时，我的 10 卷本《大明帝国》竣工了，想来这 400 多个不眠的夜晚，真可谓感慨万千。在这个浮华的年代里，就一个人靠着夜以继日地拼命干，想来定会让象牙塔里带了一大帮子弟子的大师们笑弯了腰，更可能会让亦官亦民的××会长们暗暗地叫上“呆子”的称号……是啊，十多年了，在我们的社会里什么都要做大做强，什么都要提速快行，什么都要搞课题会战工程，而我却是孤独的“夜行人”和迟缓的老黄牛，无论如何都无法跟上这个时代的节拍。好在已到知天命的年龄，什么事都能看得淡淡的，更何谈什么学会、研究会的什么长之诱惑了。秉承吾师潘群先生独立独行的精神，读百家之书，虽无法做到“究天人之际，通古今之变”，但至少能“成一家之言”，管他春夏与秋冬。

不管世事，陶醉于自我的天地里，烦恼自然就少了，但不等于没有。自将 10 卷《大明帝国》书稿递交后，我一直在反问自己道：“有何不妥?”在重读了出版社发来的排版稿后，我忽然间发现其内还有诸多的问题没有彻底讲清楚或无法展开。譬如，尽管我专辟章节论述了大明定都南京、建设南京的过程及其历史影响，从一般意义角度而言，似乎很为周全，但细细想想，对于已经消失了的南京明故宫和明都京城之文化解读还没有完全到位。理性而言，南京明皇宫与南京都城在中国历史文化进程中所占的地位尤为特别，如果要用最为简洁的词语来概括的话，我看没有比“继往开来”这个成语更合适了。“继往”就是在吸收唐宋以来都城建筑文化精华的基础上，将中国传统的堪舆术与星象术巧妙地结合在一起，使其达到前所未有的完美境界，用明初朱元璋开国时反复强调的指示精神来说，就是“参酌唐宋”和“恢复中华”，即在继承先人传统的基础上整合和规划南京明皇宫和大明都城建设，于最核心部分构建了象征紫微垣的宫城，宫城之外为象征太微的皇城，皇城之外为象征天市的京城，环环相套，中国传统文化中的“法天象地”、“天人合一”思想在南京明皇宫和大明都城建设布局中得到了充分的体现；“开来”就是指明初南京明皇宫与都城建设规制深刻影响了后来的明清皇城与都城建设布局。

同样的例子还有南京明孝陵、凤阳明皇陵、盱眙明祖陵，等等。

对于诸多的不尽如人意之处，最好的办法就是在原书稿基础上直接添加和补充，但随之问题又来了。原书稿规模已大，《洪武帝卷》100 多万字，分成了 3 册，每册都是厚厚一大本，如果再要"补全"，那就势必要另辟一册。这样对于图书销售会带来更多的不便。思虑再三，只好暂时先以原书稿的规模出版，等以后有合适的机会再作重新规划和布局。

可没想到的是，我的苦衷在今年新书上市后不久让广大的读者和东南大学出版社的朋友一下子给解决了。本来按照图书规模而言，3 卷本 100 多万字的《朱元璋卷》应该是很难销的，但让人始料未及的是，它上市没多久就销售告罄。在纸质图书销售不景气的今天，能有这样的结果，真是莫大的欣慰。更让人兴奋的是，东南大学出版社的谷宁主任、马伟先生在上请江建中社长、张新建总编等社领导后决定，在原 10 卷《大明帝国》基础上，让我重新修订，分册出版。当时我正在研究与撰写大明正统、景泰两朝的历史，听到这样喜人的消息后，立即放下手中的事情，开始对原 10 卷《大明帝国》逐一作了梳理，调整章节，增补更有文化含金量的内容，使原《大明帝国》变得更为系统化，考虑到新书内容已有很多的变化，为了与以前出版的相区别，本想取名为《明朝大历史》，但考虑到这是普及性极强的读物，最后与马伟先生合计，取名为《大明风云》。

经过数月的不眠之夜，《大明风云》前 8 卷终于可以交稿了。回想过往的日日夜夜，看到眼前的这番收获，我要衷心感谢的是中共南京市委宣传部叶皓部长、徐宁部长、曹劲松副部长，南京广电集团谢小平主任，中共南京市委宣传部网控中心的龚冬梅主任，中央电视台池建新总监，安徽电视台禹成明副台长，原南京电视台陈正荣副台长、新闻综合频道傅萌总监，原江苏教育电视台张宜迁主任、薄其芳主任，东南大学出版社江建中社长、张新建总编，东南大学马克思主义学院袁久红院长、袁健红副书记，南京市政协副主席余明博士，南京阅江楼风景区管理委员会韩剑峰主任，新华报业集团邹尚主任，南京明孝陵博物馆张鹏斗馆长，南京静海寺纪念馆原馆长田践女士，南京阅江楼邱健乐主任，南京市社科院李程骅副院长与社科联陈正奎院长、严建强主任、顾兆禄主任，南京市新闻出版局蔡健处长，南京市档案局徐康英副局长、夏蓓处长，江苏省社科联吴颖文主任，福建宁德市政协主席郑民生先生、宁德市委宣传部吴泽金主任、蕉城区统战部杨良辉部长等领导的关怀（特别注明：本人不懂官衔大小，随意排列而已，不到之处，敬请谅解）；感谢中央电视台裴丽蓉编导、徐盈盈编导、戚锰编导，江苏电视台公共频道贾威编导、袁锦生编导，江苏教育电视台苍粟编导、夏恬编导、赵志辉编导，安徽电视台公共频道制片人张环主任、制片人叶成群、舒晓峰编导、唐轶编导、海外中心吴卓编导、韩德良编导、张曦伯编导、李静编导、刘小慧编导、美女主持人任良韵，南京广电集团王健小姐，南京电视台主持人周学先生、编导刘云峰先生、李健先生、柏新民先生、卞昌荣先生，南京电视台十八频道主持人、我的电视节目老搭档吴晓平先生，江苏广播电视总台吕凤华女士、陆正国先生、新华报业集团黄燕萍女士、吴昌红女士、王宏伟先生，《现代快报》刘磊先生，《金陵晚报》郑璐璐主任、于峰先生，金陵图书馆袁文倩主任和郁希老师，南京静海寺纪念馆钟跻荣老师，东南大学出版社刘庆楚分社长、谷宁主任、彭克勇主任、丁瑞华女士、马伟先生、杨澍先生、丁志星女士、张万莹女士，南京明孝陵向阳鸣主任、王广勇主任和姚筱佳小姐，江苏省侨办《华人时刊》原执行副主编张群先生，江苏省郑和研究会秘书长郑自海先生和郑宽涛先生，北京师范大学教育学院孙邦华教授，南京大学王成老师和周群主任，南京理工大学人文学院李崇新副教授，南京财经大学霍训根主任，江苏经贸学院胡强主任和吴之洪教授，南京总统府展览部刘刚部长，南京出版社卢海鸣副总编，南京城墙办朱明娥女士，南京图书馆施吟小姐，福建宁德三也农业开发有限公司董事长池致春先生，原徐州汉画像石馆馆长武利华先生，无锡动漫协会会长张庆明先生，南京城市记忆民间记录团负责人高松先生和篆刻专家潘方尔先生以及倪培翔先生等朋友给我的帮助与关怀。（至于出版界朋友对我的帮助，那实在太多了，怕挂一漏万，干脆就一个也不谢了）

当然还要感谢吾师王家范老师、刘学照老师、黄丽镛老师、王福庆老师、杨增麒老师等曾经对我的谆谆教诲与帮助，也衷心祝愿诸位师长健康长寿！

除了国内的师友，我还要感谢海外史学泰斗许倬云先生、United Nations（联合国）Chinese Language Programme 何勇博士、美国 Columbia University（哥伦比亚大学）王成志主任、美国 Stanford University（斯坦福大学）Visiting Scholar Helen P. Youn、Stanford University（斯坦福大学）的 Hoover Institution Library & Archives（胡佛研究院图书馆及档案馆）主任 Thu－Phuong Lisa H. Nguyen 女士和 Brandon Burke 先生、美国纽约美中泰国际文化发展中心总裁、著名旅美艺术家李依凌女士、美国（CHN）总监 Robert KO（柯伊文）先生、泰国国际书画院院长李国栋、日本关西学院法人代表阪仓笃秀教授、世界报业协会总干事马英女士和澳门基金会理事吴志良博士、澳门《中西文化研究》杂志的黄雁鸿女士等海外师长与友人对我的关心与帮助。

在此我要特别感谢许倬云先生。许先生年逾古稀，身体又不好，但他经常通过 E-mail 关心与肯定我的研究与写作，令我十分感动；特别感谢老一辈著名明史专家、山东大学教授黄云眉先生的大作《明史考证》对我的启迪以及他的海内外儿孙们对我的抬爱；特别感谢我的学业导师南京大学潘群先生和师母黄玲女士严父慈母般的关爱；特别感谢慈祥的师长、我的老乡原江苏省委宣传部常务副部长王建邦先生对我的关怀与帮助。

我还要感谢的是我的忠实“粉丝”与读者朋友，这些朋友中很多人可能我都未曾见过他们的面，譬如安徽六安有个年轻朋友曾给我写来了热情洋溢的信函；还有我不知其地址、只知其QQ号的郭先生，等等。他们不断地给我来信，帮助我、鼓励我。但由于我是个“单干户”，无当今时兴的“小秘”代劳，因而对于广大读者与电视观众朋友的来信，无法做到一一回复，在此致以万分的歉意，也恭请大家海涵！

顺便说明一下：本著依然采用史料出处随后注的方法，做到说史绝不胡说、戏说，而是有根有据。本书稿原有所有史料全文，后考虑到篇幅太厚和一般读者可能阅读有困难，最终决定将大段古文作了删除，大多只保留现代文。也承蒙东南大学出版社朋友尤其谷宁主任、马伟先生和张万莹女士的关爱，本系列丛书拥有现在这个规模。如读者朋友想核对原文作进一步研究，可根据书中标出的史料出处一查便是。最后要说的是，下列同志参与了本书的图片收集、资料整理、文稿起草等工作，他们是马宇阳、毛素琴、雷扣宝、王鲁兴、王军辉、韩玉华、林成琴、熊子奕、周艳梅、舒金佳、雷晟等人。

马渭源

于南京大明帝国黄册库畔

2014年11月16日

电子邮箱：mwynj@sina.com